외국인 유학생을 위한
보고서 쓰기

외국인 유학생을 위한
보고서 쓰기

초판 인쇄 2021년 09월 17일
초판 발행 2021년 09월 30일

지은이 양태영
펴낸이 박찬익
펴낸곳 ㈜박이정 | **주소** 경기도 하남시 조정대로45 미사센텀비즈 7층 F749호
전화 031)792-1193, 1195 | **팩스** 02)928-4683 | **홈페이지** www.pjbook.com
이메일 pijbook@naver.com | **등록** 2014년 8월 22일 제2020-000029호

ISBN 979-11-5848-651-8 03710

외국인
유학생을 위한

보고서
쓰기

Write a Report
for International Students

(주)박이정

일러두기

교재 소개

이 책은 대학에 입학한 외국인 유학생의 보고서 쓰기 교재로 원격수업(remote learning)에서도 활용할 수 있도록 개발하였습니다. 저자가 2009년 대학 글쓰기 강의를 시작한 이래 강의실 매체나 환경은 큰 변화가 없었습니다. 그런데, 2019년 말 코로나로 인해 교수나 학생 모두 새로운 수업에 대한 충분한 이해나 준비 없이 온라인 개강이라는 급격한 변화를 맞게 되었습니다. 온라인 매체를 이용한 강의와 학습에 대해서 당연히 모든 대비가 부족했고 이로 인해서 많은 시행착오와 불편을 겪었습니다.

이 교재는 외국인 유학생에게 온라인 매체를 활용한 강의 환경에서 대학 보고서 쓰기를 효과적으로 가르치기 위한 고민과 노력의 결과로 온라인이라는 새로운 환경에서 강의 경험을 교수님들과 공유하기 위하여 집필하였습니다. 이 교재의 특징은 다음과 같습니다.

원격수업에서 활용할 수 있는 교재: 이 교재는 현장강의, 원격강의 모두 활용이 가능합니다. 그렇지만 다양한 온라인 매체를 이용한 원격수업을 진행하면서 쌓인 노하우를 바탕으로 집필하였습니다.

보고서 쓰기에 대해서 교수-학습할 수 있도록 구성하였고, 구체적인 교수-학습 방법과 각 과에 필요한 정보를 모아서 교수-학습 전략과 교재 사용 설명서로 교재 뒤편에 첨부하였습니다.

원격수업을 위한 다양한 연습문제와 정답, 해설을 포함: 원격수업은 교수가 충분한 설명을 보충하기 어렵고, 시간도 충분하지 않습니다. 저자의 경험으로는 대면강의보다 10~15%의 시간이 더 걸리는 것 같았습니다. 그래서 이 교재는 이해를 확인하는 문제, 활용할 수 있는 연습문제, 종합적으로 쓰는 문제를 포함하였고, 문제를 해결하는데 필요한 해설과 정답을 제시하였습니다.

보고서 쓰기 과정의 단계적 제시: 이 교재는 한 학기 15주 강의를 목표로 보고서를 완성하는 과정을 단계적으로 제시하였습니다. 대학 보고서가 무엇인지 알아보고 문장과 단락 쓰기부터 시작하여 보고서의 주제로 개요를 만들고 적당한 자료를 찾고 서론, 본론, 결론으로 완성한 후에 초고를 수정하는 과정과 발표하기를 부록으로 제시하여 한 편의 보고서를 완성하고 발표하도록 하였습니다.

강의의 활용도를 높이는 구성: 매 과는 50분 강의 3차시 분량으로 구성되었습니다. 유학생들의 집중력을 높이기 위하여 중간에 연습하고 이해를 확인하는 문제를 삽입하였습니다. 교수자의 강의가 한 번에 30분을 넘지 않도록 구성되었으며, 흥미를 끌 수 있는 다양한 매체의 활용을 포함하고 있습니다.

실제 유학생 자료 활용: 강의 현장에서 유학생이 쓴 보고서의 특징을 파악하고 교수-학습에 도움이 되도록 유학생과 한국 대학생이 직접 쓴 보고서를 예문으로 활용하였습니다. 유학생들은 눈높이가 비슷한 동료의 글을 살펴보고 모방하면서 쓰기 실력이 발전되어 가기도 합니다. 또한 수업에 참고할 수 있도록 유학생의 실제 보고서 자료를 첨부하였습니다.

유학생 간의 소통과 문제해결 전략을 높이는 활동: 이 교재를 강의하실 때 조활동을 권합니다. 유학생들이 온라인으로만 학습하는 경우 동료들과의 유대감이 부족합니다. 이 교재는 학습 동기를 높이고 적극적인 참여를 유도하기 위해서 다양한 조활동을 설계했습니다. 실제 강의 현장에서 유학생들은 조활동을 통한 동료 간의 활발한 의견 교환과 유대감 형성이 필요하다고 입을 모아 답했습니다.

교재의 대상

이 교재는 800시간 이상의 한국어 과정을 마친 (TOPIK 4급 이상) 한국어 능력을 갖추고 있는 학부생과 대학원생을 위한 글쓰기 교재입니다. 글쓰기에 대한 어느 정도 지식과 경험이 있는 유학생이 활용할 때 학습 효과가 분명하게 나타날 수 있습니다. 원격수업에서 활용할 수 있는 대학 강의용 교재로 집필되었지만 모범 답안과 해설, 충분한 내용을 갖추고 있어서 현장의 강의에서 활용하기에도 충분합니다.

교재의 구성

이 교재는 3부 12개 과입니다. 교재와 워크북을 겸할 수 있도록 구성하고, 대학의 글쓰기 강의 현장에서 교수의 상담과 발표하기를 포함하여 15주 동안 학습할 수 있도록 구성되었습니다. 교재의 기본 체계를 구성하는데 있어서, 대학생들의 취업 후 직장 생활에서 요구되는 의사소통 역량, 종합적 사고력, 대인관계 역량, 자기관리 역량 등 유학생의 핵심역량 강화를 가능한 고려하였습니다. 교재의 전체 구성은 다음과 같습니다.

- 개요 ⇨ 자료 찾기
- 서론 ⇨ 본론 ⇨ 결론

- 초고 점검하기
- 수정하기

- 보고서의 형식과 특징
- 문장과 단락 구성

쓰기의 실제

퇴고하기

- 발표하기
- 대학보고서 예시
- 교수, 학습 전략
- 정답 및 모범답안

쓰기의 기초

기타

1부 보고서 쓰기의 기초

제1부 '보고서 쓰기의 기초'는 학술적인 글을 쓸 수 있도록 준비하는 단계입니다. 먼저, 보고서의 형식과 특징을 파악하고, 일반적인 글과 학술적인 글의 차이를 파악한 후, 대학 글쓰기의 중요 목표인 창의력을 표현하는 방법을 배우고, 학술적인 글에 맞는 문장과 단락을 구성해서 쓰도록 구성했습니다.

2부 보고서 쓰기의 실제

제2부 '보고서 쓰기의 실제'는 보고서를 쓰는 단계로 주제에 맞게 개요를 만들고 신뢰할 수 있는 자료를 찾아서 인용하고 서론, 본론, 결론의 순서로 보고서의 형식을 갖춰서 초고를 완성하기까지 단계입니다.

3부 보고서 퇴고하기

제3부 '보고서 퇴고하기'는 완성한 보고서 초고의 완성도를 높이기 위하여 점검하기와 수정하기를 구체적으로 어떻게 해야 하는지 활동 방안을 제시하였습니다.

기타

부록으로 발표하기를 포함했습니다. 그리고 유학생들이 참고할 수 있도록 유학생의 실제 보고서를 예로 들었습니다. 현장강의, 녹화강의, 실시간강의의 다양한 강의 방식에서 활용할 수 있도록 다양한 정보와 교수 학습 전략을 교재 사용 설명서로 정리하여 제시하였습니다. 유학생을 위해서 어려운 어휘와 표현을 영어와 중국어로 번역하여 포함하였고, 정답과 모범답안을 제시하여 자가점검이 가능하도록 하였습니다.

각 과의 구성

추가 정보
심화 정보

평가하기
수정하기

정보 이해
이해 확인
기본 연습

보고서 쓰기

심화 연습

기본 정보 이해

6. 참고하기

주제에 대한 도입

5. 쓰기

쓰기(후)

4. 연습하기

3. 알아보기

2. 읽고 알아보기

1. 준비하기

1. **준비하기**: 주제나 쓰기 지식과 관련된 배경 지식을 활성화하는 단계로, 과의 학습내용에 대한 도입을 할 수 있도록 했습니다.

2. **읽고 알아보기**: 쓰기에 필요한 기본 정보를 읽고 이해하거나 읽기 자료를 통해서 이해하도록 했습니다.

3. **알아보기**: 쓰기에 필요한 정보를 알고 표현을 익히고 이해를 확인하는 연습을 하도록 했습니다.

4. **연습하기**: 학습 내용을 바탕으로 심화 연습을 하거나 주제에 맞는 보고서 쓰기 전 단계로, 글을 쓸 준비를 하도록 했습니다.

5. **쓰기**: 학습한 내용을 본격적으로 쓰는 단계로 모범 답안을 통해서 모범 문장을 확인할 수 있도록 했습니다. 과제로 쓰는 글에 대한 평가표를 제시하여 교수자가 과제에 대해서 구체적으로 피드백을 해 줄 수도 있고 자신의 글을 스스로 평가하고 문제점을 진단하도록 했습니다.

6. **참고하기**: '교정부호, '문장부호'와 같이 더 알아두면 좋은 추가 정보나 '제목 만들기', '표절' 등과 같은 해당 과의 심화 정보를 제시했습니다.

학습전 Q&A

1. 대학에서 보고서 쓰기가 왜 중요합니까?

보고서는 한국어를 잘 한다고 해도, 쉽게 쓸 수 있는 글이 아닙니다. 전문 자료를 읽고, 자신의 의견을 덧붙여야 하고, 정해진 형식에 따라 써야 합니다. 이 과정을 통해서 전공의 지식을 학습하고, 전문가답게 말하고 표현할 수 있도록 배우게 됩니다. 보고서 쓰기는 여러분의 전공에 대한 종합적인 능력을 키워 줄 수 있습니다.

보고서 쓰기는 대학에서 끝나는 것이 아닙니다. 직장인들은 하루 근무시간 중 평균 5시간 이상을 보고서 쓰기에 보낸다고 합니다. 직장이나 사회에서는 문서로 의사소통을 합니다. 대학의 보고서 쓰기를 통해서 사회생활에 필요한 글쓰기를 배운다고 생각하십시오.

2. 이 책에서 무엇을 배울 수 있습니까?

전공에 대한 충분한 지식과 정보와 좋은 아이디어를 가지고 있다면, 학문적 영역에서 사용하는 표현 방식을 사용해야 전문가로 인정받을 수 있습니다. 이 책에서는 여러분이 가진 생각과 아이디어를 보고서에 포함하여 정확하게 전달할 수 있는 방법을 배울 예정입니다.

3. 이 책을 혼자서 공부할 수 있습니까?

이 책은 기본적으로 혼자서도 공부할 수 있도록 충분한 설명과 모범 답안이 수록되어 있습니다. 그렇지만 다른 동료들과 그룹 활동을 하면서 서로 의견을 나누고 배울 수 있다면 더 재미있게 배울 수 있습니다. 혼자서 공부하는 경우는 개요 작성이나 마지막 완성한 보고서는 쓰기에 능숙한 주위 사람에게 부탁해서 평가를 받는 것이 좋습니다.

저자의 말

여러 온라인 매체의 발전으로 온라인을 통한 원격수업의 환경은 이미 준비되어 있었습니다. 저자도 이에 대해 알고 있었지만 부끄럽게도 익숙한 강의실 수업을 고수해 왔습니다. 2020년 갑작스럽게 온라인강의 환경에 들어서게 되면서 바뀐 교수 환경과 매체에 힘겹게 적응할 수 밖에 없었습니다. 이 시기 강의 현장에 계셨던 교수님들이라면 모두 이런 어려움에 대해 공감하시리라고 봅니다.

온라인 강의 환경에서 특히, 외국인 유학생의 글쓰기 실력을 향상시키고, 학습에 대한 흥미를 잃지 않으면서 충분히 의사소통하기 위해 많은 고민을 했습니다. 처음 사용하는 기자재, 플랫폼, 매체, 프로그램에 익숙해지기 위해 많은 노력을 했습니다. 일방향으로 구성되기 쉬운 글쓰기 강의를 학생들과 상호작용할 수 있도록 했습니다. 많은 고민을 이 교재에 담고자 했습니다. 온라인 매체를 활용해서 수업을 준비하는 교수님들에게 이 교재가 도움이 되어 학생들과 더 가깝게 상호작용할 수 있는 재미있는 강의를 만들어 가셨으면 합니다. 또한 이 책이 나올 수 있도록 과제를 제출 해주고 도움을 준 강의에서 만난 모든 학생들에게 고마운 마음을 전합니다.

목차

내용 구성

과	주제	읽고 알아보기	알아보기
1과	대학 보고서의 특징	보고서 대학 보고서 쓰기 목표	대학 보고서 형식 대학 보고서의 종류
2과	창의력과 아이디어 확장 방법 [뇌 활용, 마인드 맵]	창의력, 뇌의 특징	뇌 활용 방법 마인드 맵
3과	문어체 문장 쓰기 [문장의 특징]	문어체의 특징	문어체 표현 외래어 표기법
4과	단락 구성하기 [혈액형과 성격]	단락의 특징	소주제와 뒷받침 문장 단락 연결에 필요한 표현
5과	단락 쓰기 [인상적인 한국 문화]	단락 분석	단락의 구성 방법 정보의 시각화
6과	개요 만들기 [화제, 주제]	화제와 주제 보고서의 개요	주제 문장 만들기 개요의 구성
7과	자료 인용하기 [소비생활]	보고서의 자료	자료를 인용하는 방법 참고 자료 정리
8과	서론 쓰기 [인공지능]	서론의 특징	서론의 문장 표현 서론의 내용 구성
9과	본론 쓰기 [공유경제]	본론의 특징	본론의 구성 방식 본론의 문장 표현
10과	결론 쓰기 [유행 문화]	결론의 특징	서론과 결론 비교 결론의 문장 표현
11과	초고 점검하기 [퇴고]	점검하는 방법	초고 점검하기
12과	수정하기 [한국어 어문 규정]	한국어 어문 규정 띄어쓰기	어휘와 표현 확인 문장 확인
부록	발표하기 [슬라이드 만들기]	발표와 준비	발표 순서 발표에 필요한 능력
교수 학습 참고 자료	대학 보고서 예시	[보고서 1]	[보고서 2]
	교재 활용 방법	강의 준비 현장의 상황	원격수업 매체에 대한 이해 원격수업 준비
	기타	정답, 모범답안	어휘와 표현

제 1 부

보고서 쓰기의 기초

> " 천 리 길도 한 걸음부터 "

1과
대학 보고서의 특징

학습 목표 대학에서 쓰는 보고서의 특징에 대해서 안다.

주제 대학 보고서의 특징, 목표, 형식을 안다.

참고하기 보고서 쓰기의 어려움

보고서 쓰기 전에 얼마나 준비가 되어 있는지 알아봅시다.

	질문	잘한다 (10점)	조금 잘 한다 (8점)	보통 (6점)	조금 한다 (4점)	못 한다 (2점)
1	전문 주제의 한국어 자료를 읽고 이해할 수 있다.					
2	전공 분야 자료를 찾을 수 있다.					
3	자료에서 읽은 내용을 요약할 수 있다.					
4	문장을 연결하여 문단을 쓸 수 있다.					
5	전공 분야에 글을 읽고 이해할 수 있다.					
6	단락을 구성해서 글을 쓸 수 있다.					
7	글을 읽고 글의 구조와 의미를 이해할 수 있다.					
8	잘 아는 주제인 경우 자신의 주장과 뒷받침 내용을 쓸 수 있다.					
9	전공에서 사용하는 어휘를 정확하게 쓸 수 있다.					
10	한국어 문장을 문법에 맞게 쓸 수 있다.					
11	친숙한 사회적·추상적 주제(직업, 사랑, 교육 등)에 관하여 설명하는 글을 쓸 수 있다.					
12	문어체에 적당한 표현을 쓸 수 있다.					
	총점수			점		

| 보고서 쓰기 능력 진단 |

101~120점 대학에 필요한 보고서 쓰기 능력이 충분합니다. 보고서 쓰기를 연습하십시오. 대학 강의를 수강할 준비가 잘 되어 있습니다.

81~100점 보고서 쓰기에 필요한 기술을 조금만 연습하면 잘 쓸 수 있습니다. 대학 강의 수강에 어느 정도 준비가 되어 있습니다.

61~80점 보고서를 쓰기 위한 연습이 좀 더 필요합니다. 단락을 구성해서 1~2장 정도의 글 완성하기부터 연습하면 됩니다.

41~60점 보고서는 쓰기 전에 먼저 한국어로 전문적인 내용의 글을 읽는 연습이 필요합니다. 문어체의 특징에 대해서도 공부가 필요합니다.

24~40점 보고서를 쓰기에는 한국어 실력이 부족합니다. 한국어 문법과 표현부터 좀 더 공부해야 합니다.

보고서란?

報告書: 알리어(報) 바치는(告) 글(書)

- 보고서(報告書, report)는 필자가 연구하거나 조사한 내용 또는 업무에 대한 것을 글로 정리한 것이다.
- 일반적 보고서는 새로운 정보를 간결하고 쉽게 전달한다. 직장에서 '일을 한다'는 것은 주어진 문제를 해결하는 것으로, 보고서는 문제를 해결하는 과정을 담고 있거나 문제를 해결하는 수단이 된다.
- 직장인 1,212명에게 조사한 결과 하루 평균 5시간 정도 보고서를 작성하고, 보고서 쓰는 능력과 직장에서 성공은 77.7%가 관계가 있으며, 보고서 때문에 스트레스를 받는다는 직장인은 66% 이상이라고 한다.[1]

대학보고서란?

- 대학 보고서(report of university students)는 보고서의 한 종류이다. 대학 보고서는 전문 영역에 대한 자료를 읽고, 조사·연구하고, 실험한 결과를 객관적으로 정리한 것이다.
- 보고서를 리포트(report), 과제물, 텀페이퍼(term paper)로 부르기도 한다.
- 보고서를 쓰면서 머릿속의 아이디어를 구체화시켜 새로운 생각을 만들어 낼 수 있다.
- 대학 보고서의 독자는 교수와 같이 대부분 전문가로, 내용을 정확하고 분석적으로 이해하고 전공 용어를 사용해서, 사고력을 발전시켜 형식을 지켜서 써야 한다.

대학에서 보고서를 쓰는 이유?

- 대학 보고서는 전공영역에 대한 지식, 분석적 사고, 객관적이고 논리적인 표현 능력 등 종합적 능력을 평가할 수 있는 방법이다. 그래서 과제로 제출하기도 하고 시험을 대신하기도 한다.
- 대학 보고서 쓰기는 전공의 전문가답게 표현하는 방법을 배우는 학습의 과정이다. 예를 들어 의학 전공자라면 의사처럼 말하고 쓸 수 있고, 법학 전공자라면 변호사처럼 말하고 쓸 수 있도록 하는 것이 목표이다.

대학 보고서 쓰기의 목표

① 전공의 형식에 맞는 보고서를 쓸 줄 안다.
② 보고서 쓰는 과정에 필요한 절차를 안다.
③ 전문 정보를 바탕으로 독창적인 새 정보를 만들 수 있다.
④ 전문 분야의 정보에 대하여 분석하고 비판적으로 이해할 수 있다.
⑤ 전문 정보와 자신의 의견을 연결하여 표현할 수 있다.

참고

| 학술적인 글쓰기 목표 |[2]

첫째, 의사소통의 도구로 자신의 견해와 주장을 근거를 들어 논리적으로 제시하고 다른 사람의 주장을 논리적으로 평가할 수 있는 논증적 글쓰기 교육

둘째, 맥락에 대한 비판적이고 창의적인 사고를 통한 자신의 견해 형성

셋째, 지식을 산출하고 적용할 수 있는 능력 교육과 다학문적, 융복합적으로 지식에 접근할 수 있는 총합 일반교육

| 자료출처 |

박정하(2012), 학술적 글쓰기, 어떻게 가르칠 것인가: 성균관대 학술적 글쓰기 사례를 중심으로, 사고와표현 5(2), 7-39.

대학 보고서의 형식

- 보고서는 전공 계열이나 담당 교수에 따라 형식과 내용이 다양하다.
- 서론, 본론, 결론, 참고문헌의 형식으로. 세 장 이상이라면 표지, 목차를 포함한다.
- 표지에는 주제(제목), (제출하는)과목명, 교수, 학생의 인적사항(전공, 학번, 이름) 제출일을 쓴다.
- 두 장 정도로 짧거나 담당 교수가 표지가 필요 없다고 한 경우는 주제와 인적사항, 목차를 간략하게 한 장으로 하거나 보고서 첫 장에 써 준다.

한국 대학생 야간문화의 특징

과목명: 사고와표현
담당교수: 양태영
제출일: 2022년 6월 12일
전공: 경영학과
학번: 22××1234
이름: 왕리

〈보고서의 표지〉

한국 대학생 야간문화의 특징

이름: 왕리
소속: 경영학과(22××1234)

〈목차〉
1. 서론
2. 한국 대학생 문화
3. 한국 대학생 야간문화
4. 결론

1. 서론
이 보고서에는 대학생들이 야간에 즐기는 문화의 특징에 대해서 살펴보고자 한다.

〈짧은 보고서의 표지〉

- 보고서의 주제를 알 수 있도록 내용을 시작하는 부분
- '서론' 대신 '들어가는 말', '머리말'로 쓸 수도
- 한 두 단락(전체 보고서의 5~10% 정도)면 적당
- 서론에서 보고서의 주제를 소개하고 흥미를 주어야

- "목차"를 '차례'로 쓸 수도
- 3장 이하는 안 쓸 수도 있음

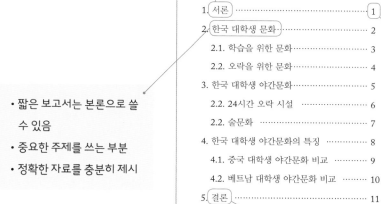

〈목차〉

- 짧은 보고서는 본론으로 쓸 수 있음
- 중요한 주제를 쓰는 부분
- 정확한 자료를 충분히 제시

- 내용이 몇 쪽에 있는지 표시
- 5장 이하면 불필요
- 표지, 목차, 참고문헌은 쪽 수 표시가 불필요

- 보고서를 쓰기 위해 본 책, 기사, 논문, 인터넷 주소를 정리
- 자료를 순서대로 정리

- 결론 대신 '맺음말', '나가는 말'도 가능
  - 주제를 정리
  - 문제에 대한 정리와 전망
  - 기억에 남는 끝인사로 마무리

대학 보고서의 종류

보고서의 내용, 주제, 형식에 따라 설명, 논증, 분석, 감상 보고서로 나눌 수 있다.

설 명	• 객관적인 사실을 정의하고 예를 들어 알려주는 보고서 • 전공에 따라 차이는 있지만 대학 보고서의 60% 정도가 설명보고서
논 증	• 문제에 대해 논리적으로 근거를 쓰고 주장하는 보고서 • 자신의 의견이나 주장과 근거가 주요 내용
분석(실험)	• 자연과학계열, 공학계열에서 자주 쓰며 실험 과정과 결과를 정리한 보고서 • 객관적 정보를 바탕으로 정해진 형식에 맞춰서 씀
감 상	• 영화, 연극, 공연, 전시회, 문학작품 등을 읽고 이해, 분석, 감상한 내용을 정리한 보고서 • 주관적인 의견이나 생각의 근거를 주로 쓰고 정해진 형식이 없고 자유롭게 쓰는 편

설명 보고서	논증 보고서	분석 보고서	감상 보고서
• 산업혁명의 역사 • AI의 활용 가능성	• 동성결혼의 합법화 이유 • 안락사 반대 근거	• 한강의 수질 오염 분석 • 손 세정제의 효과 비교 분석	• 영화 '기생충' 감상문 • 소설 '춘향전'과 영화 '방자전'의 비교 감상문

전공별 보고서의 종류

가장 많이 쓰는 보고서는 설명 보고서이다. 전공에 따라 자주 쓰는 보고서 종류가 다르다.[3]

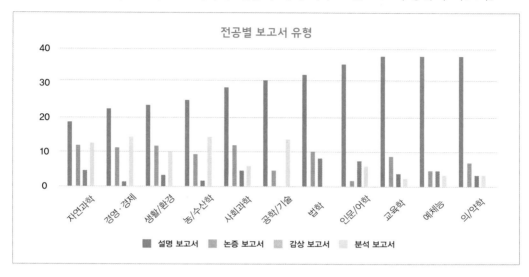

전공별 보고서 유형

■ 설명 보고서 ■ 논증 보고서 ■ 감상 보고서 □ 분석 보고서

참고

• 설명 보고서라고 해도 설명만 하는 것은 아니고 사실에 대한 설명이 중심이 되는 보고서이다.
• 대학 보고서는 주제에 따라서 다른 종류를 쓸 수 있다. 예를 들어, 황순원의 소설 '소나기'로 보고서를 쓸 때, '소나기에 나오는 인물들의 관계 분석'의 분석 보고서를 쓸 수도 있고, '소나기에 나타난 사랑에 대한 감상'을 감상 보고서로 쓸 수도 있고, '소나기의 작가 황순원의 생애'로 설명 보고서를 쓸 수도 있다.

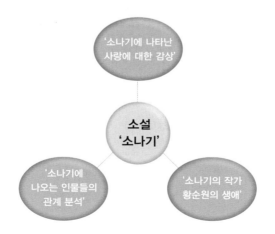

대학 보고서에 필요한 조건

01 보고서를 쓸 때 무엇이 중요합니까? 아래의 조건에서 중요한 순서대로 번호를 쓰십시오.

정확한 정보의 정리

- 주제에 적합한 정보
- 신뢰할 수 있는 정보
- 주제에 충분한 정보
- 출처 표기
- 인용 표현

보고서 형식, 문어체

- 보고서의 필수 형식
  (표지, 목차, 서론-본론, 결론, 참고문헌)
- 보고서의 독자가 이해할 수
  있는 어휘와 표현
- 문어체 표현
- 정확한 한국어 문장

창의성

- 개성
- 탐구적 자세
- 자신의 의견, 해석
- 새로운 생각

논리적, 객관적

- 단락의 구성과 배열
- 논리적인 순서
- 구체적 근거
- 객관적 의견

참고

- 보고서는 학습의 과정이다. 보고서를 쓰기 전에 담당 교수가 요구하는 것이 무엇인지 알아야 한다.
- 담당 교수에 따라 다르지만 일반적으로 보고서에서 가장 중요한 것은 주제에 대한 정확한 정보이다. 그리고, 형식을 갖추어야 하며 논리적이고 객관적인 단락의 배열과 구성, 객관적인 의견과 창의성이 중요하다.
- 창의성이 마지막이라고 해서 덜 중요한 것이 아니다. 전문가가 아닌 대학생들은 세 가지 조건만 갖추어도 좋은 평가 받을 수도 있지만 졸업 후 경쟁력을 갖기 위해서는 대학생활 동안 창의성을 키우는 것이 중요하다.

01 주제에 알맞은 보고서의 종류를 연결하십시오.

① 고추 라면을 끓이는 방법 •   • ㉠ 설명보고서

② 매운 맛을 먹지 말아야 한다: 입맛의 변화 •   • ㉡ 분석보고서

③ 매운 맛의 인기 이유의 소비자의 기호 •   • ㉢ 논증보고서

④ 매운맛을 소재로 만든 먹방 콘텐츠 •   • ㉣ 감상보고서

[02~05] **다음 주제에 알맞은 보고서의 종류는 무엇입니까? 〈보기〉에서 모두 고르십시오.**

〈보기〉 ㉠ 설명보고서   ㉡ 분석보고서   ㉢ 논증보고서   ㉣ 감상보고서

02 한류의 현상과 전망   (   )

03 한국인들이 셀프 카메라를 자주 찍는 이유   (   )

04 외모지상주의 영화로 본 한국 사회의 특징   (   )

05 먹는 방송이 대학생의 식습관에 미치는 부정적인 영향   (   )

06 한국어 공부할 때 쓴 글과 대학에서 쓰는 글의 차이가 무엇이라고 생각합니까? 〈보기〉와 같이 알맞은 내용을 쓰십시오.

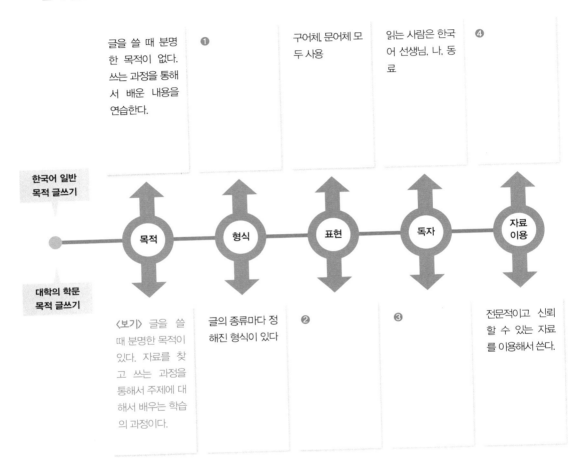

글을 쓸 때 분명한 목적이 없다. 쓰는 과정을 통해서 배운 내용을 연습한다.	❶
구어체, 문어체 모두 사용	읽는 사람은 한국어 선생님, 나, 동료	❹

한국어 일반 목적 글쓰기

목적 — 형식 — 표현 — 독자 — 자료 이용

대학의 학문 목적 글쓰기

〈보기〉 글을 쓸 때 분명한 목적이 있다. 자료를 찾고 쓰는 과정을 통해서 주제에 대해서 배우는 학습의 과정이다.

글의 종류마다 정해진 형식이 있다

❷

❸

전문적이고 신뢰할 수 있는 자료를 이용해서 쓴다.

국수 만들기와 보고서 쓰기

01 다음 글을 읽고 질문에 대답하십시오.

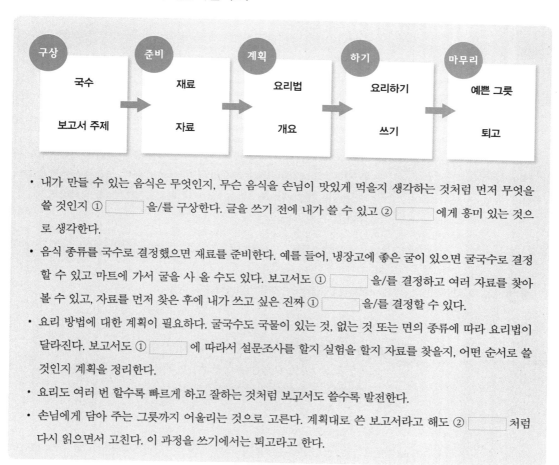

- 내가 만들 수 있는 음식은 무엇인지, 무슨 음식을 손님이 맛있게 먹을지 생각하는 것처럼 먼저 무엇을 쓸 것인지 ① _____ 을/를 구상한다. 글을 쓰기 전에 내가 쓸 수 있고 ② _____ 에게 흥미 있는 것으로 생각한다.

- 음식 종류를 국수로 결정했으면 재료를 준비한다. 예를 들어, 냉장고에 좋은 굴이 있으면 굴국수로 결정할 수 있고 마트에 가서 굴을 사 올 수도 있다. 보고서도 ① _____ 을/를 결정하고 여러 자료를 찾아볼 수 있고, 자료를 먼저 찾은 후에 내가 쓰고 싶은 진짜 ① _____ 을/를 결정할 수 있다.

- 요리 방법에 대한 계획이 필요하다. 굴국수도 국물이 있는 것, 없는 것 또는 면의 종류에 따라 요리법이 달라진다. 보고서도 ① _____ 에 따라서 설문조사를 할지 실험을 할지 자료를 찾을지, 어떤 순서로 쓸 것인지 계획을 정리한다.

- 요리도 여러 번 할수록 빠르게 하고 잘하는 것처럼 보고서도 쓸수록 발전한다.

- 손님에게 담아 주는 그릇까지 어울리는 것으로 고른다. 계획대로 쓴 보고서라고 해도 ② _____ 처럼 다시 읽으면서 고친다. 이 과정을 쓰기에서는 퇴고라고 한다.

01 ①, ②에 공통적으로 들어갈 수 있는 말을 각각 쓰십시오.

① _____ ② _____

여러분의 선배들이 이야기한 보고서 쓸 때의 고민입니다. 여러분과 같은 고민이 있습니까? 자신의 문제를 해결할 수 있는 방법을 찾아보십시오.

Q. 한국어는 잘 말할 수 있지만 글을 잘 쓸 자신이 없습니다.

A. 한국어를 잘 쓰려고 고민하지 말고 주제에 대한 자료를 읽고 잘 정리해서 먼저 이야기하십시오. 이야기한 내용을 정리해서 글을 쓰고, 다시 정리해 보십시오.

Q. 글을 잘 쓰고 싶습니다.

A. 글은 아름다운 표현으로 독자의 마음에 감동을 주고 느낌을 전달하는 것이라고 생각하기 때문에 글쓰기가 어려워집니다. 보고서는 문학적인 글이 아닙니다. 보고서는 지식이나 사실을 알기 쉽고 정확하게 쓰면 됩니다.

Q. 적절한 용어와 문법을 사용해서 글을 쓰는 것이 어렵습니다.

A. 글을 쓸 때 단어와 문법을 먼저 생각하면 정확한 짧은 글을 쓸 수 있지만 글을 쓰기는 어렵습니다. 먼저 쉬운 표현부터 사용해 단락을 구성해서 쓰는 연습부터 하는 것이 좋습니다.

Q. 글을 쓸 때 시간이 많이 걸립니다.

A. 모국어로 쓴 후에 그 글을 번역합니까? 그럼 시간이 많이 걸립니다. 한국어가 익숙하지 않아도 쉬운 표현을 사용해서 먼저 한국어로 쓰기 시작해야 나중에 익숙해지면 시간이 단축됩니다. 그리고 문어체 표현을 고민하느라 오랜 시간이 걸리기 보다는 먼저 쉬운 표현으로 쓴 후에 고치는 것이 좋습니다.

Q. 보고서에서 좋은 평가를 받고 싶습니다.

A. 보고서 쓰기를 배운 후에 좋은 평가까지 받을 수 있다면 아주 훌륭합니다. 그렇지만 점수를 먼저 생각하지 말고 그 주제에 대해서 충분히 공부하는 과정으로 생각해 보십시오. 즐겁게 공부한다면 다른 사람보다 창의성 있고 자신의 의견이 충분한 보고서를 쓸 수 있고, 좋은 평가를 받을 수 있습니다. 하버드 대학교의 대학생 400명의 글쓰기를 연구한 결과에 따르면 쓰기를 점수를 받기 위한 과제로만 생각하지 않고 글을 쓰면서 문제를 찾고, 새로운 것을 찾기 위해서 노력하는 학생들은 글을 쓰면서 자신을 돌아보고 지식에 더 많은 관심과 흥미를 가지게 되어 성공적으로 대학 생활을 했다고 합니다.[4]

Q. 보고서 쓰기가 너무 힘이 듭니다.

A. 보고서의 주제부터 자신이 평소에 관심이 있는 것으로 정하십시오. 보고서를 쓰기 위해서는 많은 정보를 정리하고, 여러 자료를 읽어야 합니다. 관심이 있는 주제를 선택한다면 이런 과정이 좀 더 재미있게 느껴질 수 있습니다. 그리고 보고서 쓰기에 아직 익숙하지 않으면 충분한 준비 시간을 갖는 것이 좋습니다. 생각나는 것이 있으면 글로 조금씩 쓰십시오. 글이 모여서 보고서가 될 수 있습니다.

어휘와 표현

한국어	영어	중국어
객관적	Objective	客观的
근거	Evidence	证据
기술	Technology	技术
논리적	Logical	逻辑
논증	Demonstration	论证
대학 보고서	University report	大学报告
목차	Contents	目录
목표	Goal	目标
보고서	Report	报告
분석	Analysis	分析
사고력	Thinking power	思考力
설명	Explanation	解释
업무	Task	任务
연구	Research	研究
영역	Area	区域
자료	Data	资料，数据
전문가	Professional	专家
정의	Definition	定义
제출하다	Submit	提交
조사하다	Investigate	调查
종합적	Comprehensive	综合的
주장	Opinion	观点
참고문헌	References	参考
창의성	Creativity	创造力
특징	Characteristic	特征
퇴고	Revision	修订
표지	Cover	封面
형식	Formal	正式

보고서 쓰기의 어려움[5]

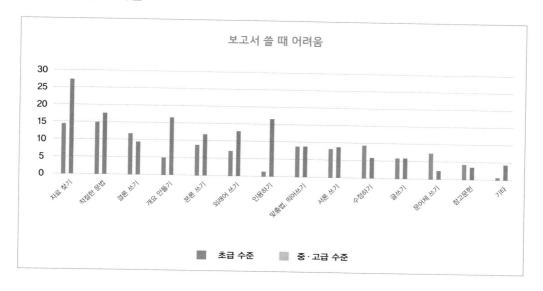

보고서 쓸 때 어려움

초급 수준   중·고급 수준

　대학에서 보고서 쓰기를 배우는 외국인 유학생 117명에게 보고서 쓸 때 힘들고 어려운 점에 대해 질문했다.

　한국어 초급 수준 외국인 유학생은 적절한 문법으로 쓰기, 자료 찾기, 결론 쓰기가 힘들다고 답했다. 즉, 쓰기 수업을 문법을 배우고 글의 주제와 표현을 배운다고 생각한다. 보고서 쓰기에는 한국어 능력이 부족하다.

　중·고급 수준 유학생은 보고서를 쓸 때 자료 찾기, 적절한 문법으로 쓰기, 인용하기와 개요 만들기가 힘들다고 답했다. 즉, 자료를 찾아서 읽고 정리하는 것을 가장 힘들어한다. 대학보고서는 자료를 바탕으로 의견을 쓰기 때문에 전문적인 자료를 읽고 이해하고 글로 표현할 수 있는 능력이 기본적으로 필요하다.

1 윤병돈, 이병주, 2017, 『보고서 마스터』, 가디언.
2 박정하, 2012, 학술적 글쓰기, 어떻게 가르칠 것인가: 성균관대 학술적 글쓰기 사례를 중심으로, 사고와표현 5(2), 한국사고와표현학회.
3 김연심, 2011, 텍스트 분석을 통한 유형별 보고서 쓰기 교육 방안, 부산외국어대학교 교육대학원 석사학위 청구논문.
4 정희모, 2020, 창의적 생각의 발견 글쓰기, 『샘터』.
5 양태영, 2021, 보고서 수정하기에 대한 외국인 유학생과 교수자의 인식 연구, 리터러시연구 43호, 한국리터러시학회.

"
지식보다 중요한 것은
상상력이다
"

2과
창의력과 아이디어 확장 방법

학습 목표 대학 보고서에서 창의력의 필요성을 이해한다.

뇌의 특징과 마인드 맵을 이용한 아이디어 확장 방법을 안다.

주제 창의력, 뇌 활용 방법, 마인드 맵

참고하기 자기 뇌의 특징 알기

[01~02] 다음 질문에 대답하십시오.

01 보고서를 쓰기 위해서 필요한 능력을 모두 고르십시오.

① 글을 쓰는 능력 　　② 주제에 대한 지식 　　③ 창의력, 사고력

④ 문장 표현 능력 　　⑤ 자료 찾기

02 배운 내용을 잘 기억하고 새로운 생각을 정리할 때 사용하는 자신만의 방법이 있습니까?

Tip

대학 보고서를 쓰기 위해서는 전문 지식을 체계적으로 구성해 다른 이에게 표현하는 능력이 필요하다

• 지식보다 중요한 것은 상상력이다.

• 지식은 한계가 있다. 하지만 상상력은 세상의 모든 것을 끌어안는다.

- 알베르트 아인슈타인(Albert Einstein)

창의력

- 대학 보고서는 자료를 읽고 이해한 내용에 새로운 생각을 더해서 쓰는 능력이 필요하다. 그래서 새로운 생각을 할 수 있는 창의력이 중요하다.
- 창의력은 생각을 확장해서 이전에 없던 것, 누구도 생각하지 못한 아이디어를 만드는 것뿐만 아니라 문제를 해결하고 다른 영역을 결합하는 것도 포함된다.

먼저 여러분의 창의력 활용 수준을 알아보자.

※ 2분 동안 '옷걸이'로 할 수 있는 것, 만들 수 있는 것을 생각하여 모두 쓰십시오. 한국어로 쓰지 않아도 됩니다. 단어로 쓰십시오. 쓴 단어 수를 ½ 하십시오.

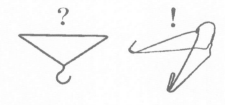

| 창의력 진단 |

1~3개	새로운 생각을 하려는 노력을 약간 했습니다. 뇌 활용 방법은 아직 잘 모릅니다.
4~6개	조금 더 노력해 보십시오. 뇌의 특징을 조금만 알고 더 활용한다면 잘 할 수 있습니다.
7~8개	조금만 연습한다면 새로운 생각을 잘 할 수 있습니다.
9~11개	주위에서 보기 힘든 수준! 새로운 생각을 아주 잘 할 수 있습니다.
12개 이상	당신은 천재? 새로운 생각을 하는데 아주 능숙합니다. 새로운 생각을 발전시켜 보십시오.

뇌의 특징

- 뇌는 아이디어를 생각하고 지식을 저장하는 곳이다. 창의력을 발전시키기 위해서 먼저 뇌에 대해 알아야 하는데, 뇌는 왼쪽의 좌뇌와 오른쪽의 우뇌로 구분하여 기능을 한다.

- 좌뇌는 몸의 오른쪽 움직임과 기능을 담당한다. 세밀하고 분석적이고, 구체적이고 계획적이고 이성적이다. 언어 기능을 주로 담당해서 언어뇌라고 부르기도 한다.

- 우뇌는 주로 몸 왼쪽의 움직임과 기능을 담당한다. 우뇌는 시간, 공간적인 지각과, 직관적이고 통합적이고 새로운 것을 탐구하는 이상적, 충동적인 생각을 담당한다. 이미지 뇌라고 부르기도 한다. 예술과 체육 분야 능력을 담당하며 창의력은 주로 우뇌를 활용한다.

- 뇌는 흑백 보다는 칼라를 좋아하고, 글자보다는 이미지를 더 잘 기억한다. 책으로 읽은 내용보다 영화 한 편을 더 쉽게 기억한다.

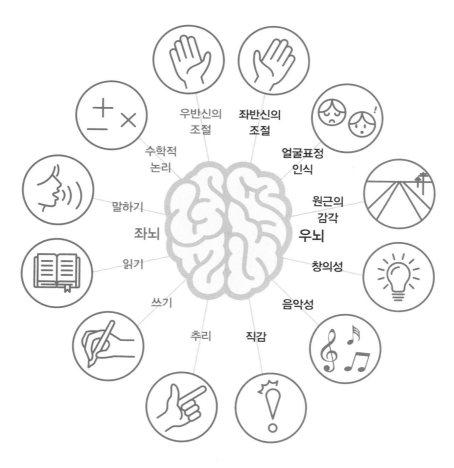

뇌를 활용하는 방법

[01~03] 다음 글을 잘 읽고 질문에 대답하십시오.

1. 서론

여러분은 공부를 잘 하고 싶은가? 그렇다면 뇌(腦, Brain)에 대해서 얼마나 알고 있는가? 두뇌와 학습은 밀접한 관계가 있다. 학습을 주로 담당하는 곳은 뇌이기 때문이다. 이 글에서는 뇌의 특징과 활용할 수 있는 방법에 대해서 알아보고자 한다.

2. 본론

2.1. 뇌의 특징

뇌는 인간의 생명에 있어서 중요한 역할을 하는데, 대부분의 움직임, 심장의 박동, 혈압, 혈액 내의 농도, 체온 등을 일정하게 유지한다. 이런 중요한 기관인 뇌는 머리에 있으며 머리뼈로 보호된다. 성인의 뇌 무게는 약 1,400g~1,600g 정도이며, 가로 15cm, 너비 15cm, 깊이 20cm로 평균 1350cc 정도의 부피이다.

뇌는 학습하는 기관으로 인지, 감정, 기억, 학습 등을 담당하는데, 좌뇌와 우뇌로 구분한다. 좌뇌는 몸의 오른쪽, 우뇌는 몸의 왼쪽 움직임을 담당하는데 다른 기능들을 처리하는 데도 차이가 난다. 로저 스페리(Roger Sperry) 박사는 좌뇌는 언어뇌로 순차, 논리, 수리를 담당하고 우뇌는 감성뇌로 시각, 청각을 처리한다고 했다. 하지만 이 구분은 좌 · 우뇌가 기능하는 방식을 너무 단순화한 것이다.

언어 능력은 좌뇌만 담당하는 것이 아니다. 좌뇌와 우뇌 연결 부분이 손상되어 말을 하지 못하는 환자를 보고 좌뇌가 언어를 담당한다고 생각한 것이다. 그러나 최근 연구에 따르면 좌뇌는 주로 문법과 단어를 담당하고 우뇌는 강세나 강조와 같은 부분을 담당한다고 한다. 뇌를 잘 활용하기 위해서 중요한 것은 뇌의 구분이 아니라 양쪽 뇌의 활용이다. 각각의 기능이 무엇이든 뇌에 대해서 알고 제대로 활용할 수 있어야 한다. 뇌를 잘 활용하기 위한 방법은 다음과 같다.

2.2. 뇌 활용 방법

새로운 아이디어는 책상 앞에 앉아 있다고 해서 생각이 나지 않는다. 편한 환경에서 아무 것도 하지 않고 잠을 잘 자고 식사를 잘 한다면 뇌도 게을러진다. 적당한 스트레스는 뇌를 긴장시키고 일을 할 수 있도록 준비시켜 준다.

또한, 뇌도 근육, 심장, 폐와 같은 신체 기관이라서 잘 활동하기 위해서는 충분한 산소가 필요하다. 뇌에 산소를 공급하는 방법은 운동이다. 일주일에 두세 번 정도 가벼운 운동이나 걷는 것만으로도 뇌는 건강해진다. 독일의 유명한 철학자인 프리드리히 니체는 "진정으로 위대한 사상들은 모두 걷다가 태어나게 되었다."고 말한 바 있다.

인간의 뇌는 매일 익숙한 일을 반복하면 도전하려고 하지 않는다. 새로운 친구를 사귀고 새로운 일을 할 때 시도하기 위해서 긴장하게 된다. 이럴 때 여행도 좋지만 새로운 음식을 먹어보거나 평소 다니지 않는 길로 다니는 것만으로도 뇌는 흥미를 느끼고 도전할 준비를 하게 된다.

--중간 생략--

3. 결론

지금까지 이 글에서는 뇌에 대한 특징과 어떻게 하면 잘 활용할 수 있는지 방법을 살펴보았다. 먼저 뇌는 적당한 스트레스를 받을 때 일을 한다. 뇌도 운동을 해야 건강해질 수 있고 익숙하지 않은 것을 할 때 새롭게 도전한다. 다음으로 마인드 맵의 활용으로 기억력을 높이고 아이디어를 만드는 방법을 살펴보았다. 앞으로 뇌과학이 더 발전한다면 뇌의 활용 방법이 더 다양해질 것이다.

〈참고문헌〉

토니 부잔. 성공을 위한 생각정리 노하우. 중앙북스 · 부잔코리아, 2008.
위키백과, 뇌. https://ko.wikipedia.org/wiki/%EB%87%8C (2021.06.28)

> **Tip**
> 화제는 글을 쓰기 위한 재료이다. 주제는 필자가 화제로 표현하고 싶은 중심 생각이다. 대부분의 보고서는 제목과 주제가 같다.

01 이 글의 화제와 주제는 무엇입니까?

① 화제: _____   ② 주제: _____

02 이 글에서 중간 생략된 부분은 무슨 내용입니까? 추측해 보십시오.

03 뇌를 활용하는 좋은 방법이 <u>아닌</u> 것을 고르십시오.

① 새로운 친구를 사귀기   ② 일주일에 두세 번 걷기

③ 영양가 있는 음식을 먹고 충분히 휴식하기   ④ 새로운 곳으로 여행 가기

⑤ 새로운 음식을 먹어 보기

창의력을 높이는 방법

관찰하기

친구와 이야기하기

전체를 파악하기

생각을 메모하기

멀리서 가까이서 보기

반대로 생각하기

마인드 맵 그리기

비슷한 것, 닮은 것을 생각하기

글로 써서 정리하기

낯설게 보기

아이디어 정리하기

Tip
수박을 네모 모양으로 만들어서 가치를 높인다.

Tip
선풍기를 새로운 모양으로 만들어서 판매량을 늘린다.

마인드 맵

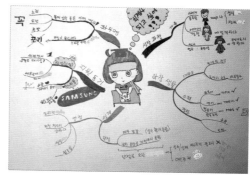

사회과학계열 1학년 베트남 유학생

- 마인드 맵(mind map)은 생각을 지도처럼 한 장의 그림으로 그린 것이다.
- 마인드 맵(생각지도)은 토니 부잔(Tony Buzan)이라는 교육학자가 개발한 것으로, 좌뇌와 우뇌를 효율적으로 이용하는 학습과 기억의 방법이다.
- 머릿속에 떠오르는 생각을 그림, 기호, 색깔로 연결하여 지도처럼 그리면서 정리해서 사고력, 창의력, 기억력을 높이는 방법이다.
- 마인드 맵을 컴퓨터로 그리는 심플 마인드, 코글 마인드 맵, 알마인드 등의 프로그램도 있다.

마인드 맵 그리기

중심주제 중심주제를 이미지로 시작하면서 두뇌를 자극하여 상상하고 연관정보를 검색

키워드 굵은 가지에서 뻗어나간 핵심단어, 이미지로 가지 연결

색깔 색깔로 주제와 키워드 강조, 색으로 가지 구분

이미지화 그림으로 더 많은 정보와 느낌을 표현 키워드와 그림 둘 다 사용할 수 있음

04 다음 두 개의 마인드 맵을 비교하고 알맞은 답을 쓰십시오.

1) 경영학과 1학년 베트남 유학생

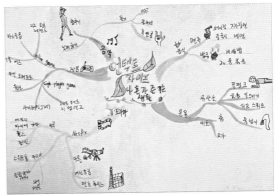

2) 사회과학계열 1학년 중국 유학생

	1)번	2)번
1. 주제는 무엇입니까?	①	언택트 라이프
2. 목적이 무엇입니까?	자기소개 쓰기	②
3. 소주제가 몇 개입니까?	7가지	③
4. 차이점이 무엇입니까?	이미지가 많다	핵심 단어가 많다

글 VS 마인드 맵

	글 (Text)	생각의 지도 (Mind-Map)
중심 주제 파악		👍
기억의 용이성		👍
범용성		👍
효율적 작성 시간		👍
재미		👍
편집, 수정	👍	👍
창의적 아이디어 자극		👍

> **참고**
>
> 글 VS 마인드 맵
> • 글은 하얀 종이에 검정색 글자인데 마인드 맵은 여러 가지 색깔, 이미지, 핵심 단어만 사용하여 쉽게 이해하고 기억한다.
> • 글보다 자신의 생각을 그리면서 새로운 생각을 체계적으로 정리하고 통합하기 좋다.

마인드 맵 그리기

01 앞서 36~37쪽에서 읽은 '학습에서 뇌를 활용하는 방법'을 마인드 맵으로 완성하십시오.

[준비물]

하얀색 종이(A4 용지), 다섯 가지 이상의 색깔 펜이나 색연필, 생각할 준비가 된 뇌

[주의 사항]

① 종이는 가로로 놓고 그립니다. 다섯 가지 이상의 색깔을 사용합니다.

② 중심에 주제를 그림으로 그리고 시작합니다.

③ 문장을 쓰지 마십시오. 단어를 쓰십시오.

④ 너무 오랜 시간 동안 그리지 말고 생각나지 않으면 다음에 추가하십시오.

⑤ 마인드 맵은 작품이 아닙니다. 글과 그림을 결합하여 생각을 정리하십시오.

⑥ 뇌의 특징과 활용 방법을 나눕니다.

⑦ 소주제 하나에 작은 가지는 일곱 개 이상 사용하지 않습니다.

> **Tip**
> 마인드 맵 그리기는 개인활동 조활동으로 다양한 활용이 가능하다. 처음에는 종이에 직접 그려보는 것이 좋다.

02 다음은 대학 새내기를 위한 필수 앱에 대한 마인드 맵입니다. 완성하십시오.

[마인드 맵 평가하기]

마인드 맵을 아래의 사항으로 평가하십시오.

	부족하다	조금 있다	보통이다	잘했다	아주 잘했다
1) 주제가 중심에 그림으로 그려져 있다.					
2) 다섯 가지 이상의 색을 사용했다.					
3) 핵심 단어로 정리되어 있다.					
4) 주제에 대한 생각을 충분히 알 수 있다.					
5) 주제가 소주제로 연결되어 정리되어 있다.					

01 여러분이 생각하는 대학 새내기를 위한 필수 앱이 무엇이 있습니까? 글을 쓰십시오.

[쓰기 전 알아 두기]

① 문어체로 쓰십시오.

② 2단락 이상으로 쓰십시오.

③ 설명을 포함하십시오.

_____

_____

_____

_____

_____

_____

_____

_____

_____

_____

_____

_____

02 마인드 맵의 장점과 단점을 정리하십시오.

장점	단점

어휘와 표현

한국어	영어	중국어
가능성	Possibility	可能性
가지	Branch, limb	茎, 干
강세	Stress	强势
구성	Configuration	构成
기억	Memory	记忆
뇌	Brain	大脑
도전하다	Challenge	挑战
상상력	Imagination	想象力
순간적	Momentary	瞬间的
신체 기관	Body organs	身体器官
심장	Heart	心脏
앱,어플(애플리케이션)	App, application	应用程序，应用程序
연결하다	Interlink	连接
우뇌	Right brain	右脑
이미지	Image	形象
저장하다	Save	保存
좌뇌	Left brain	左脑
지각	Perception	知觉
지식	Knowledge	知识
직관적	Intuitive	直观的
창의력(창의성)	Creativity	创意
체온	Temperature	体温
통합하다	Combine	统筹
핵심 단어	Key words	核心词
혈액	Blood	血液
효율성	Efficiency	效率性

자기 뇌의 특징 알기

나는 우뇌를 주로 사용할까? 좌뇌를 주로 사용할까? 다음 방법으로 알아볼 수 있다.

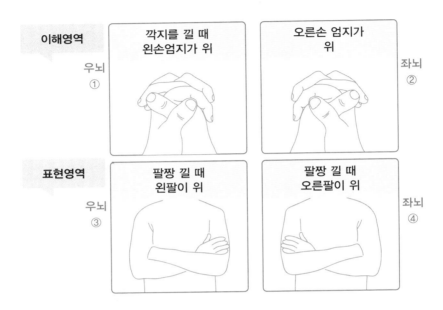

1. 손을 앞으로 하고 그림과 같이 잡는다. 위에 오는 손가락이 어느 쪽 손인지 기억한다.

2. 팔을 앞으로 하고 아래 그림과 같이 팔짱을 낀다. 위에 오는 팔이 어느 쪽인지 기억한다.

3. 네 가지 중에서 자기 뇌의 특징을 고른다.

①③ 우뇌 / 우뇌 : 감각과 이미지로 이해하고, 표현

①④ 우뇌 / 좌뇌 : 직감으로 이해하고, 논리적으로 표현

②③ 좌뇌 / 우뇌 : 논리적으로 이해하나, 감각으로 표현

②④ 좌뇌 / 좌뇌 : 논리적으로 이해하고, 논리적으로 표현

	우우뇌	우좌뇌	좌우뇌	좌좌뇌
특징	본능에 충실 자고 싶으면 자고 먹고 싶으면 먹어야	감성적이지만 승부욕이 강함	자상한 선배처럼 기분파	꼼꼼하고 준비성 있고 성실
성격	• 강한 인상으로 개성이 있음 • 언제나 본능에 충실 • 연예인에게 많은 스타일	• 합리적인 성격으로 보이지만 의외로 감상적, 의리 인정에 약해서 부탁을 잘 거절 못함 • 직감과 이성이 균형 • 팀에서 리더를 하는 경우가 많음	• 현실적이지만 의외로 겁 많음 • 이해는 냉철, 계산적 • 표현은 상대의 감정에 잘 호소함 • 기본적으로 대인관계가 좋은 편 이지만 가끔 하고 싶은 말을 못하고 분위기에 휩쓸리는 경우가 있음	• 완고하고 융통성 부족 • 사고 기준이, 맞는가 틀리는 가에만 있어 정보의 수집, 분석에 열심 • 취미도 혼자 집중 할 수 있는 것(인터넷 중독에 빠지기 쉬움) • 이성의 외모나 스타일을 중시
직업	• 번뜩이는 재주, 예술적 재능이 뛰어남 • 예술적인 재능을 활용할 수 있는 직업이 적당 • 여러 사람의 의견을 같이하는 협동적, 반복적인 업무는 맞지 않는 편	• 지시를 받기 보다는 지시를 하는 입장이 적합 • 대인관계가 좋아서 서비스업이 적당	• 언어 능력이 뛰어남. • 임기응변에 능하고 설득력이 있음 • 다른 사람에게 말하는 능력이 뛰어나므로, 컨설팅, 상담가, 번역가, 작가, 선생님 등이 적합	• 성실하고 열심히 노력함 • 교수, 연구원, 데이터 분석, 프로그래머 등 노력과 끈기가 필요한 일로 공무원, 사무직도 잘 할 수 있음. • 서비스업, 자영업, 연예인은 맞지 않는 편
재산	• 계획성이 없이 지출하는 편 • 신용불량자가 되기 쉬움 • 육감이 발달 되어 있어서 일확천금 가능성이 높음	• 꼼꼼하게 예금이나 주식과 같은 재테크가 필요 • 갑자기 부자가 되기 힘든 편	• 돈에는 안전 지향이면서도 모험심도 강해, 저축, 재테크나 도박에도 의욕적	• 부자가 되고 싶으면 무조건 저축

" 글은 문장으로 구성된다

글은 규칙을 지키는 게임이다 "

3과

문어체 문장 쓰기

학습 목표 구어체와 문어체의 차이를 이해한다.

문어체를 사용하여 글을 쓸 수 있다.

주제 문어체의 특징, 문어체 표현 쓰기, 외래어 표기법

참고하기 교정부호

01 다음 글을 읽고 구어체와 문어체의 차이를 아래의 표에 정리하십시오.

말(구어체)	글(문어체)
여러분도 잘 알지요? 현재 전 세계적으로 코로나19 전염 매우 복잡합니다. 경제교육분야에 직접적인 영향을 미치고 있고 어... 소비자의구매심리에도 영향을 미치고 있습니다. 나도 과거에는 자유롭게 쇼핑을 할 수 있었지만 음... 이제는 언라인 쇼핑이 우리가 원하는 것을 살 수 있도록 집에 인터넷 연결이 가능한 스마트폰이나 컴퓨터 만 있으면 된다는 사실로 대체되었습니다.	독자들도 잘 아는 바와 같이, 현재 전 세계적으로 Covid-19의 전염이 매우 심각하다. 경제, 교육 분야에 직접적인 영향을 미치고 있고 소비자의 구매 심리에도 영향을 미치고 있다. 필자도 과거에는 자유롭게 쇼핑을 할 수 있었지만 외출을 할 수 없는 지금은 집에서 인터넷 연결이 가능한 스마트폰이나 컴퓨터로 하는 온라인 쇼핑으로 대체되었다.

	구어체	문어체
문어체 표현의 사용	복잡합니다, ① [ ] 나도	복잡하다, 대체되었다 ② [ ]
조사의 사용	코로나19	코로나(Covid-19)의
띄어쓰기의 사용	경제교육분야에, 컴퓨터 만	경제 교육 분야에, ③ [ ]
단락 구분	없음	들여쓰기
외래어 표기	언라인 쇼핑	④ [ ]
말할 때만 사용하는 표현	⑤ [ ]	없음

구어체, 격식체 문어체

- 말은 발음이나 문법이 약간 틀려도 의사소통이 가능하지만 글은 정확하게 전달하기 위해서는 규칙대로 써야 한다.
- 구어체는 말을 글로 쓸 때 사용하는 표현으로, 상대를 보고 이야기하기 때문에 생략되는 표현이 많고 높임말, 반말을 사용한다.
- 격식체는 발표를 하거나 윗사람에게 말할 때 사용하는 표현으로, 높임말 표현을 사용한다.
- 문어체는 글을 쓸 때 사용하는 표현으로, 독자에게 정확하게 정보를 전달하기 위해 높임말이 없고, 문법을 정확하게 사용한다.

서법의 차이

	구어체	격식체	문어체
평서문	저 신입생이에요. 나 신입생이야.	저는 신입생입니다. 나는 신입생입니다.	나는 신입생이다. 필자는 신입생이다.
의문문	강의실이 어디? 강의실이 어디예요?	강의실이 어디입니까?	강의실이 어디인가.
청유문	저기요 도서관에 같이 갈래요?	도서관에 같이 갑시다.	도서관에 같이 가자.
명령문	신입생은 모두 와라. 신입생은 모두 오십시오. 선배한테 인사해라.	신입생은 모두 참석하십시오. 선배에게 인사하십시오.	신입생은 모두 참석하라. 선배에게 인사해라.
인용문	교수님께서 일찍 오신대. 강의 후에 모임이 있대요.	교수님이 일찍 오신다고 합니다. 강의 후에 모임이 있다고 합니다.	교수가 일찍 온다고 한다. 강의 후에 모임이 있다고 한다.

구어체와 문어체 표현

Tip
구분해서 사용하는 구어체, 문어체 표현이 있다.

구어체	문어체
−아/어/여요	−ㄴ다/는다/한다
−랑/이랑, 하고	−와/과
−한테	−에게
−니까, 아/어가지고	아/어/여서
무지	무척
꼭	반드시

	구어체	문어체
예1)	저랑 민수랑 내일 도서관 앞에서 만나기로 했어요. 근데 취소할래요. 왜냐하면 내일 비가 오고 바람이랑 무지 부니까요. 뉴스에서 들었어요. 민수한테 꼭 전해 주세요.	나는 민수와 내일 도서관 앞에서 만나기로 했다. 그런데 뉴스에서 비가 오고 바람이 무척 분다고 해서 약속을 취소할 것이다. 민수에게 반드시 전해 주라.
예2)	내 생각에도 네가 맞아. 생각을 바꿔야 하고 다르지 않아야 합니다.	필자 생각에도 여러분이 맞는다. 생각을 변화시켜야 하고 다를 바가 없어야 한다.

참고

| 한국어의 조사 |

- 구어에서 문장의 순서가 자유로운 대신에 문법적인 관계를 조사로 표현한다.
  예) '집에 가요', '집 가요', '가요 집에', '갑니다 집'
  (문어) '나는 지금 집에 간다' (문장은 조사를 정확하게 사용해야)
- 한국어의 동사는 목적어 '을/를'이 필요한 타동사와 필요 없는 자동사로 구분된다.
  예) 나는 학교에 간다 (○) 나는 학교를 간다 (×)
- '이/가'는 문장의 주어에 필요하고, '은/는'은 화제에 필요하다.
  예1) 영이가 학교에 온다. 영이는 내 가장 친한 친구이다.
  예2) 내 이름은 왕리이다.

문어체의 특징

1. 문어체는 독자를 알 수 없기 때문에 반말, 높임말이 없다.

예) 아버지: "아버님, 제가 집에 왔습니다." 　　동료: "민수 씨, 제가 집에 왔어요." 　　동생: "나 (집) 왔어."	(문어) 내가 집에 왔다.

2. 문어체는 조사를 사용해서 정확한 의미를 표현한다.

예1) 한국 이겨야 해	• (문어) 한국이 이겨야 한다. 　　한국을 이겨야 한다.
나 무지 무서운 선배 동생이 있어. 　　[선배가 있다는 것인지, 내가 무섭다는 것인지 알 수 없음]	• 나는 무척이나 무서운 성격의 선배의 동생을 안다. • 내가 무척이나 무서워하는 나이가 어린 선배가 있다.
예2) 독거 노인은 더 많은 주시하고 관심을 받아야 　　한다. [조사 오류]	독거 노인을 더 많은 주시해야 하고 관심을 주어야 한다.
예3) 부모의 동의를 필요로 하지 않는다.	부모의 동의가 필요하지 않다.

3. '명사+의'는 분명한 의미 표시를 위해서 문어체에서 주로 사용한다.

예1) 도서관 4층에 열람실	• 도서관 4층의 열람실
예2) 어제 친구 동생을 만났어요.	• 어제 친구의 동생을 만났다. [만난 사람이 1명] • 어제 친구와 동생을 만났다. [만난 사람이 2명]
예3) 관광지 관광객이 증가합니다.	관광지의 관광객이 증가한다.

01 다음 문장을 〈보기〉와 같이 한 문장으로 연결하십시오.

> 〈보기〉 왕리한테 말해줘. 자기 숙제를 직접 내라고.
> 　　　⇨ 왕리에게 자신의 숙제를 직접 내라고 말해라.

① 왕리한테 늦는다고 말해줘. 왜냐하면 숙제가 아직 안 끝났어.

　⇨ _____

② 왕리 선배님께서 일찍 오신다고 했대요.

　⇨ _____

대학 보고서의 문어체 표현

1. 보고서의 문어체 문장은 명사형 표현을 자주 사용한다.

구어체는 상황이나 감정을 전달하기 위해서 형용사, 동사를 많이 사용하지만, 문어체는 의미를 정확하게 전달하기 위해서 전문 용어와 같은 명사를 많이 사용한다.

예) 둘은 별로 다르지 않습니다. 리타 씨는 정말 예쁘고 예의를 잘 지킵니다. 공유자전거가 우리 생활을 많이 편리하게 합니다.	둘은 다름이 크지 않다. 리타는 미모가 뛰어나고 예의가 있다. 공유자전거가 우리 생활에 적지 않은 편리함을 가져다 준 것이 사실이다.

2. 보고서는 정확한 용어로 구체적이고 정확한 의미를 전달한다. 생략된 표현이나 줄임말을 사용하지 않는다.

예) 마인드 맵은 좋다. 1인 휴가에 15%를 씁니다. 1인 가구의 등장으로 최근 '혼밥', '혼술', 혼영', '혼여' 등 신조어가 등장했다.	마인드 맵은 기억하는 데 효율적이다. 1인당 휴가에 돈을 15% 소비한다.(시간을 15% 보낸다) 1인 가구의 등장으로 최근 혼자 밥을 먹는 '혼밥', 혼자 술을 마시는 '혼술', 혼자 영화를 보는 '혼영', 혼자 가는 여행 '혼여' 등 신조어가 등장했다.

3. 보고서는 자신의 생각을 간접적으로 표현하는 편이다.

−이다	−다고 할 수 있다/ −이라고 볼 수 있다 −임을 알 수 있다
−아/어야 하다	−아/어야 할 것이다 / −을 필요가 있다 −이/가 요구된다　 −는 것이 중요하다
−라고 생각하다	−으로 보다/ −으로 볼 수 있다/ 다고 보다
−하겠다	−하고자 한다

예1) 공유자전거는 환경에 부정적이지 않습니다.	• 공유자전거는 석유를 사용하지 않기 때문에 환경에 부정적이지 **않다고 본다.** • 공유자전거는 환경에 부정적이 아니**라고 본다.** • 공유자전거는 환경에 부정적이 아니**라고 볼 수 있다.**
예2) 인공지능은 위험한 분야에서 인간의 노동력을 대신한다.	인공지능은 위험한 분야에서 인간의 노동력을 대신 **해야 할 것이다.** [100% 확신할 수 없다]

4. 보고서는 정보에 대한 출처와 판단에 대한 근거를 쓴다.

| 예) 내일 비가 올 겁니다. | 뉴스에서 내일 비가 온다고 한다. |
| 공유자전거는 무지 좋다. | 공유자전거는 환경을 오염하지 않기 때문에 좋다. |

5. 보고서의 문장은 같은 표현이나 어휘를 반복하는 것을 싫어한다. 그래서 비슷한 의미의 표현과 어휘로 바꾼다. 단어나 표현을 대신하는 '이, 그'를 사용하기도 한다.

| 예) 공유자전거는 중국에서 가장 먼저 2014년에 베이징대학교에서 나타났다. 베이징대학교 대학생이 오포(OFO)라는 공유자전거 회사를 설립했다. 당시 베이징대학교 캠퍼스에서 공유자전거는 좋은 반응을 얻었다. | 공유자전거는 중국 최초로 2014년에 베이징대학교 학생이 오포(OFO)라는 회사를 설립했다. 당시 대학교 캠퍼스에서 이 자전거는 좋은 반응을 얻었다. |

01 다음 문장을 〈보기〉와 같이 쓰십시오.

〈보기〉 마인드 맵은 필요한 것만 기억하게 한다. 정말로 기억에 좋다.
⇨ 마인드 맵은 필요한 것만 기억하게 해서 좋다고 생각한다.

① 지하철은 편리합니다. 차가 없어도 이용할 수 있어서 편리합니다.

⇨ _____

② 공유자전거는 불편하다. 왜냐하면 고장이 자주 난다.

⇨ _____

6. 보고서의 주어나 화제는 앞에 오는 것이 이해하기 더 쉽다.

   일반적으로 사람을 주어로 사용한다.

Tip
문장을 능동문으로 쓰는 것이 독자가 이해하기 쉽다.

예) 다양한 문제로 사람들은 자신의 애완동물을 버리는 경우가 많다.	사람들은 다양한 문제로 자신의 애완동물을 버리는 경우가 많다.
연속된 시험 실패가 민수를 힘들게 했다.	민수가 시험이 연속적으로 실패하여 힘들어했다.

02 다음 문장을 〈보기〉와 같이 쓰십시오.

〈보기〉 온라인 강의를 들으려고 노트북을 쓴다.

⇨ 온라인 강의를 수강하기 위해서 노트북을 사용한다.

① 이제는 저는 공유경제의 문제 또 부정적인 영향을 사례를 통해 살펴볼 겁니다.

⇨ _____

② 공유자전거는 교통 체증을 해결하기 위해 시에서 설치되었다. 지금은 교통 체증의 원인이 되었다. 왜냐하면 사람들 공유자전거의 주차 규칙을 무시하고 마음대로 주차하기 때문이다.

⇨ _____

7. 문장의 주어와 술어가 한 개로 문장이 짧으면 내용의 전개가 어렵고 반복 표현이 많아진다.

단문: 사실의 단순한 나열	복문: 사건의 전개
예1) 나는 22학번이다. 나는 경영학 전공이다. 나는 신입생이다. 나는 중국에서 왔다.	나는 22학번 경영학 전공 신입생이고 중국에서 왔다.
예2) 왕리는 여자 친구 리타를 만났다. 왕리는 여자 친구 숙정을 만났다. [왕리의 여자 친구 이름을 알려 주는 내용만 있다. 사건은 없다]	왕리는 여자 친구 리타를 만나면서 숙정을 만났다. [문장을 적절한 표현으로 연결하면 왕리가 동시에 두 여자를 만났다는 사건을 알 수 있다. 이 뒤에 오는 내용은 사건에 대한 이야기일 것이다]

8. 한 문장에 하나의 생각, 정보를 쓰는 것이 쉽게 이해할 수 있다. 한 문장에 10~15 개 정도의 단어를 사용하는 것이 좋다.

예) 현대 사회의 발달로 국민의 소비 수준은 끊임없이 향상되고 있으며, 이로 인해서 낭비되는 물건도 너무나 많아서 건강한 소비경제를 위해서 공유경제를 소개하고 잘 알아보기 위해서 한국 학생을 대상으로 소비 현황에 대해 발표하기 위해서 필자가 한국 대학생 60명에게 설문 조사를 실시했다.	현대 사회의 발달로 국민들의 소비 수준은 끊임없이 향상되면서 낭비되는 물건이 너무 많다. 건강한 소비를 위해서 공유경제를 소개하고 잘 알아보기 위해서 한국 대학생 60명에게 설문 조사를 실시했다.

9. 문장의 연결 표현으로 정확한 의미를 전달할 수 있다.

예1) 왕리가 집에 들어왔다 + 나는 소리를 들었다.	→ 나는 왕리가 집에 들어오고 소리를 들었다. [집에 온 후에 소리] → 나는 왕리가 집에 들어와서 소리를 들었다. [집에 들어오고 나서 소리, 문을 여는 소리] → 나는 왕리가 집에 들어오는 소리를 들었다. [문을 여는 소리]
예2) 왕리가 병원에 가게 되었다 + 왕리가 발이 아프다.	→ 왕리가 [발이 아파서] 병원에 가게 되었다. [병원에 간 이유는 발] → [발이 아픈] 왕리가 병원에 가게 되었다. [발은 이미 아팠고 병원에 간 이유는 다른 이유]

10. 문장의 부사와 관형사는 순서가 있다. 관형사, 부사는 수식하는 표현 가까이에 쓰는 것이 이해하기 쉽다.

예) 민수가 무척 아침을 기다린다. 빨리 민수가 아침을 먹기를 일찍부터 기다린다.	민수가 아침을 무척 기다린다. 민수가 아침을 빨리 먹기를 일찍부터 기다린다.

알아보기 4

외래어 표기법

국립국어원에서 1986년에 만든 규칙, 외국에서 들어온 새로운 단어를 한국 사람에게 익숙한 발음으로 쓰는 방법이다. 영어, 중국어, 일본어, 베트남어, 프랑스어 등 현재 21개 언어의 외래어 표기법이 있다. 구어에서는 자신의 발음대로 말할 수 있지만, 문어에서는 외래어 표기법에 맞게 써야 한다. 외래어 표기법의 몇 가지 기본 사항을 알아보면 다음과 같다.

> **참고**
>
> | 원어 표기 |
>
> 외래어를 말 할 때는 사람마다 다른 발음을 사용할 수 있지만 보고서에서 외국어로 된 전공 어휘를 쓸 때는 외래어 표기법으로 바꾼 한국어로 쓴 후 원어를 써야 독자들이 정확하게 이해한다.

예) 마인드 맵(Mind map)은 처음 영국의 토니 부잔(Tony Buzan)이 기억과 학습의 방법으로 만들었는데, 지금은 이 방법을 이용해서 마인드마스터(Mindmaster), 알마인드(ALMind) 등의 프로그램도 있다.

1. 한 가지 소리는 한 글자로 쓴다.

   예) sports(스포츠) stress(스트레스) (둘 다 여섯 개의 글자이지만 읽었을 때 한국어에서 한 개의 소리(분절음)로 구별할 수 있으면 한 글자로 쓴다)

2. 글자 중에서 /ㄱ, ㄴ, ㄹ, ㅁ, ㅂ, ㅅ, ㅇ/만 외래어의 받침으로 사용한다.

   예) workshop 워크숍 (○) 워크숖 (×) (한국어는 옷[온], 옻[온], 온[온]'처럼 받침은 달라도 읽을 때 같은 소리로 읽기 때문에 외래어를 쓸 때 일곱 글자만 받침으로 사용한다)

3. 첫소리에는 'ㄲ, ㄸ, ㅃ, ㅉ, ㅆ'는 사용하지 않는다

   예) jazz(재즈), Paris(파리) (재즈는 [째즈], Paris는 [빠리] 발음에 가깝지만 한국어는 첫소리에 [ㄲ, ㄸ, ㅃ, ㅉ, ㅆ] 발음을 잘 사용하지 않는다. 태국어, 베트남어는 사용할 수 있다)

4. f, p 소리는 같은 글자 'ㅍ'을 사용한다.

   예) file (파일) pie (파이)

5. 외래어 표기법은 1986년에 만들어졌기 때문에 이전에 사용하던 외래어는 표기에 맞지 않아도 그대로 쓴다.

   예) radio 래이디오 (×) 라디오 (○)   camera 캐머라 (×) 카메라 (○)

01 다음 문장을 〈보기〉와 같이 문어체 표현에 알맞게 쓰십시오.

〈보기〉 현재 전 세계적으로 Covid-19 전염병은 매우 복잡해서 경제, 교육 분야에 직접적인
영향을 미치고 있고 Covid-19는 소비자의 구매 심리에도 영향을 미치고 있습니다.
⇨ 코로나(Covid-19 전염병)는 현재 전 세계적으로 매우 복잡해서 경제, 교육 분야,
소비자의 구매 심리에도 영향을 미치고 있다.

1) 나는 이 보고서에서 한국에 배달 문화를 소개하고 운전자에게 배달의 안전을 제공하는
방법을 제시하기 위한 목적으로 작성했다.
⇨ ① _____ 한국의 배달 문화를 소개하고 운전자에게 안전한 배달 방법을 ② ___
_____.

2) 중국 유학생들은 다 알다시피 중국에서는 차량공유 플랫폼으로 DiDi 라는 어플을 자주 쓴다.
내가 살던 베트남 같은 동남아의 경우에는 Grab을 쓰는 것을 많이 볼 수 있다.
⇨ 중국 유학생들은 ① _____ 차량공유 플랫폼으로 디디(DiDi) 라는 어플을 자
주 ② _____. ③ _____ 살던 동남아의 베트남 같은 경우에는 그랩(Grab)을
④ _____ 많이 볼 수 있다.

02 다음 글을 두 문장으로 고치십시오.

| 아들은 부모에게 은퇴 생활을 제공해야 한다는 책임과 같은 중국의 전통적인 가족 구조가 점차 해체됨에 따라 많은 자녀들이 결혼 후 자신의 집을 소유하고 노인과 별도로 살면서 많은 수의 노인들이 독거노인이 되어 그 결과 독거노인 수가 증가하게 되었다. | → | 아들은 부모에게 은퇴 후 생활을 제공해야 한다는 ① _____ 점차 해체되고 있다. 이에 따라 많은 자녀들이 결혼 후 노인과 별도로 살고 ② _____ 독거노인이 증가하게 되었다. |

03 수정한 글입니다. 교정부호를 잘 보고 〈보기〉와 같이 알맞은 말을 쓰십시오.

전공 선택의 이유

나는 경영학을 전공했다. 나의 성격은 활발한 편입니다. 왜냐하면 나는 친구를 사귀는 것을 좋아하기 때문이다. 그래서 자의 성격도 외향적입니다. 대학 전공은 스스로 결정하는 것이다. 부모님이 나를 믿어 주셨다 때문에 내 생각이 있다고 생각하시고 있다고 생각한다. 전공을 선택한 이유는 이 전공을 경영학을 배우는 것이 회사를 관리하는 데 어느 정도 도움이 될 것이라고 생각했기 때문이다. 지금 배우는 전공에 만족한다. 잘 알아듣겠지만 열심히 공부하겠다. 나는 이제 대학을 잘 마치려고 한다. 그리고 대학을 졸업하고 미국에 가서 대학원을 다녔다. 마지막으로 공부를 끝내고 귀국하여 창업하고 싶다.

Tip
63쪽 참고하기에 교정부호 설명이 있다.

〈보기〉 나는 경영학을 전공한다. 대학 전공은 스스로 ① [   ]
부모님이 ② [   ] 생각하시고 ③ [   ] 경영학을 전공으로 선택한
이유는 이 전공을 배우는 것이 ④ [   ] 관리하는 데 어느 정도 도움이 될 것이라고
⑤ [   ] 나는 지금 배우는 전공에 만족한다. 잘 못 알아 듣지만 열심히
⑥ [   ] 나는 대학을 잘 마치고 미국에 가서 대학원을 ⑦ [   ]
⑧ [   ] 끝내고 귀국하여 창업하고 싶다.

01 다음 글을 〈보기〉와 같이 문어체로 쓰십시오.

〈보기〉 지금은 저는 **공유경제를** 소개할 겁니다. 이상의 사진 두 장이 공유경제의 내용 입니다.
　　　　　여기서 필자는　　　　　소개하고자 한다.　이　　　　　　　　　　내용이다.

① 공유자전거의 출현 해서 **우리의 외출 방식이** 편리 해질 **뿐만 아니라 주변 환경도** 깨끗해 집니다.
　　　　　출현 하면서　　　　　　　　편리해졌을　　　　　　　　　　　깨끗해졌다.

② **오른쪽에 공유 보조** 배터리 입니다. ③ 이의 출현이 **우리의** ④ **휴대폰이 수시로 충전** 될 수 있습니다.
　　　　　　　　　　배터리이다.　　　　　　　　　　　　　　　　　　　　　　　할 수 있다.

무슨 문제가 다면으로 보면 좋겠습니다. ⑤ 이상의 공유경제의 좋은 방면 입니다.
　　　문제든 여러 측면으로　좋은 것이다.　　　　　　　　　　　좋은 예이다.

그런데 **이제** ⑥ 저는 **공유경제의 문제 혹은 부정적인 영향을** 사례로 통해 전시할 겁니다.
반면에　　　　　　　　　　　　　　　　　　　　　　사례를　　살펴볼 것이다.

이상의 사례가 우버**와** 에어비앤비 입니다.　　　　　　현재 ⑦ 그들처럼 앱이 많습니다.
이 사례로 우버(Uber)와 에어비앤비(Airbnb) 회사를 볼 수 있다.　　　　　　많다.

이런 앱을 사용하기 전에 먼저 회원을 가입해야 합니다. **먼저 신분증을** 제출해야 됩니다.
　　　　　　　　　　　　　　　　가입하고 먼저　　　　　　제출해야 된다.

이렇게 하면 한 **문제를** 생길 수 있습니다. **개인 정보의 노출이** 바로 입니다.
이렇게 하면 개인 정보의 노출이 문제가 될 수 있다.

02 2과에서 정리한 마인드 맵의 장점과 단점을 원고지에 문어체로 500글자 이상 쓰십시오.

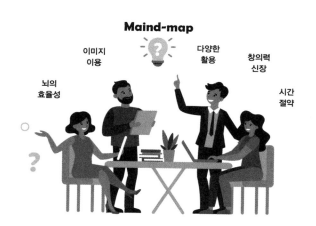

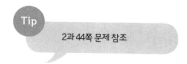

Tip

2과 44쪽 문제 참조

[평가하기]

자신의 글을 아래의 사항으로 평가하십시오.

	부족하다	조금 있다	보통이다	잘했다	아주 잘했다
1) 문어체 표현을 사용했다.					
2) 적절하게 문장을 연결했다.					
3) 주어가 분명하다.					
4) 문장의 어순에 맞다.					
5) 주제에 대한 내용이 충분하다.					

어휘와 표현

한국어	영어	중국어
구어체	Colloquial form	口语体
격식체(발표체)	Formal form (Presentation from)	格式体(发表体)
공유경제	Sharing economy	共享经济
구매심리	Purchasing psychology	购买心理
나열	List	罗列
단문	Short sentence	短文
대체되다	Be replaced	被替代
띄어쓰기	Spacing words	(各词之间) 分写
마인드 맵	Mind map	思维导图
문어체	Written language	书面语体
반복	Repeat	反复
복문	Complex sentence	复句
살펴보다	Take a look	观察
서법	Mood	书法
소비자	Consumer	消费者
수식하다	Modify	修改
영향을 미치다	Affect	受影响
외래어 표기법	Foreign language notation	外来语标记法
원어	Original language	原语
의사소통	Communication	沟通
전개	Deployment	展开
조사(助詞)	Postposition	助词
주어	Subject	主语
증가하다	Increase	增加
추세	Trends	趋势
코로나	Corona(Covid-19)	新冠病毒
필자	Author	笔者
화제	Issue	话题

교정부호

교정부호는 글을 바꿀 부분이나 내용을 더 쓸 부분이 있을 때 사용하는 것이다.

부호	교정내용	보기
♂	글자를 바꿔야 할때	물건이 가득 ⟨싸⟩^쌍였다.
♂∞	글자를 지울 때	학생이 ⟨도⟩ 간다.
⌒	붙여 써야 할 때	9년 전 ⌒부터 시작되었다.
∨	띄어 써야 할 때	아름다운 노래∨소리
⋁	글자를 새로 넣어야 할 때	보고서를 한다. (내야)
⌴	여러 글자를 고쳐야 할 때	아버지께서 밥을 잡수신다. (진지를)
⌐	줄을 바꿔야 할 때	"누구세요?" 철수가 문을 열면서 말했다.
⌐|	왼쪽으로 한 칸 옮겨야 할 때	서로 돕자.
⌐⌐	오른쪽으로 한 칸 옮겨야 할 때	강의 시간 사이에 시간이 있으면 도서관 앞에서 만났다.
∽	앞과 뒤의 순서를 바꿔야 할 때	일찍 집을 나섰다.
↱	줄을 바꿔야 할때	"내 이름은 민호이다." "한국대학교 1학년 학생이다."

4과
단락 구성하기

학습 목표 단락의 구성과 특징을 안다.

단락의 소주제와 뒷받침 문장을 분석할 수 있다.

주제 혈액형과 성격

참고하기 문장부호

준비하기

01 모기가 좋아하는 혈액형은 무슨 형입니까?

① A형   ② B형   ③ AB형   ④ O형

02 혈액형별로 알맞은 성격을 연결하십시오

① •

②  •

③ •

④ •

• ㉠ 매력적, 외향적, 사교성
열정과다, 임기응변 없음

• ㉡ 준비성, 완벽주의자
세심하다, 내성적

• ㉢ 이성적 합리적, 잠이 많다
게으른 편

• ㉣ 호기심이 많다, 적극적
이성에게 인기
부탁을 잘 함

03 자신의 성격을 잘 알고 있습니까? 어떤 성격입니까? 아래의 그림에 쓰십시오.

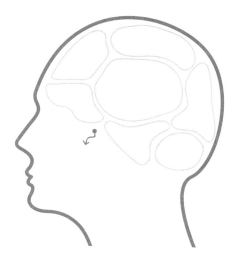

단어가 모여서 문장이 되고, 문장이 모여서 단락이 되고,
단락이 모여서 글이 된다. 긴 글을 쓰기 위해서는 단락을
구성하는 방법을 알아야 한다.

단락

- 단락(문단(文段), paragraph)이란 문장들이 모여서 주제를 전개하는 가장 작은 단위이다. 문장은
  하나의 생각을 완성한 작은 단위이고, 단락은 여러 문장이 하나의 생각(소주제)으로 모인 더 큰
  단위이다. 단락이 모여서 글 전체의 주제를 만든다.
- 보고서에서 필자의 중심 생각이 주제이다. 글을 구성하는 단락은 하나의 소주제에 대한 문장이
  모인 것이다. 단락 하나만으로 소주제가 분명하게 나타나는 것이 좋다.

단락의 특징

- 단락은 시간의 순서나 원인과 이유 관계처럼 다른 단락과 서로 논리적으로 연결되어야 한다.
  서로 연결된 단락이 글의 주제와 관련이 있어야 한다.
- 단락의 첫 시작 부분은 오른쪽으로 한 글자 들어가서 쓴다. '들여쓰기'라고 부른다. 한 단락은
  한 문장 이상이 되어야 하고 최소 세 줄 이상은 되어야 한다. 너무 짧으면 단락이 될 수 없다.
  글쓰기에 익숙하지 않은 경우 한 단락은 두 문장 이상, 3줄~10줄 정도로 쓰는 것이 바람직하다.

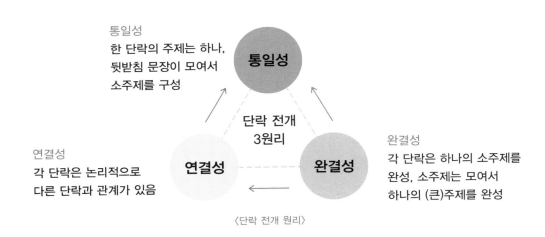

〈단락 전개 원리〉

[01~02] 다음 글을 읽고 질문에 대답하십시오.

한국에서는 'B형 남자친구'라는 영화가 있었을 만큼 많은 사람들이 혈액형과 성격은 관계가 있다고 생각한다. 한국에서 A형은 꼼꼼하고 준비성이 있고 성실하다고 생각하고 B형은 활발하고 재미있지만 자기 마음대로 하는 성격이라고 한다. O형은 깊게 생각하지는 않지만 사교성이 좋은 성격이고, AB형은 자기만의 세계가 있어서 천재 아니면 바보라는 소리를 듣는다고 한다. 이것이 혈액형별 성격의 일반적 예이다.

그렇지만 필자는 혈액형에 의존하여 사람들의 성격을 판단하는 것은 부정확하고 과학적인 근거가 없다고 본다. 혈액형별 성격에서 B형인 사람은 호기심이 많고 적극적이고 배려심이 없다고 한다. 그렇지만 필자는 B형인데 호기심이 별로 없고 배려심이 많은 성격이라고 생각한다. 필자의 동생도 같은 B형이지만 필자와 달리 호기심은 많지만 배려심이 없다.

또한, 혈액형은 유전될 수 있지만 성격은 다른 요인을 통해서 영향을 받을 수 있다. 같은 혈액형을 가졌다고 해도 다른 환경에서 살면서 성장하고, 다른 경험을 한다면 성격이 같을 수 없을 것이다. 혈액형이 동일한 쌍둥이의 경우에도 성격과 행동이 완전히 다른 경우가 많다.

01 이 글은 몇 단락입니까?

02 각 단락에서 소주제, 뒷받침 문장 찾고, 〈보기〉와 같이 쓰십시오.

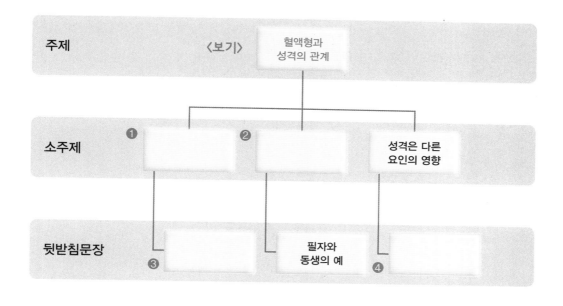

주제 〈보기〉 혈액형과 성격의 관계

소주제
① _____
② _____
성격은 다른 요인의 영향

뒷받침문장
③ _____
필자와 동생의 예
④ _____

Tip
소주제 문장의 위치는 단락 앞부분에 오는 것이 쓰기도 쉽고 읽기도 쉽다.

소주제와 뒷받침 문장

단락은 소주제와 뒷받침 문장으로 구성된다.

- **소주제**는 단락에서 가장 중요한 중심 생각, 필자의 판단 등이다. 소주제를 문장으로 쓴 것을 '소주제 문장'이라고 한다. 이것이 있으면 단락의 소주제가 명확해진다.

- **뒷받침 문장**은 소주제를 자세히 설명하고 보충해 주는 문장이다. 뒷받침 문장은 소주제와 관련이 있어야 한다. 소주제가 분명할수록 뒷받침 문장을 쓰기가 쉽다.

[01~02] 다음 글을 읽고 질문에 대답하십시오.

① 뇌과학을 전공하면서 가장 많이 듣는 질문은 "인간은 뇌의 10~20%만 활용하고 있다고 하는데 사실인가요?"이다. ② 이 질문은 마치 "자동차가 서울에서 부산까지 전체 도로 중 몇 퍼센트를 사용하고 있나요?"와 비슷한 질문이다. ③ 우리가 뇌의 일부만 사용하고 있다는 이야기는 여러 영화나 소설에 자주 등장하지만, 뇌에 대해 잘못 알려진 사실이다. ④ 뇌 전체를 몇 퍼센트 사용하는지를 측정할 수 있는 기준은 없다. ⑤ 인간은 매순간 서로 다른 뇌의 여러 영역을 필요에 따라 사용하고 있는 것이다.

01 ①~⑤에서 소주제문장을 고르십시오.

02 그곳에 소주제 문장이 있는 이유는 무엇입니까?

단락의 구성

- 소주제가 **단락의 앞에 있다.** 중요한 내용을 가장 먼저 쓰기 때문에 그 단락의 내용을 빠르게 알 수 있다. 정보를 전달하는 글에서 가장 많이 사용하는 방법이다.
- 소주제가 **가장 마지막**에 있다. 독자에게 흥미를 주기 위해 이유나 근거를 먼저 설명한 후에 가장 마지막에 주제를 쓴다. 문학적인 글에서 많이 사용하는 방법이다.
- 소주제가 단락의 **중간에** 있다. 중요한 내용을 중간에 쓰는 방법으로 글의 주제가 바뀌거나 긴 내용일 경우 사용한다.
- 소주제가 **처음과 끝에** 다 있다. 소주제를 강조하고 싶을 때 사용하는 방법이다.
- 소주제가 **없는 단락은** 논리적이지 않거나, 읽은 후에 이해를 할 수 있도록 문학적인 글에서 자주 사용한다.

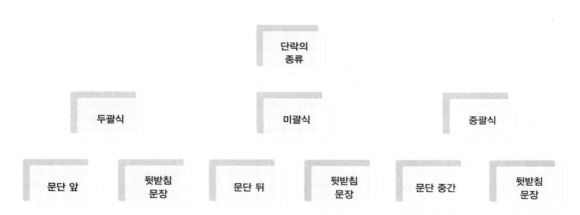

단락의 종류

03 2과 36~37쪽 '뇌를 활용하는 방법'의 소주제를 〈보기〉와 같이 아래에 정리하십시오.

주제	제목	소주제
뇌를 활용하는 방법	1. 서론	〈보기〉 보고서의 주제 소개 (뇌의 특징과 뇌를 잘 활용할 수 있는 방법)
	2. 본론 2.1. 뇌의 특징	① ＿＿＿＿＿＿＿＿＿＿＿＿
		② ＿＿＿＿＿＿＿＿＿＿＿＿
		뇌의 구분 보다는 양뇌를 활용하는 것이 중요
	2.2. 뇌 활용 방법	③ ＿＿＿＿＿＿＿＿＿＿＿＿
		④ ＿＿＿＿＿＿＿＿＿＿＿＿
		새로운 도전
	3. 결론	주제에 대한 요약 정리
		[참고한 자료 목록 정리]

단락과 문장 연결에 필요한 표현 1

- **[나열]** 첫째, 둘째, 셋째, … 마지막으로

첫째 대신에 '먼저', 둘째 대신에 '다음으로', 제일 마지막은 '마지막으로' 표현을 사용할 수 있다.

- **[추가]** 게다가 그 밖에(도), 부가적으로, 이 외에, 더하다

   예) B형은 사교적이고 활발한 성격이다. **그 밖에도** 이성에게 인기가 많다고 한다.

- **[원인]** 그 이유는 원인으로는, 의하다. 때문이다.

   예) 모기가 O형을 좋아하는 이유는 혈액에 영양분이 많**기 때문이다.**

- **[결과]** 따라서, 그러므로, 그런 점에서 볼 때, 결국

   예) 나는 A형인데 A형의 성격이 아니다. **따라서** 혈액형별 성격은 근거가 없다.

- **[대조, 내용 전환]** 반면(에), 이에 비해, 한편, 그렇지만, 이와는 반대로, 이와 달리

   예) O형은 사교적인 성격이고 밝은 성격이다 **반면에** 오래 집중할 수 있는 일은 잘 못한다고 한다.

   예) AB형은 A형, B형 두 가지 항원이 있다. **이와는 반대로** O형은 항원이 하나도 없다.

- **[서술 전에]** 다음과 같다 (다음 단락에서 뒷받침 문장이 나올 때 앞 문단의 마지막에 쓴다)

   예) 이 보고서는 한국인 남녀 1,500명을 대상으로 설문조사를 실시했다. **그 결과는 다음과 같다.**

[04~06] 다음 글을 읽고 질문에 대답하십시오.

1번 혈액형은 혈액 속의 항체와 항원의 특징 때문에 A형, B형, AB형, O형의 4가지로 구분하는 것이다. 그런데 한국에서는 이성 친구를 사귈 때 혈액형이 잘 맞는 사람들과 사귀는 것이 좋다고 생각한다.

혈액형별 성격의 예를 들면, 갑자기 비가 올 때, O형은 준비가 안 된 일에 임기응변이 약한 성격이라서 갑자기 비가 내리면 당황한다고 하고, A형은 준비가 철저해서 우산을 꼭 가지고 온다고 한다. B형은 주위 사람의 우산을 빌리려고 해서 다른 사람에게 피해를 줄 수도 있다고 한다. ① [＿＿＿＿＿＿] AB형은 비 맞는 것이 큰일이 아니라고 생각하고 비를 맞는다고 한다. 필자는 O형인데 위에서 설명한 성격과 잘 맞는다. ② [＿＿＿＿＿＿] 필자의 친구는 AB형인데 우산에 신경 쓰지 않는 것을 본 적이 있다. 따라서 혈액형별로 구분하는 성격이 맞는다고 생각한다.

2번 한국사람들은 혈액형과 성격이 관계가 있다고 생각하고 혈액형이 다르면 성격도 다르다고 생각하는 편이라고 한다. 인터넷 검색 결과에 따르면 A형은 꼼꼼한 성격이고 내성적이면서 작은 것도 잘 챙긴다고 한다. B형은 호기심이 많고 이성에게 인기가 많다고 한다. O형은 친구가 많고 한 가지 일을 끝까지 하기 힘들다고 한다. AB형은 판단이 빠른 편이고 고집이 센 편이라고 했다.

내 성격은 한 가지 일을 끝까지 하기 힘든 성격이다. 이런 성격을 보면 O형인 것 같은데, ③ [＿＿＿＿＿＿] A형이다. ④ [＿＿＿＿＿＿] 어떤 면에서는 A형의 성격과도 비슷하다. 특히 다른 사람이 잘 못 보는 세심한 것을 잘 찾는 편이다. A형 성격과 같은 점도 있고 다른 점도 있다.

⑤ [＿＿＿＿＿＿] 혈액형별 성격이 정확하지도 않고 전혀 근거가 없는 것이라고 생각한다.

3번 여러분은 자신의 혈액형을 알고 있는가? 혈액형은 A형과 B형과 AB형과 O형이 4가지가 있다. 한국에서는 혈액형과 성격이 관계가 있다고 보는데 필자도 같은 생각이다. 그 근거는 ⑥ [＿＿＿＿＿＿]

첫째, 혈액형과 성격에 대하여 사람들 사이에 공통적인 의견이 있다. A형은 보통 꼼꼼한 성격의 사람으로 성실하다. B형은 적극적이고 인기가 많은 사람이 많다. AB형은 고집이 세지만 다른 사람에게 불편을 주지 않는 사람이다. O형은 사교성이 좋아서 제일 친구가 많은 혈액형이라고 한다.

둘째, 나는 내 성격과 혈액형이 관계가 있다고 생각한다. 내 성격은 외향적인데 혈액형도 O형이다. O형은 원래 외향적이 사람이 많다고 한다. 내 동생도 O형인데 나와 비슷한 성격이다. ⑦ [＿＿＿＿＿＿] 혈액형별 성격을 믿을 수 있다고 본다.

셋째, 아이들은 태어난 성격을 그대로 가지고 있는데 혈액형별로 다른 특징이 있다고 한다. ⑧ [＿＿＿＿＿＿] [＿＿＿＿＿＿] 예전에 TV프로그램에서 유치원 아이들의 실험을 본 적이 있는데 같은 혈액형의 아이들을 모아 놓고 여러 가지 상황에서 어떻게 하는지를 살펴보았다. 같은 혈액형의 아이들은 다른 상황에도 같은 반응을 했다. 이런 점에서 볼 때 성격은 환경에 따라서 조금 바뀔 수는 있지만 타고난 혈액형의 성격이 있다고 생각한다.

04 ①~⑧에 단락과 문장을 연결하는 표현을 〈보기〉에서 골라 한번만 쓰십시오.

> 〈보기〉
> ㉠ 이와 마찬가지로　㉡ 이와 달리　㉢ 게다가　㉣ 반면에
> ㉤ 예를 들자면　㉥ 다음과 같다　㉦ 그러므로　㉧ 따라서

05 71쪽 1, 2, 3 글의 뒷받침 문장을 찾아서 〈보기〉와 같이 쓰십시오.

	1번	2번	3번
주제	혈액형에 따라서 성격이 달라진다	혈액형으로 성격을 구분하는 것이 정확하지도 않고 근거가 없다	혈액형과 성격은 관계가 있다
소주제	1단락 혈액형 별 성격의 설명 O형, A형, B형. AB형/필자와 친구는 혈액형	〈보기〉 1단락 인터넷에서 혈액형별 성격 1) _____	2) _____ 3) _____ 4) _____ 4단락 성격과 혈액형을 관계로 살펴본 유치원 아이들 실험

06 아래의 질문으로 1~3번 글을 평가하십시오.

	1번	2번	3번
1) 단락의 구분이 명확한가?	별로이다	보통이다	3)
2) 단락 사이의 연결이 자연스러운가?	1)	보통이다	잘 했다
3) 주제가 분명한가?	보통이다	2)	잘 했다
4) 소주제가 분명한가?	보통이다	별로이다	4)
5) 뒷받침 문장이 충분한가?	보통이다	별로이다	잘 했다

[01~02] 다음 글을 읽고 한 단락의 글을 완성하십시오.

01 단락을 쓸 때 소주제 문장의 위치에 어떤 차이가 있습니까? 알맞은 것을 연결하십시오.

① 두괄식: 소주제문이 앞에 있다. •

② 중괄식: 소주제문이 중간에 있다. •

③ 미괄식: 소주제문이 뒤에 있다. •

• ㉠ 내용이 모두 마지막의 주제로 모이기 때문에 글이 논리적이라는 느낌을 준다. 쉽게 이해하기 어려운 내용일 때 사용하는 편이다.

• ㉡ 중요한 내용부터 쓰면 필자가 이야기하고 싶은 내용을 분명하게 알 수 있어서 독자가 이해하기 쉽다. 쉽게 이해할 수 있는 일반적인 주제로 시작한다.

• ㉢ 단락 사이를 자연스럽게 연결한다. 긴 단락일 때 사용한다. 단락 사이에 내용이 바뀔 때도 쓸 수 있다.

02 〈보기〉와 같이 알맞은 표현을 사용하여 1번의 내용으로 한 단락의 글을 쓰십시오.

단락에서 소주제의 위치는 다른 기능을 한다. 소주제의 기능을 구분하면 〈보기〉 다음과 같다. ① _____, 두괄식은 소주제문이 ② _____ 단락의 첫 문장에 소주제 문장을 쓴 후에 뒷받침 문장을 보충해서 쓰는 형식이다. 중요한 내용부터 쓰면 필자가 이야기하고 싶은 내용을 분명하게 알 수 있어서 독자가 이해하기 쉽다. 주제부터 알 수 있어서 필자가 말하려는 것을 분명하게 쓸 수 있다. 독자가 쉽게 이해할 수 있고 공감할 수 있는 일반적인 주제로 시작하는 경우가 많다. ③ _____ 중괄식은 소주제문이 중간에 있다. 단락 사이를 자연스럽게 연결한다. 긴 단락일 때 사용한다. 단락 사이에 내용이 바뀔 때도 쓸 수 있다. ④ _____ 미괄식은 소주제문이 뒤에 있다. 내용이 모두 마지막의 소주제로 모이기 때문에 글이 논리적이라는 느낌을 준다. ⑤ _____ 쉽게 이해하기 어려운 내용일 때 사용하는 편이다. 이 경우는 단락을 논리적으로 전개하기 위해 "-하니, 그러다보니, -게 되므로" 등 표현으로 문장 연결한다.

[03~04] 다음 글을 읽고 각각 빈칸에 알맞은 소주제문을 쓰십시오.

3. _____ 최근 들어 많은 학자들이 혈액형과 유전자 사이의 관계를 찾으려고 노력하고 있다. 혈액형이 성격을 결정한다면 성격도 유전자에 의해 결정되는 것이다. 그러나 선천적인 요소가 우리의 성격을 완전히 결정하지는 못한다. 후천적인 환경, 교육 수준, 인지능력 등도 성격에 대해 큰 영향을 미친다. 동일한 유전자와 환경의 쌍둥이들이 성격이 다른 것만 보아도 알 수 있는 사실이다.

4. 혈액형과 성격 관계에 대해서 우리 조원 4명을 상대로 조사를 했다. 이동광은 O형이고 성격이 사교적이고 활발한 성격이다. 장주안도 같은 O형인데 비슷한 성격이고 리더쉽도 있다고 한다. 양성우는 B형으로 긍정적이고 외향적인 성격을 가지고 있고 잘난 척도 좀 잘하는 편이라고 한다. 필자도 B형인데 이 설명이 맞는 것 같다. 우리 조의 조원들은 혈액형의 대표적인 성격과 잘 맞는 편이다. _____
_____

[05~06] 다음 문장으로 한 단락의 글을 씁니다. 질문에 대답하십시오.

ㄱ 따라서 우리는 현재의 환경 문제를 해결할 수 있는 방법을 찾아야 한다.
ㄴ 토양의 오염은 식량 생산의 올바른 관계를 파괴하여 우리가 먹는 음식을 위협하고 공기와 물의 오염은 각종 질병과 물 부족 현상을 일으키고 있다.
ㄷ 전문가들은 이와 같은 환경 문제가 계속된다면 인간은 50년 이내에 위기를 맞을 수 있다고 지적하고 있다.
ㄹ 또한 환경파괴로 인해 갑작스런 자연의 변화가 일어나 수많은 동식물이 멸종하고 있다.

05 ㄱ~ㄹ 문장을 논리적인 순서에 맞게 배열하십시오.

(   )-(   )-(   )-(   )

06 단락의 중심 문장을 쓰십시오.

(   )

[01-04] 다음 질문에 대답을 정리한 후 글을 쓰십시오.

01 혈액형과 성격에 대해서 이야기하고 정리하십시오.

이름	혈액형	성격

02 혈액형과 성격이 관계가 있다고 생각합니까?

☐ 네	☐ 아니오
혈액형과 성격이 관계가 있다고 생각한다.	혈액형과 성격이 관계가 없다고 생각한다.

03 '혈액형과 성격'에 대한 내용을 다음 표에 정리합니다.

2번 대답의 이유를 세 가지 이상 쓰십시오.

주제:

1 단락	2단락	3단락
소주제:	소주제:	소주제:
뒷받침 문장:	뒷받침 문장:	뒷받침 문장:

04 "혈액형과 성격"을 주제로 세 단락 이상의 글을 쓰십시오.

Tip

문어체로 쓰기. 주제에 대한 이유를 세 가지 이상 쓰기
단락을 소주제문과 뒷받침 문장으로 쓰고
문장과 단락을 연결하는 표현을 사용하기

제목:

_____

_____

_____

_____

_____

_____

_____

[평가하기]

자신의 글을 아래의 사항으로 평가하십시오.

	부족하다	조금 있다	보통이다	잘했다	아주 잘했다
1) 세 단락 이상이다.					
2) 주제에 대한 이유가 세 가지 이상이다.					
3) 소주제문장과 뒷받침 문장이 있다.					
4) 주제에 대한 생각을 충분히 알 수 있다.					
5) 주제가 소주제로 연결되어 정리되어 있다.					

한국어	영어	중국어
게으르다	Lazy	懒惰
과학적	Scientific	科学的
구분하다	Divide	区分
내성적	Introvert	内向
단락(문단)(文段)	Paragraph	段落
단위	Unit	单位
두괄식	Square	首括式
뒷받침 문장	Supporting sentence	后盾文章
리더십	Leadership	领导
매력적	Attractive	有吸引力的
미괄식	Parentheses	尾括式
사교성	Sociability	社交性
소주제	Sub-theme	副主题
완벽주의	Perfectionism	完美主义
외향적	Extrovert	外向
의존	Dependence	依赖
임기응변	Readiness of wit	随机应变
자연스럽다	Natural	自然
주제	Subject	主题
타고나다	Innate	天生
판단	Judgment	判断
합리적	Rational	合理
항원	Antigen	抗原
항체	Antibody	抗体
혈액형	Blood type	血型
호기심	Curiosity	好奇心

문장부호

위치	부호	이름	사용방법	예
단어 사이		가운뎃점	단어를 일정한 기준으로 묶어서 표시	왕리 · 리타, 민수 · 영이가 짝이 되었다.
	/	빗금	대비되는 단어를 묶어서 표시	( )이/가 한국의 국보 제1호이다.
	…	줄임표	문장이나 글의 일부를 생략	왕리가 가는 방법을 '여기는 3호선을 타고 …… '하고 설명했다.
문장 끝		마침표	문장의 끝을 표시	나는 집에 간다.
			날짜나 특별한 날짜를 표시	5.15. ~ 5.17. 3.1은 삼일절이다.
	?	물음표	질문하는 문장의 끝에 쓰기	어디에 갑니까?
			불확실하거나 모르는 내용 표시	최치원(857~?)은 유명한 학자이다.
	!	느낌표	감탄하는 문장을 표시	깜짝이야!
			특별한 강조를 표시	어머니! 부르기만 해도 눈물 나는 그 이름

위치	부호	이름	사용방법	예
문장 중간	,	쉼표	단어를 나열할 때 사이에 표시	개, 고양이, 닭
			단락의 순서를 표시	첫째, 건강이 중요하다.
	:	쌍점	앞말이 뒷말을 포함할 때 표시	계절 : 봄, 여름, 가을, 겨울
	( )	소괄호	보충 내용 표시	한국의 수도(서울)에는 강이 있다.
			외래어의 원어 표기를 표시	커피(coffee)를 마신다.
			생략할 수 있는 요소 표시	(한)국어
			내용을 써야 하는 자리 표시	왕리가 리타( ) 꽃을 줬다.
문장 인용	" "	큰따옴표	직접 대화를 표시 직접 인용표시	학생들이 "알겠습니다."라고 대답했다
	' '	작은 따옴표	문장을 줄여서 간접인용 표시 마음 속의 말을 표시	'소주제문장'이라고 한다.

5과
단락 쓰기

학습 목표　단락을 소주제와 뒷받침 문장으로 쓸 수 있다.
　　　　　　정의-예시, 분류-분석, 비교-대조의 단락을 쓸 수 있다.
　　　　　　자료를 시각화 할 수 있다.

주제　인상적인 한국 문화

참고하기　도식화하기

01 무슨 김치를 먹어 본 적 있습니까?

02 아래에서 김치를 설명할 때 사용한 방법을 연결하십시오.

① 김치는 배추, 무, 여러 가지 야채 등을
굵은 소금에 절여 씻은 다음 고춧가루,
파, 마늘, 생강 등의 양념과 젓갈을 넣
어 만드는 한국의 발효식품이다.

㉠ [정의] 어떤 말이나 사물의 뜻을 명확
하게 설명하는 것

② 김치를 배추와 비교하면 비타민 B2가
4.7배가 많다고 한다.

㉡ [분류] 어떤 대상을 일정한 기준으로
나누거나 묶어서 설명하는 것

③ 김치는 보통 김치와 김장 김치로 나눌
수 있다.

㉢ [비교] 어떤 대상을 다른 대상과 차이
점, 공통점으로 설명하는 것

03 여러분이라면 김치에 대해서 무슨 내용을 설명하고 싶습니까?

[01~06] 다음 글을 읽고 질문에 대답하십시오.

　김치는 한국의 대표적인 음식이면서 미국 뉴스위크에서 '세계 5대 건강 음식'에 꼽을 정도로 세계화된 음식이라고 할 수 있다. 한국인의 밥상에서는 절대로 빠지면 안 되는 음식이다. 그렇다면 이렇게 한국인이 자주 먹는 김치는 어떤 효능이 있는가, 어떤 종류가 있는지에 대해서 살펴보고자 한다.

1. 김치의 역사
　외국인들은 김치를 배추와 무로 만든 것만 알고 있는데, 김치란 배추, 무 그 밖에도 여러 가지 채소를 굵은 소금에 절인 후 썻어서 고춧가루, 파, 마늘, 생강 등의 양념과 젓갈을 넣어 만드는 한국의 발효식품이다. 김치에 관한 첫 기록으로 중국 서진(西晉) 사람인 진수(陳壽, 233~297)가 280년쯤에 쓴 삼국지(三國志)의 '위지 동이전(魏志 東夷傳)'에 고구려인이 발효 저장 음식을 잘 만들었다는 기록이 있다.
　김치는 옛날에는 '지(漬)' 또는 '저'로 불렀다고 하는데 지금도 묵은지라는 이름에 남아 있다. 이때는 "야채를 소금에 절인 것"으로 지금의 장아찌나 서양의 피클과 비슷한 것으로 알려져 있다. 김치의 형태가 변한 것은 조선 시대 임진왜란(1592) 이후 고추가 한국에 들어오면서부터이다. 대략 1700년경부터 고춧가루를 사용하였고, 1800년대 이후 배추가 활발하게 재배되면서 이때부터 가장 자주 먹는 배추김치가 나타나기 시작했다. 현재는 고수김치, 호박김치, 양배추김치 등 종류가 다양하다.

2. 김치의 효능
　김치는 마늘과 고추, 소금과 젓갈을 넣어 발효되면서 몸에 좋은 성분이 많아진다. 우리 몸의 에너지를 잘 쓸 수 있게 도와주고 피부 건강 유지에 도움을 준다고 한다. 김치와 배추 100g을 비교하면 비타민 B2는 4.7배가 많고 식이섬유는 2.1배 많아서 변비에 도움을 주며, 발효 과정에서 생기는 유산균은 장 속에 나쁜 세균을 억제해 준다고 한다. 이 밖에도 한국 사람이 사스(SARS)나 코로나(COVID-19)에 적게 걸리는 이유가 김치를 많이 먹어서 면역력이 좋기 때문이라고 이야기하는 사람도 있다.

3. 김치의 종류
　김치의 종류를 보관 기간으로 구분할 수 있다. 일반적으로 김치는 담근 후 짧은 동안 먹는 것으로 예컨대 배추김치, 깍두기, 열무김치, 오이소박이, 나박김치, 파김치 등 그 종류가 많다. 이와 달리 오래 두고 먹는 김치는 "김장김치"라고 하는데 추운 겨울에 채소가 없을 때를 대비하여 늦가을에 준비하는 것으로, 배추김치와 보쌈김치, 동치미 등이 있다.
　김치는 지방에 따라서 나눌 수도 있는데, 북쪽으로 갈수록 소금과 고춧가루를 적게 사용하고, 젓갈 대신 생선을 사용해서 담백한 맛이 난다. 이에 비해 남쪽으로 갈수록 고춧가루, 젓갈과 소금을 많이 넣어서 진하고 독특한 맛이 난다. 처음 김치를 먹는 외국인이라면 북쪽식 김치가 더 입맛에 맞을 수도 있다.
　김치가 건강에 좋고 특히 항암 작용이 있다는 사실이 알려지면서 세계 여러 나라에서는 "김치 만들기"에 관심을 보이고 있다. 이처럼 전 세계인의 사랑을 받는 김치에 대하여 한국인들은 "김치"만큼 훌륭한 발효 저장식품은 없다고 자부심을 가지고 있다.

01 이 글의 주제는 무엇입니까?

02 필자가 이 주제를 쓴 목적은 무엇입니까?

03 이 글에서 주제 문장을 뒷받침 하는 방법이 아닌 것을 고르십시오.

① 내용을 명확하게 설명   ② 예를 들어서 설명   ③ 이유와 근거를 제시

④ 차이점, 공통점 제시   ⑤ 자세히 분석

[04~06] ①~⑦에 〈보기〉와 같이 단락의 주요 내용을 정리하십시오.

04 김치의 역사: 정의–예시

기록 연도	〈보기〉 280년	1700년	1800년대	③
김치의 형태	야채를 소금에 절인 것	①	②	고수김치, 호박김치 다양한 종류

05 김치의 효능: 분류–분석

김치는 면역력에 좋다	비타민 B2	우리 몸의 에너지를 잘 쓸 수 있게 도와주고 피부 건강 유지에 도움
	식이섬유	④
	⑤	장 속에 나쁜 세균을 억제

06 김치의 종류: 비교–대조

		특징	종류
보관기간	일반적인 김치	⑥	배추김치, 깍두기, 열무김치, 오이소박이, 나박김치, 파김치
	⑦	오래 두고 먹는 김치	보쌈김치, 동치미, 호박김치

		만드는 방법	맛
지방	북쪽 김치	소금과 고춧가루를 적게 사용, 젓갈 대신 생선을 사용	담백한 맛
	남쪽 김치	고춧가루, 젓갈과 소금을 많이 사용	진하고 독특한 맛

단락의 구성 방법

- 단락을 들여쓰기로 구분하는 것은 새로운 소주제로 바뀐다는 것이다. 내용이 길면 단락을 나누어서 소주제를 구분해서 쓰는 것이 좋다.
- 각 단락은 소주제를 효과적으로 표현하기 위해서 뒷받침 문장을 여러 가지 방법으로 구성한다.

정의-예시

정의 표현

- 보고서에서 복잡한 개념을 명확하게 하거나 어려운 개념을 쉽게 설명할 때 사용한다.

> 예) 김치**란** 여러 가지 채소를 고춧가루, 파, 마늘의 양념을 넣어 발효시킨 음식**이다.**
> 정의하는 개념   상위 개념
>
> 표현) A는(란) B이다. / A는 B이라고 한다(부른다). / A란 B -을/를 말한다(의미한다)

정의 방법

- 정의 하는 개념(정의항)과 그 대상의 상위개념(피정의항)을 사용해야 한다.

  예) 열무김치는 열무로 만든 김치이다. 열무김치 〈 김치

- 비유나 주관적인 생각이 아니라 사실적이고 구체적 어휘로 의미를 분명하게 이해할 수 있게 해야 한다.

  예) 결혼을 인생의 무덤이라고 부른다. (×)   어린이란 나보다 나이가 적은 사람이다. (×)

- 구체적인 정보로 설명하는 내용보다 더 쉽게 설명해야 한다.

  예) 강의실은 대학에서 교육과 학습을 위한 곳을 의미한다. (×)

- 정의에는 부정어를 사용하거나 반대말을 사용하면 안된다.

  예) 남자는 여자가 아닌 사람이다. (×)   밤은 낮의 반대말이다. (×)

- 설명 부분에 같은 단어를 반복하면 안된다.

  예) 예술가란 예술을 하는 사람이다. (×)   공유자전거는 공유하는 자전거이다. (×)

- 특징이 정확하게 설명되어야 한다. 정의를 하기 전에 정보를 충분히 살펴 보아야 한다.

  예) 노인은 손자, 손녀가 있는 사람이다. (×) (손자, 손녀가 없어도 노인이 될 수 있다)

예시

> 예) 다양한 재료 만든 김치의 **예를 들면**, 호박김치, 열무김치, 고수김치 등이 있다.
>
> 표현) 예 를 들면 / -을/를 예로 들 수 있다 / ~예가 있다
>
> 　　　말하자면 / 다시 말하면 / 즉 / 예컨대

01 다음을 〈보기〉와 같이 정의와 예시 방법으로 설명하십시오.

> 〈보기〉 김치는 배추와 무를 고춧가루와 여러 가지 야채와 젓갈 등을 넣고 발효시킨 음식이다.
> 　　　　김치의 예를 들면 배추김치, 깍두기, 물김치, 호박김치, 동치미 등이 있다.

① 떡볶이: _____

② 은어: _____

분류-분석

분류

- 복잡한 개념을 기준에 따라 묶거나 나눠서 설명하는 방법이다. 질서 있게 정리되어 쉽게 이해
  할 수 있다.
- 일정한 기준을 제시하고 두 가지 이상으로 나눠야 한다.

> 예) 시계를 손목시계, 자명종, 벽시계로 **분류할 수 있다.** (벽시계는 시계에 포함)
>
> 　　채소는 뿌리채소, 잎채소, 열매채소로 **나눌 수 있다.** (감자는 뿌리 채소의 한 종류)
>
> 표현) A는 와/과로 나뉜다. 나눌 수 있다.　　　　A는 -에 속하고 -은/는에 해당한다.
>
> 　　　분류한다 / 구분한다　　　　　　　　　　　-에 -가 포함된다

02 다음 단어를 〈보기〉와 같이 분류하십시오.

Tip

분류하는 기준에 따라서 달라진다.

〈보기〉

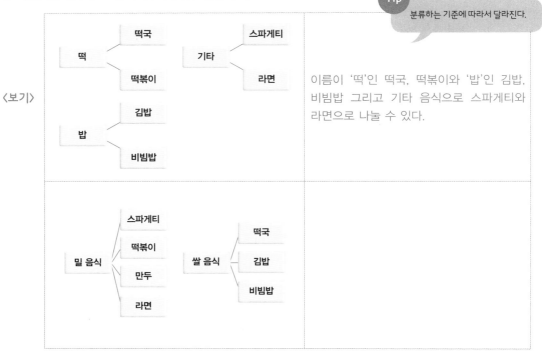

이름이 '떡'인 떡국, 떡볶이와 '밥'인 김밥, 비빔밥 그리고 기타 음식으로 스파게티와 라면으로 나눌 수 있다.

분석

- 한 개념을 여러 부분으로 나누는 것으로, 전체적인 것보다는 구성하는 요소를 더 잘 알 수 있게 해준다.
- 분석은 주로 주제에 대한 객관적인 증거로 사용되며, 설문조사, 통계자료 등을 사용한다.

예) 시계를 시침, 초침, 분침으로 분석할 수 있다. (시침은 시계가 아니다)

식물은 뿌리, 잎, 열매로 **나눌 수 있다.** (뿌리는 식물의 한 종류가 아니다)

표현) A는 (기준에 따라) -으로 나눌 수 있다/분석할 수 있다/ -(으)로 구성된다/ -(으)로 이루어져 있다.

비교, 대조

- 비교와 대조는 무엇을 닮았고 다른 가로 특징을 잘 알 수 있도록 해준다.
- 비교는 두 개념 사이의 비슷한 점, 대조는 두 개념 사이의 다른 점을 설명한다.
- 예를 들어 '사과'를 설명하는 것보다 같은 과일인 '배'와 공통점, 차이점을 쓰는 것이 더 이해하기 쉽다.

비교

예) 대학생의 은어인 '우주공강'과 공강시간이 많다가 전달하는 의미는 **동일하다.**

된장과 간장은 콩을 이용한 발효 식품이라는 점에서 서로 **공통점이 있다.**

된장은 발효과정을 거쳐서 맛과 영양이 변화하는데 김치도 **이와 마찬가지로** 발효에서 변화한다.

표현) (이와) 마찬가지이다   유사하다   거의 차이가 없다

-에 (반해)비해서   -다/라는 점에서 비슷하다/ 유사하다   (으)ㄴ/는 반면에

대조

예) 한국의 된장은 콩 100%로 만드는 것에 반해(에 비해)과 일본의 된장은 콩, 보리, 쌀, 밀가루로 만든다는 **차이점이 있다.**

버스 카드 충전과 준말인 버카충은 의미 차이가 없다. 반면에 이런 단어를 사용하는 계층은 **구분이 된다.**

표현) 차이점이 있다   차이가 있다   이/가 다르다, 반면에, 이와는 반대로, 대조적이다

03 다음을 개념을 비교–대조 방법으로 설명할 때 ①, ②에 알맞은 표현을 쓰십시오.

> 공통점: 한국의 된장과 일본의 된장은 발효식품
> 차이점: 한국의 된장은 여러 가지 균을 자연적으로 발표시켜 균일한 제품을 만들기 어려움
> 일본의 된장은 단일 균을 발효시켜 균일한 제품을 만들 수 있음

> 한국의 된장과 일본의 된장은 발효식품이라는 것은 ① [   ] 그렇지만, 한국의 된장은 여러 가지 균을 자연적으로 발표시켜 균일한 제품을 만들기가 어렵다. 일본의 된장은 단일 균을 발효시켜 균일한 제품을 만드는 ② [   ].

04 다음 글을 읽고 〈보기〉와 같이 아래의 표에 정리하십시오.

> 우리가 즐기는 문학은 구비문학과 기록문학으로 구분하는데, 구비문학**이란** 오랫동안 말로 전달되서 나중에 기록된 예술 작품으로, 구전문학이라고도 한다. 기록문학은 처음부터 글로 기록된 문학으로 고정문학이라고 한다. 구비문학은 설화, 민요, 판소리, 속담 등을 **예로 들 수 있고,** 기록문학은 시조, 소설 등이 있다. 구비문학은 서민들이 주로 즐겼고, 구비문학은 글을 기록할 수 있는 왕, 귀족이 주로 즐겼다는 **차이점이 있다.**

구비문학	비교	기록문학
〈보기〉 오랫동안 말로 전달되서 나중에 기록된 예술 작품. 구전문학	정의	①
②	예시	③
④	비교	왕, 귀족이 주로 즐겼다

정보의 시각화

- 소주제를 표(表, table), 도표(圖表, chart), 도식(圖式, diagram)을 이용하여 한 눈에 볼 수 있도록 시각화(視覺化, visualization)하면 주제가 구체적이고 분명해진다.
- 내용을 시각화하면 주제를 쉽게 이해할 수 있고, 수치를 시각화하면 핵심 내용을 빠르게 알 수 있다.

표	지도	사진
자료나 의견을 논리적으로 비교하는데 편리	복합적이고 입체적인 정보를 한눈에 표시	가장 확실하게 현장을 보여줌

도표: 변화를 한 눈에 보여줄 때는 도표를 사용		
막대그래프(bar chart)	원그래프(pie chart)	꺾은선 그래프(line chart)
수의 많고 적음을 비교하기 쉽게 길이로 그린 것, 항목에 정확한 수를 알 수 있음	전체를 100%로 했을 때 얼만큼의 비율인지 알 수 있는 것, 전체의 비율 알아볼 때 사용	가로와 세로가 만나는 곳에 점을 찍고 선으로 이은 것, 변화를 표시

도식(圖式), 다이어그램(diagram): 정보의 구조, 관계, 변화 상태를 알기 쉽게 그림으로 정리한 것		
수형도	순서도	벤다이어그램
분류를 정리해서 그린 것 각각의 항목에 대한 포함관계를 표시할 때 사용	절차를 정리해서 그린 것, 과정을 알아볼 때 사용	원과 원이 만나도록 그린 것, 공통점과 차이점 표시

[01~03] 다음 글을 읽고 질문에 대답하십시오.

　　한국 사람이 매운 음식을 좋아하는데, 특히, 젊은이들은 떡볶이를 즐겨 먹는다. 현재 한국은 다양한 떡볶이 프랜차이즈 회사가 치열하게 경쟁하는 시장이다. 아마도 대학가 주변이나 시내에서 세끼떡볶이, 성대떡볶이, 주스떡볶이 등의 간판을 흔히 볼 수 있을 것이다. 이 중에서 최근 세끼떡볶이의 인기가 급격하게 증가하고 있다고 한다. 2020년 10월 10일 공정거래위원회의 프랜차이즈 떡볶이 매출 조사에 따르면 주스떡볶이는 최근 3년간 2016년 427억 700만원, 2017년 339억 9900만원, 2018년 299억 1200만원으로 감소했고 같은 기간 성대떡볶이도 79억 8500만원, 62억 800만원, 51억 1600만원으로 줄었다고 한다. ㉠ [　　　　] 세끼떡볶이는 2015년 문을 연 이후부터 2016년 58억 8100만원, 2017년 99억 2400만원, 그리고 2018년 118억 8400만원으로 늘었고 현재 베트남, 인도네시아, 태국 등 해외 매장도 13곳을 운영하고 있다고 한다. 세끼떡볶이의 ㉡ [　　　　]은/는 고객이 직접 만들어 먹는 '셀프 떡볶이'로 종업원 수를 줄인 점이 전략이라고 한다.

01　위 글의 ㉠, ㉡에 알맞은 말을 쓰십시오.

　　㉠ _____　　　　　　㉡ _____

02　매출조사를 아래의 표에 정리하십시오. ㉢ 에 알맞은 이름을 쓰십시오.

〈표 1: ㉢　　　　　　　　　　〉 출처: 공정거래위원회(2020.10.10)

03　위 〈표〉를 어떤 형식으로 도식화 하는 것이 좋은지 고르십시오.

① 텍스트 / 텍스트 / 텍스트

② 텍스트 ⇒ 텍스트　텍스트

③

④

[04~05] 다음 글을 읽고 질문에 대답하십시오.

전문용어	• (㉠) 전문적인 분야에서 특별한 개념으로 쓰는 말 　예) 의학용어: 시저(가위), 트레이(쟁반), 혈당측정검사지(막대기) • 일반적 단어와 다른 의미, 뜻이 구체적이고 같은 전문가 사이 작업에 효과적
은어	• (㉠) 다른 사람들이 모르도록 자기와 같은 집단의 사람들 사이에서만 사용하는 말, 또는 특정한 직업 사람들만 사용하는 말 　예) 대학생 은어: 메뚜기(도서관에 자리가 없어서 계속 옮겨가면서 공부하는 것) • 비밀을 유지하려는 목적으로 암호처럼 사용되며, 구성원 사이의 결속력을 느낄 수 있음. 다른 사람에게 알려지면 다른 단어로 대체
속어	• (㉠) 일반적 뜻 보다 저속한 의미로 사용되는 말, 나쁜 의미로 사용되어 비어라고도 함 　예) 동물 관련 어휘: 개새끼, 새대가리 • 가까운 사이에는 친근감을 주기 위해 사용. 잘 모르는 사이에는 불쾌감 줄 수 있음

〈전문 용어, 은어, 속어 (㉡) 〉

04 ㉠과 ㉡에 알맞은 말을 쓰십시오

㉠ _____, ㉡ _____

05 위 내용으로 글을 씁니다. 〈보기〉와 같이 빈칸에 알맞은 말을 쓰십시오.

　한국어 단어는 여러 방법으로 <u>〈보기〉 나눌 수</u> 있는데, 사용하는 집단에 따라서 전문용어, 은어, 속어로 ① [　　　　　　　] 전문용어는 특정 분야에서 특별한 개념으로 쓰는 ② [　　　　]. ③ [　　　　] 의학용어에서는 영어에서 온 단어가 많은데 '시저(가위)', '트레이(쟁반)', '스틱(혈당측정검사지)' 를 사용한다. 일상의 단어와 다른 뜻으로 사용되지만 구체적이어서 전문가들이 작업할 때 효과적이다.

01 다음 표를 보고 아래에 한글과 한자를 비교하는 한 단락의 글을 완성하십시오.

한글	비교	한자
한국어의 문자 이름이다	정의	중국어의 문자 이름이다.
소리를 표시하는 표음문자이다.	대조	뜻을 표시하는 표의문자이다.
1446년 세종대왕이 만들었다.	역사	기원전 15C 기록이 있다. 누구인지 알 수 없다.
기본 24글자의 결합으로 세상의 모든 소리 표현	사용	8만 개 이상, 주로 사용하는 것은 3500개 정도

02 '대학생의 은어'를 소주제로 세 단락 이상의 글을 쓰십시오.

조활동 가이드 라인

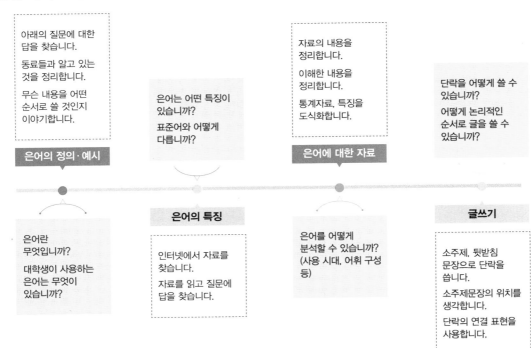

제목: _____

[소주제] _____

[뒷받침문장] _____

_____

_____

_____

_____

_____

_____

_____

_____

Tip

정의-예시, 비교-대조, 분류-분석 방법 중에서 두 가지 이상을 사용하기

은어란 무엇입니까?

은어의 특징은 무엇이 있습니까?

은어를 표준어와 어떻게 비교-대조 할 수 있습니까?

은어를 어떻게 분류-분석 할 수 있습니까?

[평가하기]

완성한 글을 아래의 사항으로 평가하십시오.

	부족하다	조금 있다	보통이다	잘했다	아주 잘했다
1) 세 단락 이상 썼다.					
2) 적절하게 문장을 연결했다.					
3) 정의-예시, 비교-대조, 분류-분석을 사용했다.					
4) 문어체 표현을 사용했다.					
5) 주제에 대한 내용이 충분하다.					

어휘와 표현

한국어	영어	중국어
계층	Hierarchy	阶层
공감	Sympathy	共鸣
구비문학	Oral literature	口碑文学
균일	Uniform	均匀
기록문학	Written literature	记录文学
나누다	Share	分享
대조	Contrast	对照
도식(圖式)	Diagram	图表
도표(圖表)	Chart	图表
묶다	Tie	系
발효	Fermentation	发酵
분류	Classification	分类
비교	Comparison	比较
비유	Metaphor	比方
비율	Ratio	比率
상당하다	Considerable	相当
속어	Slang	俗语
수치	Numerical value	数值
시각화(視覺化)	Visualization	视觉化
예시	Example	例子
유사	Similarity	相似
인상적	Impressive	印象深刻
용어	Terms	术语
은어	Slang	隐语
저장	Save	保存
전문 용어	Terms	专业术语
준말	Abbreviation	缩略语
치열하다	Fierce	激烈
친숙하다	Familiar	熟悉
표(表)	Table	表格
프렌차이즈	Franchise	连锁店
효능	Efficacy	效能

도식화하기

- 대학 보고서는 신뢰성을 높이고 구체적인 내용을 제시하기 위하여 표, 도표, 도식을 자주 사용하는데, 독자가 쉽게 이해할 수 있도록 반드시 번호와 제목을 써 주어야 한다.
- 도식을 이용하려면 주제들과의 연관성과 목적을 생각해야 한다.
- 도식을 이용하려면 먼저 필자의 머릿속으로 주제들과의 연관성을 생각해야 한다.

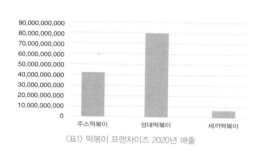

〈표1〉 떡볶이 프렌차이즈 2020년 매출

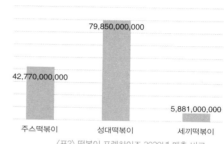

〈표2〉 떡볶이 프렌차이즈 2020년 매출 비교

- 도식화 하는 목적에 따라 다르게 구성된다.

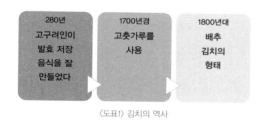

〈도표1〉 김치의 역사

〈도표2〉 김치의 발전 과정

제 2 부

보고서 쓰기의 실제

> 설계도를 잘 그려야 좋은
> 집을 지을 수 있다
> 개요를 잘 만들어야 좋은
> 글을 쓸 수 있다

idea   planning   strategy   success

6과
개요 만들기

학습 목표 보고서를 쓰는 과정을 안다.
　　　　　 주제를 결정하고 개요를 만들 수 있다.

주제 화제와 주제

참고하기 자료 찾기 사이트

준비하기

01 보고서를 쓰기 전에 무엇에 대해서 생각을 해야 합니까?

무엇을?
주제?

02 보고서 쓰기에 적당한 순서를 표시하십시오.

① 보고서 자료 읽고 요약하기 　　　(　　)

② 보고서의 주제를 정하기 　　　(　　)

③ 보고서의 순서 계획하기 　　　(　　)

④ 컴퓨터로 보고서 글 쓰기 　　　(　　)

⑤ 보고서 고쳐쓰기(퇴고) 　　　(　　)

⑥ 보고서의 주제에 필요한 자료 찾기 　　　(　　)

> **Tip**
> 보고서를 쓸 때 상황이나 취향이 다르기 때문에 이 순서대로 할 필요는 없지만, 이 순서가 가장 일반적이다.

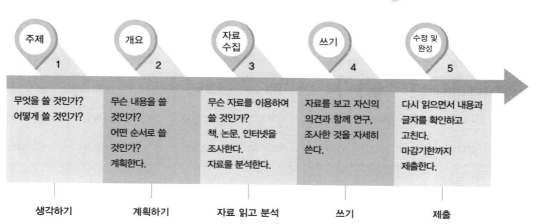

주제 1	개요 2	자료 수집 3	쓰기 4	수정 및 완성 5
무엇을 쓸 것인가? 어떻게 쓸 것인가?	무슨 내용을 쓸 것인가? 어떤 순서로 쓸 것인가? 계획한다.	무슨 자료를 이용하여 쓸 것인가? 책, 논문, 인터넷을 조사한다. 자료를 분석한다.	자료를 보고 자신의 의견과 함께 연구, 조사한 것을 자세히 쓴다.	다시 읽으면서 내용과 글자를 확인하고 고친다. 마감기한까지 제출한다.
생각하기	계획하기	자료 읽고 분석	쓰기	제출

화제와 주제

가주제 대략적인 큰 주제 →	참주제 구체적인 주제 →	주제문 참주제를 문장으로 더 분명하게 쓴 것

- **화제:** 화제는 글의 재료이다. 소재(素材)라고도 부른다.
- **가주제:** 글을 준비하면서 진짜 주제를 확정하기 전에 임시로 정한 주제로, 다루는 범위가 넓고 추상적인 경우가 많다.
- **참주제:** 필자의 주제에 대한 의견, 해석이 있다. 가주제를 구체적으로 표현한 것이다.
- **주제문:** 필자가 독자에게 표현하고 싶은 가장 중요한 생각을 한 문장으로 쓴 것이다. 보고서는 제목이 주제가 되는 경우가 많다.

화제-큰주제-작은주제-주제문장

- 화제에서 참주제를 생각하기 어렵다면 먼저 가주제를 정하고 자료를 찾으면서 참주제를 결정한다. 주제를 문장으로 만들면 더 구체적이 된다.

> **Tip**
> 대학보고서는 교수가 화제나 가주제를 제시하고, 학생은 참주제와 주제 문장을 결정한다.

화제	가주제	참주제	주제문장
공유경제	공유경제의 종류	공유자전거의 인기	공유 자전거의 인기 이유를 분석한다.
인공지능	인공지능 소개	인공지능 가전제품 소개	일상생활의 인공지능 가전 제품을 개발한다.
인상적인 한국문화	대학생의 문화	한국 대학생 술문화 특징	한국과 중국 대학생 술문화의 특징을 비교한다.
소비생활	대학생의 소비생활	대학생의 효율적 소비생활	대학생이 용돈을 아낄 수 있는 방법을 조사한다.
갑질	갑질의 종류	직장 갑질의 사례와 해결 방법	직장 갑질의 사례를 보고 해결 방법을 제시한다.

보고서의 주제 선택 방법

- 주제는 대학생 수준에서 자료를 찾고 분석할 수 있을 정도여야 한다.

    예) **환경보호** (×) → 필자가 환경 전문가라고 해도 쓰기 어려움

    환경보호를 위해 분해가 되는 일회용품을 개발한다. → 보고서의 주제는 구체적이어야

    예) 한국문화의 인기 (×) → k-pop의 인기로 인한 한국 상품 수출의 증가를 분석한다.

    운동은 건강에 좋다 (×) → 빠르게 걷는 것은 폐 건강에 좋다.

- 대학 주제는 전문적이어야 한다. 누구나 알 수 있는 것, 잘 알려진 것은 안된다.

    예) 환경을 오염하면 안된다. (×)   세종대왕은 한글을 만들었다. (×)

- 주제가 독자의 관심을 끌 수 있어야 한다.

    예) 요즘 한류 드라마로 수출이 증가하는 상품의 종류를 조사한다.

    토양오염을 막을 수 있는 자원 재활용 방법을 설명한다.

- 주제는 독자가 이해하고 공감할 수 있어야 한다.

    예) 한류가 실패하기 위한 방법을 설명한다. (×)

    환경을 오염하는 10가지 방법을 소개한다. (×)

- 주제는 자신의 해석, 의견을 확실하게 표현해야 한다.

    예) K-POP의 인기는 여전히 발전할 것으로 보이는 것 같다. (×)

    당신의 창의력은 좋은가? (×)

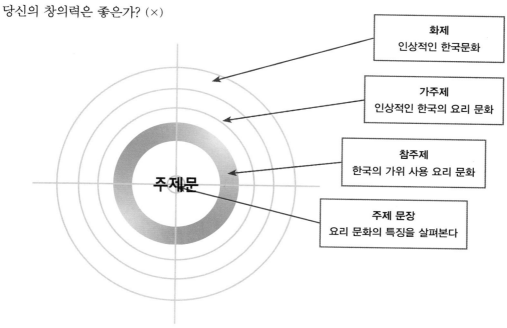

보고서의 개요

집

설계도
재료
돌, 벽돌

글

개요
자료
단어, 문장

• 집을 만들기 위해서 어떻게 집을 지을 것인가 계획을 정리한 것을 설계도라고 한다. • 집은 돌과 벽돌과 같은 재료로 만든다.	• 보고서를 쓰기 위해서 어떻게 글을 쓸 것인가 계획을 정리한 것을 개요라고 한다. • 보고서는 단어와 문장과 자료로 만든다.
• 자신이 살고 싶은 집을 짓기 위해서 비용, 사는 사람, 땅의 크기, 완성 날짜 등을 생각해야 한다.	• 주제가 잘 나타나는 보고서를 쓰기 위해서는 독자, 분량, 자료, 제출일자 등을 잘 고려해야 한다.
• 재료를 준비하는 충분한 시간이 필요하다.	• 자료를 찾고 읽고 글을 쓰는 충분한 시간이 필요하다.

❶ 미리 충분히 생각하면 계획대로 쓸 수 있다.

❷ 전체를 생각하면서 시작하면 논리적으로 쓸 수 있다.

01 다음 중 개요의 역할이 아닌 것을 고르십시오.

① 보고서를 일관성 있게 쓸 수 있도록 한다.

② 보고서의 전체 체계를 논리적인 순서로 쓸 수 있도록 한다.

③ 보고서를 쓰기 전에 필요한 시간을 충분히 가질 수 있도록 한다.

④ 보고서에서 필자의 생각이 분명하게 나타나도록 쓸 수 있도록 한다.

⑤ 보고서를 쓰기 전에 불필요한 부분과 부족한 부분을 미리 알 수 있다.

주제에 대한 질문하기

- 누가? 읽는가? 독자가 이 주제에 얼마나 관심이 있는가?
- 언제? 이 주제는 언제 발생했는가?
- 언제까지 보고서를 제출해야 하는가?
- 어디서? 이 주제의 자료는 어디에서 찾을 것인가?
- 무엇을? 이 주제에 무엇이 관심이 있는가?
- 왜? 이 주제를 선택한 이유는 무엇인가?
- 현재의 상태, 문제가 생기는 원인은 무엇인가?
- 어떻게 이 주제를 쓸 것인가?

> **Tip**
> 화제를 결정한 후에 마인드 맵을 그리면서 주제를 찾아보자. 아이디어를 정리하는 좋은 방법이다.

주제 문장 만들기

- 주제는 범위가 명확하고 구체적이도록 문장으로 쓴다.
  - 예) 한류(×) → 구체적인 재료를 알 수 없음

    한류의 인기(×) → 무엇을 쓰려고 하는지 구체적이지 않음

    한류 드라마의 인기 이유를 설문조사로 알아본다. → 구체적
- 평서문을 사용한다. (외래어, 외국어 사용 주의) 분석, 설명, 논증인지 알 수 있는 문장을 쓴다.
  - 예) 공유경제는 미래에 발전 할 수 있는가? (×) → 주제문장은 구체적, 질문, 감탄을 하면 안됨

    K-POP 커버댄스의 종류와 유형 (×) → 어떻게 쓸 것인지 방법을 구체적으로 알 수 있어야
- 주제문은 짧고 간결하게 쓴다.
  - 예) 세종대왕은 조선 시대으로 한국 문화를 발전시킨 좋은 사례라고 할 수 있지만, 드라마는 지나친 설정으로 현실감을 떨어뜨리고 있다. (×) → 너무 길어서 핵심을 알 수 없음

개요의 순서

- 서론, 본론, 결론의 각 부분에 필요한 소주제를 정리하면 개요가 된다.
- 서론은 주제와 관련된 상황, 연구 동기, 연구 목적, 연구 방법을 포함한다.
- 본론의 첫 부분은 주제와 연결된 현재 상황 또는 필자가 쓰는 개념, 발전과정 등 주제와 관련된 정보를 독자에게 알려준다. 다음으로 주제와 관련된 문제, 원인, 영향을 충분히 쓰고 전망, 해결방안 등 추가 내용을 쓴다.
- 결론은 주제에 대한 정리, 요약, 전망을 쓴다.

개요의 구성

설명하는 개요	논증하는 개요	문제해결 하는 개요
설명 대상에 대한 • 시간의 순서 • 공간의 순서 • 단계적인 구성 • 나열	• 주제에 대한 문제 제시 • 분석–논거1, 논거2	• 현황–문제점 지적–원인 • 분석–해결방안

- 개요는 보고서를 완성할 수 있도록 도와주는 지도이다. 정확하고 잘 정리된 지도가 있어야 목적지를 잘 찾아갈 수 있다.
- 개요의 종류는 주제와 보고서의 종류, 상황에 맞게 구성한다.

화제 개요와 문장 개요

- 화제 개요는 소주제의 핵심 단어만 정리한 것이고, 문장 개요는 문장으로 정리한 것이다.
- 화제 개요를 더 빠르게 작성할 수 있지만 구체적이지 않으면 나중에 수정할 수도 있다.
- 문장 개요는 작성 시간이 오래 걸리지만 소주제 문장에 뒷받침 문장을 추가하면 쓸 수 있기 때문에 더 구체적이다.

화제 개요	문장 개요
참주제: 한국 산의 특징 주제문: 한국의 산마다 개성이 있다.	참주제: 한국 산의 특징 주제문: 한국의 산마다 개성이 있다.
1. 서론 　– 한국 산의 느낌 2. 한국산 현황 3. 대표적인 산 　3.1 백두산 　3.2 설악산 　3.3 지리산 　3.4 한라산 4. 결론	1. 서론 　– 한국은 산마다 느낌이 다르다. 2. 산의 현황을 소개한다. 3. 대표적인 산 　3.1 백두산은 웅장한 느낌을 준다. 　3.2 설악산은 화려한 느낌을 준다. 　3.3 지리산은 사계절의 모습이 다르다. 　3.5 한라산은 화산이라서 특별한 생물이 많다. 4. 결론

01 개요에 대한 설명입니다. 〈보기〉에서 알맞은 말을 골라 쓰십시오.

〈보기〉 근거　　영향　　이해　　주장　　찬성　　현재의 상황

보고서는 종류에 따라서 주제를 명확하게 나타내기 위해서 개요의 순서가 달라진다.

대학생들이 가장 많이 쓰는 설명 보고서는 자료를 찾아서 사실, 정보를 쓴다. 예를 들어서 '먹방의 유행에 대해서 설명한다'가 주제라면, 먼저 주제에 대한 ① [　　　　　]와/과 지금 무슨 종류가 있는지, 특징을 쓰고 먹방으로 인한 ② [　　　　　]을/를 살펴보고 어떤 일이 생겼는지 먹방 때문에 무슨 문제가 있는지를 더 쓸 수 있다. 그래서 자료를 바탕으로 독자가 사실을 ③ [　　　　　]할 수 있도록 구체적으로 설명한다.

논증 보고서는 사실, 정보와 함께 자신의 ④ [　　　　　]을/를 쓴다. 예를 들어서 '먹방의 시청을 줄여야 한다'는 주제를 쓰기 위해서 먼저, 현재 먹방이 얼마나 유행하고 어떤 종류의 먹방이 있는지 하는 주제에 대한 현황과 특징을 쓴다. 그리고 식습관에 부정적인 영향을 준다는 여러 ⑤ [　　　　　]을/를 충분하게 쓴다. 그래서 먹방 시청을 줄여야 한다는 것에 독자가 ⑥ [　　　　　]할 수 있도록 한다.

보고서 개요 예시

같은 화제라도 보고서의 종류에 따라서 개요가 달라질 수 있다.

화제	유행하는 문화 〉 먹는 방송의 유행	
주제 문장	먹는 방송의 유행이 대학생 식습관에 주는 영향을 살펴본다.	먹는 방송의 유행 때문에 대학생의 식습관이 변화하고 있다.
종류	설명형 보고서	논증형 보고서
개요	1. 서론 　– 먹방의 인기, 주제 선택 이유 2. 본론 　2.1. 먹방 유행 현황 　2.2. 먹방 종류 　2.3. 먹방 특징 분석 　2.4. 대학생의 식습관에 주는 영향 3. 결론 대학생이 먹방을 많이 시청해서 식습관이 변화하고 있다.	1. 서론 2. 본론 　2.1. 먹방 유행 현황 　2.2. 먹방의 종류와 특징 　2.3. 대학생의 식습관에 주는 부정적인 변화 　　1) 혼밥의 증가 　　2) 과식의 증가 　　3) 야식의 증가 3. 결론 대학생이 먹방을 시청하면서 혼밥과 야식이 증가하면서 과식 문제가 생긴다. 먹방 시청을 줄여야 한다.

사실의
나열

사실
문제지적

Tip

주제가 명확하도록 바꿈
- 분량을 확인하고 논리적인 순서를 생각
- 큰제목과 작은 제목을 번호로 구분

[01~02] 다음은 4장 분량 보고서의 개요입니다. 질문에 대답하십시오.

01 개요에 알맞은 내용을 〈보기〉에서 골라 쓰십시오.

02 화제 개요를 보고 문장 개요를 쓰십시오.

〈보기〉

배달 현황   배달 문화가 발달한 이유   주제 선택 이유
안전한 배달 방법   배달 문화의 역사   배달 문화의 특징

---

01. 화제 개요

화제: 한국 문화

주제문장: 한국의 배달문화를 소개한다

1. 서론
  (1) (_____)
2. 본론
  2.1. (2) (_____)
  2.2. 배달 이용 방법
  2.3. (3) (_____)
  2.4. (4) (_____)
3. 결론

→

02. 문장 개요

화제: 한국 문화

주제문장: 한국의 배달문화를 소개한다

1. 서론
  (1) (_____)
2. 본론
  2.1. (2) (_____)
  2.2. 〈보기〉 배달을 이용하는 방법을 설명한다.
  2.3. (3) (_____)
  2.4. (4) (_____)
3. 결론

03 다음 개요를 수정, 보완하는 방법으로 알맞지 <u>않은</u> 것을 하나만 고르십시오.

[주제문장] ㉠ 현대 한국인의 식생활에 어떤 변화가 있는지 분석한다.

   1. 서론: ㉡ 한국 식생활문화 이해와 인식

   2. 본론

      1) 한국인의 과거 식생활 문화의 특징

      2) ㉢ 한국인과 베트남인 식생활 비교

      3) ㉣ 한국인 식생활의 특징

   3. ㉤ 바람직한 식생활의 미래

   4. 결론: ㉥ 건강한 식생활을 하는 방법

① ㉠ 본론 내용과 주제문이 맞지 않는다. '한국과 베트남의 식생활 문화 비교'로 바꾼다.

② ㉡ 서론은 현황이 필요하므로 '한국인의 식생활 문화의 특징'으로 바꾼다

③ ㉢ 1)번이 과거이므로 '한국인의 현재 식생활 문화'로 바꾼다.

④ ㉣ 주제에 맞게 '한국인 식생활 문화의 변화 비교'로 바꾼다.

⑤ ㉤ 결론은 새정보를 쓰지 않는다. '한국인 식생활 문화 전망'으로 바꾼다.

[01~05] 보고서 쓰기를 준비합니다.

01 화제를 하나 선택해서 주제와 주제 문장을 쓰십시오.

화제	참주제	주제 문장
1. 인상적인 한국문화	1)	
2. 소비생활	2)	
3. 공유경제	3)	
4. 인공지능	4)	
5. 갑질	5)	

Tip

가장 흥미있는 화제를 선택해서 주제를 정하고 주제 문장으로 쓰기.
위의 화제 중에서 (표지, 목차와 참고문헌을 제외하고) 화제 1, 2는 2~3장 분량, 화제 3, 4는 3~5장 분량/ 화제 5는 6~7장 정도 분량에 적당하다.

참고

| 주제 결정 전에 생각할 내용 |

1. 필자가 보고서로 쓸 가치가 있는가? (전문적 정보, 관심과 흥미)
2. 독자의 입장에서 읽을 가치가 있는가? (전문적 정보)
3. 자기의 능력으로 해결 가능한가? (준비할 수 있는 시간)
4. 뒷받침해 줄 자료를 찾을 수 있는가? (찾을 수 있는 자료)
5. 발전성이 있는 주제인가? (작은 것이라도 진전될 전망이 있는 문제)
6. 과제의 의도와 맞는가? (교수님의 과제 제시 의도)
7. 명확하고 분명하게 쓸 수 있는가? (글쓰기 실력)

02 보고서의 화제에 대해서 생각나는 단어, 표현을 아래에 정리하십시오.

주요 단어	①	②	③	④	⑤
	⑥	⑦	⑧	⑨	⑩

03 주제에 대한 질문에 대답을 정리하십시오.

질문	이 주제를 선택한 이유는?	
	무엇을 쓰고 싶은가?	
	자료는 어디서(어떻게) 찾을 것인가?	

보고서의 구성

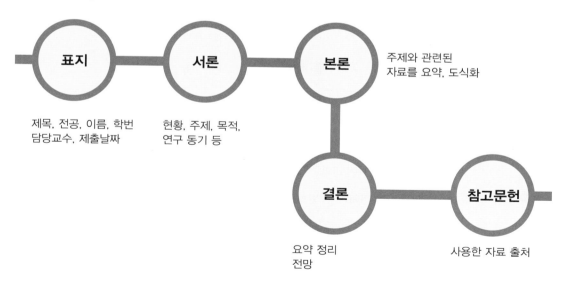

표지
제목, 전공, 이름, 학번
담당교수, 제출날짜

서론
현황, 주제, 목적,
연구 동기 등

본론
주제와 관련된
자료를 요약, 도식화

결론
요약 정리
전망

참고문헌
사용한 자료 출처

04 주제에 적합한 개요를 쓰십시오.

> **Tip** 자료를 찾아보고 개요를 만드는 것도 좋다. 개요가 훌륭해도 자료를 찾을 수 없다면 주제를 바꿔야 한다.

주제

서론	본론	결론

05 개요 완성 후 아래의 질문에 대답하십시오.

	질문	예	아니요
1단계 질문	1. 주제에 관심이 있는가?		
	2. 이 주제를 다른 사람이 읽고 싶어 하는가?		
	3. 이 주제를 잘 쓸 수 있다고 생각하는가?		
	4. 주제와 관련된 자료를 잘 찾을 수 있는가?		
2단계 질문	1. 주제에 대해서 몇 개의 단어로 쉽게 설명할 수 있는가?		
	2. 주제를 인터넷에서 검색하면 바로 찾을 수 있는가?		
	3. 이 주제를 독자가 바로 이해할 수 있는가?		
	4. 독자가 이 주제에 꼭 동의할 수 있는가?		

1단계 질문에 '아니오' 대답이 하나라고 있으면 주제를 다시 생각하십시오.

2단계 질문에 '예' 대답이 하나라도 있으면 주제를 다시 생각하십시오.

한국어	영어	중국어
개요	Summary	纲要
가주제	The theme	假主题
간결하다	Concise	简练
갑질	Overuse one's power	滥用权力
관점	Aspect	观点
구체적	Detailed	具体
명확하다	Clear	明确
설계도	Blueprint	图纸
수정	Correction	修改
유행	Trend	流行
의견	Opinion	意见
인공지능(人工知能)	Artificial Intelligence	人工智能
자료	Data	资料
재료	Ingredient	材料
제목	Title	题目
전망	Prospect	瞻望
주제문장	Subject sentence	主题文章
체계	System	系统
평서문	Statement	评书
해결방안	Solutions	解决方案
해석	Translate	解释
현황	Status	现状

자료 찾기 사이트

전문 자료 사이트

- 대학 도서관 홈페이지
- 국립중앙도서관(https://www.nl.go.kr)
- RISS(http://www.riss.kr)

통계자료

- 국가통계포털(http://kosis.kr)
- 한국갤럽(http://www.gallup.co.kr)
- 리얼미터(http://www.realmeter.net)

문화

- 한국관광공사(http://visitkorea.or.kr)
- 한국문화재단(http://www.chf.or.kr)

기타

- SOME TREND(http://some.co.kr)
- DMC리포트(http://www.dmcreport.co.kr)

경영 · 경제

- 코트라(http://kotra.or.kr/biz)
- 현대경제연구원(http://www.hri.co.kr)
- 삼성경제연구소(https://www.seri.org)

전문 자료 사이트

RISS와 같은 전문 자료를 검색할 수 있는 홈페이지가 있다. 대부분 유료지만 자신의 소속 대학 도서관(학술정보관) 홈페이지에 로그인해서 접속하면 무료로 볼 수 있다.

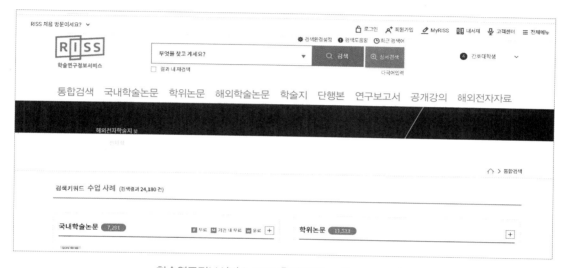

학술연구정보서비스 RISS 홈페이지(http://www.riss.kr/)

" 보고서는 자료 없이 쓸 수 없다
하지만 자료만으로 쓸 수는 없다 "

7과
자료 인용하기

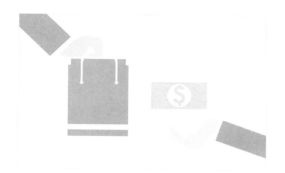

01 대학생의 한 달 소비생활에 대한 질문입니다.

　① 여러분은 한 달에 얼마 정도의 돈을 씁니까?

　② 여러분은 주로 어디에 돈을 씁니까?

　③ 한국 대학생의 한 달 지출은 어느 정도라고 생각합니까?

　④ 한국 대학생은 어디에 가장 많이 지출하는 것 같습니까?

02 '대학생의 소비생활'을 보고서로 준비하고 있습니다. 가장 먼저 봐야 하는 자료를 고르십시오.

　① 어머니가 한 달 동안 지출한 내용을 정리한 메모

　② 도서관에서 찾은 『2020년 한국인의 소비생활』 책

　③ 대학생 2명에게 인터뷰한 용돈의 지출과 현황 내용

　④ 인터넷의 블로그에서 찾은 대학생의 용돈 현황 표

　⑤ 내가 대학생 15명에게 용돈의 지출과 현황을 질문한 설문조사

03 보고서에 필요한 자료를 어디에서 찾습니까?

04 보고서에 사용한 자료를 어떤 방법으로 정리합니까?

[01~02] 다음 글을 읽고 질문에 대답하십시오.

> 윤리적 소비란, 가격과 품질로만 구매를 결정하는 것이 아니라 소비 행위가 다른 사람이나 사회, 그리고 환경에 영향을 미치는 행동이자 사회적 활동이라는 인식을 가지는 소비를 뜻한다. 윤리적 소비와 관련된 단어로 '미닝아웃' 이라는 단어가 있는데
>
> 김승희(2020)에 의하면 미닝아웃이란 의미, 신념을 뜻하는 '미닝(Meaning)'과 '벽장 속에서 나오다'라는 뜻의 '커밍아웃(coming out)'이 결합된 단어로, 정치적, 사회적 신념과 같은 자신만의 의미를 소비 행위를 통해 적극적으로 표현하는 것을 말한다고 한다[1].
>
> 즉, 소비자 개인의 신념에 따라 윤리적인 가치를 고려해 상품이나 서비스를 구매하는 것을 뜻한다.
>
> 예를 들어, 같은 제품이면 공정무역·동물복지를 고려한 상품, 친환경 재배 작물, 저탄소 제품 등을 구매하는 것이다. 자신과 가족의 건강은 물론, 동물이나 환경에 해를 끼치는 상품의 구매를 적극적으로 거부하고, 가격을 더 지불하고 불편을 감수하면서까지 소비행위에서 윤리를 찾고자 하는 소비층이 늘면서 이러한 말이 생겨난 것이다.
>
> ───────────
>
> 1) 김승희, 2020, '소비자가 바꾸는 시장, 윤리적 소비를 생각할 때', 한국환경공단 웹진.

- 자료 인용
  표현: 말한다고 한다

- 각주 표시: 자료의 출처

- 자료에 대한 해석, 의견
  표현: 즉, 다시 말하면

- 인용한 내용에 대한 예시
  표현: 예를 들어

- 각주로 자료 출처 표기

01 인용한 부분을 찾아서 밑줄을 치십시오.

02 필자의 자료에 대한 의견, 해석 부분을 찾아서 밑줄을 치십시오.

보고서의 자료

- 대학 보고서는 전문적인 정보를 사용한다.
- 어떤 정보에 대해 그 분야의 전문가가 제시하면 신뢰할 수 있다.
- 내 주제를 뒷받침, 강조하기 위해 전문가의 의견으로 도움을 받을 수 있다.
- 내가 직접 경험한 것, 인터뷰, 설문조사한 것도 자료로 사용할 수 있다.

자료 찾기

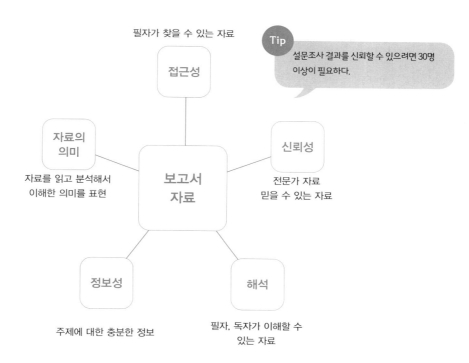

- 대학도서관, 집 근처 도서관, 인터넷 사이트 등의 접근성이 좋은 자료를 찾는다.
- 책, 신문기사, 국가 기관, 전문 기관 등 출처가 분명한 자료를 사용해야 한다. 인터넷에서 쉽게 검색한 자료나 개인 블로그와 같이 출처가 분명하지 않은 자료는 잘못된 정보일 수도 있다.
- 전문적인 정보이면서 필자가 이해할 수 있는 자료를 찾는다.
- 책이나 인터넷에서 찾을 수 없는 자료라고 한다면 필자가 직접 경험하거나 설문조사, 인터뷰 등으로 주제에 필요한 자료를 만들 수도 있다.
- 자료를 읽고 분석해서 이해한 내용을 보고서에 쓸 수 있어야 한다.

자료 인용 순서

신뢰성
- 신뢰할 수 있는 출처에서 찾기
- 출처 메모하기

자료 이해
- 필요한 자료 선택
- 필요한 내용에 밑줄

자료 요약
- 중요내용만 요약
- 주제와 관련된 의견이나 해석을 메모하기

참고문헌 정리
- 인용한 자료의 출처를 모아서 정리

출처 표시
- 각주, 인용 표현 사용하기

표현
- 자료를 적절하게 보고서에 인용하기

- 자료를 찾으면서 저자명, 책이름, 출판사, 연도 등 서지사항을 메모한다.
- 가능하면 최신 자료를 인용한다.
- 자료를 읽으면서 중요한 내용에 표시를 해 놓는다. 외국어 자료의 중요 부분을 한국어로 번역한다.
- 자료의 내용을 요약하면서 의견이나 해석을 함께 표시해 놓는다.
- 자료를 인용하면서 각주, 인용 표현을 사용하여 출처를 표시한다.
- 인용한 자료를 모아서 정리한다. 참고문헌은 보통 저자 이름의 가나다 순서로 정리한다.

자료를 인용하는 방법

재인용	인용한 자료의 출처를 모를 때 간접인용과 같은 인용표현, 출처표기 (재인용)표시, 전문가는 사용 ×
직접인용	문학작품, 한 글자로도 바꾸면 안되는 글. 자료를 그대로 사용 짧게, 인용표현, 출처 표기 사용
간접인용	발표, 보고서에서 가장 많이 사용. 자료를 보고 이해한 내용을 짧게 요약, 인용표현, 출처 표기 사용

간접 인용하기

- 자료를 보고 이해한 내용, 중요한 내용을 자신이 이해한 말로 바꿔서 짧게 요약한다. 인용 표현이나 출처를 표기한다. 내 의견과 인용한 부분은 구분할 수 있도록 쓴다.
- 보고서 쓸 때 가장 많이 사용하는 방법이다.
- 인용한 출처를 보고서 안에 포함해서 쓸 수 있고, 각주로 쓸 수도 있다.
- 간접 인용 부분을 표시하기 위해서 작은따옴표(' ')를 쓸 수도 있다.

직접 인용하기

- 자료의 내용을 바꾸면 다른 뜻으로 오해될 수 있을 때, 아주 중요한 내용일 때 원자료를 그대로 인용한다.
- 보고서에서 직접 인용은 꼭 필요한 경우에 하며 큰따옴표(" ")를 사용해서 표시한다.
- 짧게 인용할 때와 3줄 이상을 인용할 때의 방법이 좀 다르다. 3줄 이상을 인용할 경우에는 단락으로 구분해 준다.

재인용하기

- 다른 사람의 글에서 인용한 글의 출처를 모를 때 사용한다.
- 간접 인용과 같은 형식으로 표시하고 '(재인용)'을 덧붙여 주면 된다.

자료

이정 일보

경기도 하남시 조정대로 ○○○ www.leejeong.com   2021년 7월 7일 제 477호   대표전화 031)123-4567

착한 가게 돈쭐내주다

지난 19일 서울 한 식당에 가난한 형제가 찾아왔다. 아이들은 피자가 먹고 싶다면서 정부에서 주는 급식카드를 내밀었다. 주인은 급식카드 대신에 먹고 싶다면 얼마든지 주문하라고 … (중략)….

이 기사가 SNS로 공유되면서 일부러 가게를 찾아가서 음식을 주문하는 이른바 '돈쭐 내주자'는 네티즌들이 찾아 오면서… (생략).

김유진 기자

↓

간접 인용

예) 2030세대의 소비생활은 개인주의적인 성향이 강하지만 한번 꽂히면 무서운 영향력을 발휘한다. 중요하다고 생각하는 가치에 따라 소비에 대한 판단을 내린다. **이정일보(2021.07.07.)의 기사에 따르면 가난한 아동들에게 무료로 피자를 대접한 식당에 대한 기사를 읽고 집단적으로 칭찬하고 직접 찾아가서 음식을 시키는 사람들이 많이 찾아왔다고 한다.**

직접 인용

예) 2030세대의 소비생활은 개인주의적인 성향이 강하지만 한번 꽂히면 무서운 영향력을 발휘한다. 이처럼 중요하다고 생각하는 가치에 따라 소비에 대한 판단을 내린다. 가난한 아동들에게 무료로 피자를 대접한 식당에 대한 기사가 있었는데 **이정일보(2021.07.07.)에 따르면 이 기사를 읽고서 "일부러 가게를 찾아가서 음식을 주문하는 이른바 '돈쭐 내주자'"는 네티즌이 많이 찾아왔다고 한다.**

Tip
직접인용을 자주 사용하면 자료를 모아 놓은 듯 보일 수 있다.

직접인용의 예

간접 인용	온라인 결제는 인터넷을 통해서 전자 정보 전달의 형식으로 자금의 유통을 실시한다. '온라인 결제의 현황과 발전' (2020.05.28)의 온라인 결제 알리바바 알리페이에 대한 조사에 따르면 "60% 이상의 이용자가 편리해서 이용"한다고 한다.
직접 인용 	온라인 결제는 인터넷을 통해서 전자 정보 전달의 형식으로 자금의 유통을 실시한다. '온라인 결제의 현황과 발전' (2020.5.28)에 따르면 온라인 결제를 다음과 같이 설명했다. 　"온라인 결제는 독특한 편리함으로 인해 많은 소비자들의 인기를 받았으며, 알리바바 알리페이에 대한 조사에 의하면 조사 대상 이용자의 반 수 인상이 온라인 결제에 대해 깊은 관심을 가지고 있고 이 중 60% 이상의 이용자가 온라인 결제는 편리하고 시간도 절약해서 이용한다." 　즉, 편리하고 안전한 온라인 결제 시스템 때문에 더 많은 사람들이 인터넷 쇼핑을 시작했다는 것을 알 수 있다.

각주

각주(脚註, footnote)는 내용을 보충하거나 인용한 자료의 출처를 문서 아래쪽에 쓴 것으로 주(註)라고도 부른다. 자료의 출처를 자세히 쓰면 읽을 때 방해가 된다. 이럴 때는 각주로 쓴다.

괄호주: 괄호 안에 출처를 쓰는 것

이 현상은 예능 프로그램이나 드라마로 반영된다. 예컨대 〈나 혼자 산다〉, 〈미운 오리 새끼〉, 〈혼술남녀〉 같은 방송이 인기를 끌고 있다. 그리고 트렌드 시장조사 전문기업에서 '20대연구소'에서 **(2021년 3월 1일~3일에 전국민 19세~59세 성인 남녀 1,000명을 대상으로 '나홀로족'에 대해서 어떻게 생각하는지 설문조사를 실시했다)** 나홀로족의 증가 현상에 대해 응답자의 86.9%가 당연한 시대의 흐름으로 생각하는 것으로 조사되었다.

각주: 문서 아래쪽에 출처를 쓰는 것

이 현상은 예능 프로그램이나 드라마로 반영된다. 예컨대 〈나 혼자 산다〉, 〈미운 오리 새끼〉, 〈혼술남녀〉 같은 방송이 인기를 끌고 있다. 그리고 '20대연구소' 성인 남녀 1,000명에게 실시한 설문 조사에서 '나홀로족'의 증가 현상에 대해 응답자의 86.9%가 당연한 시대의 흐름으로 생각하는 것으로 조사되었다고 한다.[1]

---

1 트렌드 시장조사 전문기업에서 2021년 3월 1일~3일에 전국민 19세~59세 성인 남녀 1,000명을 대상으로 '나홀로족'에 대해서 어떻게 생각하는지 설문조사를 실시했다.

각주 만들기

한글(HWP), 워드(WORD) 같은 문서작성 프로그램에서 각주를 쉽게 만들 수 있다.

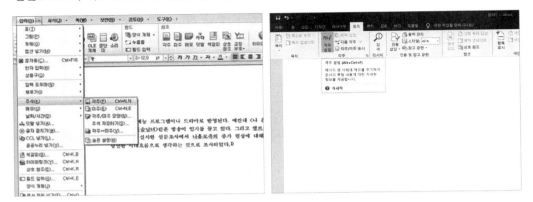

1. 한글 프로그램은 "입력 〉주석 〉각주"를 선택한다.　　1. 워드 프로그램은 "참조 〉각주삽입"을 선택한다.

2. 문서 아래쪽에 번호가 생기고 입력할 수 있게 된다. 여기에 출처를 쓴다.
　　(본론보다 작은 글씨로 만들어진다)
3. 화면 위쪽에 있는 닫기를 누른다. 그러면 다시 문서 작성 화면으로 돌아온다.

참고 자료 정리

- 인용한 자료는 맨 마지막 참고문헌에서 한 번 더 정리한다.
- 인용한 자료를 정리하는 순서는 전공마다 조금씩 다르다. 일반적으로 저자의 이름이나 제목의 가나다 순서로 한다.
- 인터넷 자료에서 필자 이름과 작성일시를 찾을 수 없으면 홈페이지 정보만 쓴다.
- 인터넷에서 찾은 전자책, 논문은 아래의 단행본, 학술논문의 순서로 정리한다.

단행본

이름	『책 제목』		서울:	출판사	출판 연도	인용한 쪽
양태영,	『외국인 유학생을 위한 글쓰기 기초』,		서울.	박이정,	2016,	145.

(학술) 논문

필자	제목	학술지 이름 권, 호	학회	출판 연도	인용한 쪽
양태영	보고서 수정하기에 대한 외국인 유학생과 교수자의 인식 연구,	리터러시연구 19권 20호,	리터러시연구,	2021,	45.

인터넷 자료

〈자료 제목〉	홈페이지 이름(저자 이름)	작성일시	사이트 주소	검색한 날짜 (년,월,일)
〈20대의 소비〉,	대학생활연구소,	2020.02.29.	http://pjbook.com/article/20202,	2021.06.21.

자료 해석

- 자료를 인용했으면 필자가 해석한 내용이나 의견을 추가해 주어야 한다.
- 보고서에 명확한 숫자가 있으면 신뢰성, 구체성이 높아진다.

  예) 대학생이 용돈을 많이 쓴다.

  2021년과 비교하면 대학생 용돈은 20% 증가하였다. [더 구체적이다]

순위 설명	차지하다, 기록하다, −의 순으로 나타나다
변화 설명	증가하다, 늘어나다 축소되다, 상승하다, 벌어진다 감소하다, 확대되다, 하락하다, 좁혀지다, 위축되다, 줄어들다
정도 설명	큰 폭, 급격하게, 월등히 소폭으로, 서서히, 완만하게
해석	즉, 예컨대

[01~03] 다음 글을 읽고 질문에 대답하십시오.

이정일보에서 운영하는 대학생활 연구소에서 2019년 9월 남녀대학생 596명을 대상으로 조사한 '생활비(용돈) 현황' 조사 결과 부모님과 함께 사는 대학생은 평균 68만 원, 자취하는 대학생은 평균 73만 원의 용돈을 사용하는 것으로 나타났다고 한다. 이 중에서 부모님과 사는 대학생은 식비를 76.5%로 가장 많이 소비했고 이어 교통비 42.7%, 통신비 40.5%, 주거비 10.7%, 문화생활비 29.6%, 기타의 **순으로 나타났다.** 자취하는 대학생은 식비가 80.4%로 역시 1위를 **차지했고** 다음으로 주거비가 65.2%로 조사되었으며 교통비 26.1%, 통신비 20%, 문화생활비 16%, 기타의 **순서로 나타났다고 한다.** 2017년의 용돈 조사와 비교하여 **소폭의 증가가** 나타났다고 한다. 즉, ① _____
_____

01 자료의 출처가 어디입니까?

02 자료에 대한 해석이나 의견을 ①에 쓰십시오.

03 앞의 내용을 읽고 자취하는 대학생의 용돈 현황을 〈보기〉와 같이 도표로 만드십시오.

〈보기〉

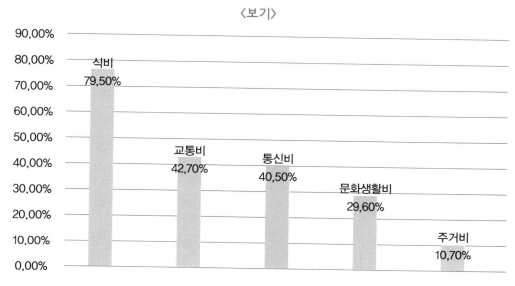

04 대학생 30명에게 '얼마나 자주 자판기에서 음료수를 사서 마십니까?'를 질문한 결과이다.
〈도식1〉, 〈표1〉을 통해서 알 수 있는 내용으로 알맞지 <u>않은</u> 것을 고르십시오.

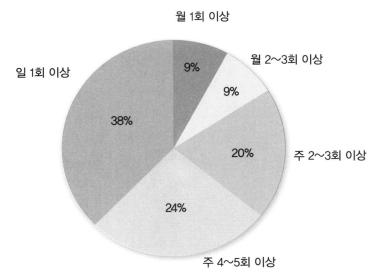

〈도식1〉 대학생 음료수 구매 빈도

	월 1회 이상	월 2~3회	주 2~3회	주 4~5회	일 1회 이상	총계
남자	6%	4%	20%	25%	45%	100%
여자	12%	14%	20%	24%	30%	100%

〈표1〉 성별 음료수 구매 빈도

① 대학생 중에서 음료를 마시는 비율은 주 1회 이상이 80% 이상으로 나타났다.

② 남자는 월 3회 미만이 10%, 주 4회 이상이 70%로 자주 마시는 학생의 비율이 높았다.

③ 대학교 내에 음료수 자판기를 새로 설치한다면 여자휴게실 앞에 하는 것이 적당하다.

④ 일 1회 이상 음료를 마시는 비율은 남자가 45%, 여자가 30%로 남자가 더 자주 마시는 것으로 나타났다.

⑤ 대학생의 음료 구매 빈도가 1주에 4회 이상이 총 60%라는 것은 강의가 있는 날은 1번 이상 마시는 것으로 음료 구매가 일상적이라는 것을 알 수 있다.

자료 정리하기

[01~03] 보고서를 준비합니다.

01 주제문과 개요를 아래에 정리하십시오.

주제문	
개요	

02 보고서의 자료를 찾아서 〈보기〉와 같이 출처를 정리하십시오.

책

이름	『책 제목』	출판사	출판연도	쪽수
〈보기〉 양태영,	『외국인 유학생을 위한 글쓰기 기초』,	박이정,	2016,	145,

신문

기자 이름	〈기사제목〉	신문이름	기사날짜(년, 월, 일)	검색날짜(년, 월, 일)
〈보기〉 김미영,	〈공유경제 공론화 시급〉	이정일보,	2019.05.11,	2021.09.21,

인터넷자료

자료 제목	홈페이지 이름 (저자 이름)	인터넷주소	검색날짜(년,월,일)
〈보기〉 한국방문 해외 관광객 현황,	서울통계,	http://stat.seoul.go.kr/octagonweb/jsp/WWS7/WWSDS7100.jsp,	(2021.11.20.)

Tip
- 주제와 관련된 주요 내용으로 인용 표현을 사용해서 쓰기
- 인용한 자료에 대한 자신의 견해를 포함하기
- 그래프, 그림, 도표를 인용하는 경우는 설명을 쓰기
- 인용한 자료의 출처를 알 수 있도록 쓰기

03 보고서에 필요한 자료를 찾아서 인용하십시오.

[인용자료 1]

| |
| |
| **자료 출처** |

[인용자료 2]

| |
| |
| **자료 출처** |

[평가하기]

자신의 글을 아래의 사항으로 평가하십시오.

	부족하다	조금 있다	보통이다	잘했다	아주 잘했다
1) 인용 표현을 사용했다.					
2) 출처를 정확하게 표기했다.					
3) 자료에 대한 해석, 의견이 있다.					
4) 주제와 관련이 있다.					
5) 신뢰할 수 있는 자료이다.					

어휘와 표현

한국어	영어	중국어
각주(脚註)	Footnote	脚注
개인주의적	Individualistic	个人主义
매개	Medium	媒体
서지사항	Bibliography	书志事项
설문조사	Poll	调查问卷
성향	Tendency	倾向
소비	Consumption	消费
신념	Belief	信念
신뢰성	Reliability	可靠性
영향력을 발휘하다	Exert influence	发挥影响力
예컨대	For example	比如说
월등히	By far	明显地
위축되다	Shrink	萎缩
인용	Quotation	引用
인터뷰	Interview	采访
재인용	Requoting	再引用
전문성	Professionalism	专业性
접근성	Accessibility	接近性
지출	Expenditure	开支
차지하다	Occupy	占据
출처	Source	来源
통계청	Statistical Office	统计厅
표기	Mark	标记
표절(剽竊)	Plagiarism	抄袭

제목 만들기

- 제목은 글의 얼굴이다. 매력적인 제목이 독자의 흥미를 끌 수 있다

- 보고서는 주제를 알 수 있는 분명하고 구체적인 제목을 사용한다.[예를 들어 기억력과 뇌 활용 방법에 대한 주제를 쓰는 보고서의 제목이 "몇 개나 기억하는가"는 적당하지 않음]

- 제목은 구체적: 내용과 주제를 기억하기 쉽게 표현하기 [너무 크면 주제가 무엇인지 알 수 없음]

  예) 내 고향의 문화 [고향이 어디? 무슨 문화?] 공유 보조배터리가 미치는 영향 [어디에 무슨 영향?]

  예) 공유 교통 수단은 개인과 사회에 미치는 긍정적 영향과 부정적 영향 [조사 사용에 주의, 불필요한 내용 삭제] → 공유 자전거가 개인과 사회에 미치는 영향

- 제목은 간단하게, 5~8개 단어 정도 [짧은 것보다 청중이 주제를 알기 쉽게]

- 맞춤법과 문법: 문법, 띄어쓰기, 단어의 순서에 주의

  예) 온라인캠퍼스를 이용한 신입생 대학생활 [주어 먼저] → 신입생의 온라인캠퍼스 대학생활

소재

주제   중심생각
제목

Tip
긴제목은 부제목을 활용

주제:
한국 중고등학교 교사와 인터뷰를 통해서 한국 중고등학교에서 나타나는 학교 폭력의 원인과 해결방안을 연구한다.

제목:
중고등학교 교사와 인터뷰를 통해서 연구한 한국 중고등학교의 학교 폭력 현황

제목:
학교 폭력의 원인과 해결 방안 – 중고등학교 교사와 인터뷰를 통해서–

• 청중의 관심, 호기심, 재미, 정보를 줄 수 있어야 한다.

(표현) ~하는 이유, ~하는 팁, ~의 진실(청중에게 호기심을 주는 제목)

만약에 ~ 한다면(정보가 필요한 사람)

주제	제목 예시
신입생을 위해서 선배와 잘 지내고 인간관계를 잘 할 수 있는 방법을 소개한다.	• 신입생이 선배와 친하게 지내는 방법 • 신입생이 대학생활에 성공하는 방법– 선배와 잘 지내기– • 만약에 여러분이 선배와 잘 지내고 싶다면
한국에서 인기 있는 매운맛을 분석하여 외식시장에 미치는 영향을 알아 본다.	외식 시장에 영향을 미치는 한국의 매운맛 분석
공유자전거와 공유킥보드의 이용현황을 분석, 비교해서 소비자의 편리성을 높인다.	소비자 편리를 위한 공유자전거와 공유킥보드 이용 현황 분석

주제에 맞는 제목을 만드는 방법

주제를 잘 표현하고 있는지

↓

보고서의 종류에 잘 맞는지

설명보고서	분석보고서	논증보고서	감상보고서
가장 핵심적인 주제를 짧게 요약	분석의 내용을 초점으로 제목	주제를 명확하게 알 수 있도록	화제를 알 수 있도록 자유롭게
〈예〉 한국 매운 맛의 특징 먹는 방송의 유행 이유	〈예〉 매운맛의 인기 이유 분석 먹방의 유행 원인	〈예〉 건강을 해치는 매운맛 먹방 금지의 필요성	〈예〉 매운맛 음식의 선율 먹방의 감상문

"서론은 보고서의 미리보기이다"

8과
서론 쓰기

학습 목표 보고서 서론의 특징을 안다

보고서의 서론을 쓸 수 있다.

주제 인공지능

참고하기 목차 만들기

01 인공지능(人工知能, Artificial Intelligence)은 무엇입니까?

02 일상생활에서 볼 수 있는 인공지능(AI) 제품이나 서비스는 무엇이 있습니까?

가정		로봇 청소기 스스로 청소를 하는 인공지능 로봇, 청소 로봇이라고도 한다.
복지		노인의 말동무, 보호자 챗봇 독거노인에게 반려로봇이 수시로 말을 걸어주고, 몸과 정신 건강을 돌봐 주며, 위험할 때는 주위에 연락을 한다.
교육		학생과 외국어로 대화하는 보조 교사 인공지능(AI) 영어교사가 영어 말하기, 퀴즈, 등 영어 선생님을 도와준다.
농업		환경을 고려한 농장 AI와 로봇을 이용하여 좋은 품질의 작물을 일년 내내 수확할 수 있다.

03 보고서의 처음 시작에 어떤 내용이 필요하다고 생각합니까?

[01~04] 다음 글을 읽고 질문에 대답하십시오.

빅데이터의 등장과 빅데이터에 대한 분석력 향상으로 과학기술의 각 분야가 끊임없이 혁신되고 있는데, 그중에서도 인공지능의 발전이 두드러지고 있다. 이것은 인류사회가 스마트 시대로 빠르게 나아가고 있다는 것을 의미한다. 인공지능이 빠르게 발전하면서 각 업종이 시대에 맞게 패러다임을 전환하고 있고, 의학 분야에서도 새로운 시기를 맞게 될 것으로 예상된다. 이 기술을 통해 사람들은 보다 정확한 진단, 더욱 안전한 수술 등을 받을 수 있으며, 의료인들의 업무량도 크게 줄일 수 있을 것이다. [현재의 상황] 이처럼 인공지능 기술이 발전함에 따라 미래 인공지능은 의료기술은 우리의 일상에 영향을 줄 것으로 예상할 수 있다. [필요성] 따라서 이 보고서에서는 의료 분야에서 인공지능 기술의 응용 현황에 대해 살펴보고자 한다. [주제]

인문과학계열 1학년, 중국 유학생

---

01 이 보고서의 주제는 무엇입니까?

02 이 보고서를 쓰는 이유는 무엇입니까?

03 주제와 관련해서 현재 어떤 상황입니까?

04 이 글에서 볼 수 있는 내용은 무엇입니까? 모두 고르십시오.

① 주제나 목적을 제시한다.　　　　　② 현재의 상황을 설명한다.

③ 중요한 개념을 정의한다.　　　　　④ 연구 방법에 대해서 설명한다.

⑤ 주제에 대한 필요성에 대해서 설명한다.

서론의 특징

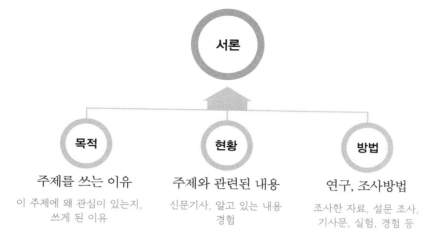

- 서론(introduction, 序論)은 주제에 대해서 알려주고 순서나 방법, 주제를 쓰는 목적, 주제와 관련 현황, 연구 방법 등을 간단하게 안내해 보고서를 읽을 준비를 하게 한다.
- 서론은 보고서의 분량에 따라서 조절하는데, 전체 글의 10~15% 정도로 쓰는 것이 좋다.
- 서론이 너무 길고, 주제에 대해서 처음부터 모두 이야기하면 독자의 흥미를 끌 수 없다.
- 서론은 본론에서 쓰는 주제와 관련된 내용을 써야 한다. [예를 들어서 인공지능 로봇을 쓰는데, 로봇의 역사부터 쓰는 것인 주제에 대한 관심을 끌기에 부족하다]

참고

10장 이상 정도 되는 긴 보고서에서는 서론에서 연구 방법이나 연구 자료를 포함하기도 한다.

서론에서 목적 표현하기

주어	목적을 나타내는 표현		보고서 종류
이 보고서는 본 보고서에서는 본 연구에서는	-을/를 -에 대해	고찰해 보고자 한다 검토하고자 한다	설명, 감상형
	-을/를	논하고자 한다	논증형
본고의 과제는 본고에서는	-을/를	분석하고자 한다	분석형
	-하는 데에 -을/를 -에 대해서 -에 대한	목적이 있다 살펴보고자 한다 알아보고자 한다 목적으로 한다	모두 사용 가능

01 보기와 같이 보고서의 목적을 쓰십시오.

> **Tip**
> 보고서의 종류에 따라서 목적을 표현하는 방법이 조금씩 다르게 나타난다.

주제: 소비자의 심리	→	〈보기〉 이 보고서는 소비자의 심리를 이용한 마케팅의 효과를 살펴보고자 한다/ 분석하고자 한다.
목적: 마케팅의 효과	→	
보고서의 종류: 분석	→	

①

주제: 인공지능 의료로봇	→	
목적: 로봇과 의사의 치료 효과	→	
보고서의 종류: 분석	→	

②

주제: 귤껍질	→	
목적: 화학적 구조와 성분 분석, 실생활에 접목시켜 활용할 수 있는 방안	→	
보고서의 종류: 설명	→	

서론의 문장 표현

1. 보고서는 문어체 표현을 사용하여 객관적으로 쓴다.

예1) 나는 한국인의 인사 예절을 설명하려고 한다. →	**이 보고서에서는** 한국인의 인사 예절을 **설명하고자 한다.**
예2) 이 글에서는 인공지능 발전에 대해 긍정적 측면과 부정적 측면을 함께 살펴보겠다. →	**이 보고서에서는** 인공지능 발전에 대해 긍정적 측면과 부정적 측면을 함께 **살펴보고자 한다.**

2. 서론의 주제, 목적을 표현할 때는 현재시제나 미래시제를 사용한다.

예1) 본 보고서에서는 통계청의 자료를 사용했다. →	본 보고서에서는 통계청의 자료를 **사용할 것이다.**
예2) 인공지능이 우리에게 무엇을 가져다 줬는지 좀 더 살펴본다. →	인공지능이 우리에게 무엇을 **줄 것인지** 좀 더 **살펴 볼 것이다.**

02 다음 〈보기〉와 같이 서론에 알맞은 표현으로 쓰십시오.

> 〈보기〉 이 글에서 외국인이 좋아하는 관광지에 대해서 살펴보겠다.
> ⇨ 이 보고서는/ 본고에서는 외국인이 좋아하는 관광지에 대해서 살펴보고자 한다.

① 여기에서 내 고향의 문화와 관광자원을 소개하려고 한다.

⇨ _____

② 오늘 발표하는 것은 스마트 사회와 공유경제이다.

⇨ _____

③ 나는 이 보고서에서 대학생활과 취업의 관계를 분석하겠다.

⇨ _____

서론의 내용 구성

서론은 독자의 흥미를 끌기 위해서 여러 가지 방법을 사용한다.

1. 정의하기

- 글의 주제가 독자에게 익숙하지 않거나 추상적, 전문적일 때 주제와 관련이 되는 용어를 쉽게 설명하면서 글을 시작한다.
- 정의는 전문가의 의견이나 자료나 사전의 내용으로 쓴다.

요즘 다양한 기능을 갖는 로봇이 일상생활에서 나타나고 있다. 이러한 로봇이나 프로그램에서 인공지능 (Artificial Intelligence)를 사용하는 현황이다. **브리태니카(Britannica)에 의하면 인공지능은 특정 작업의 수행에서 인간의 지능을 대체할 수 있는 계산 도구라고 한다.** 이러한 기술의 발달로 대부분의 회사가 노동자들의 능률을 향상시키기 위해서 AI를 이용하고 있지만, 미래에는 언젠간 인간 노동이 더 이상 쓸모가 없어질 것이라는 문제점도 나타나고 있다. 따라서 앞으로 인간과 기기의 결합 현상이 지속된다면 우리가 이런 변화에 어떻게 적응할 것인지를 알아볼 필요가 있다. 이 보고서의 목적은 인공지능이 노동 시장에 도입되면 어떤 일이 생길 수 있는가와 이에 대한 어떠한 준비가 필요한가에 대해서 알아보고자 한다. 이것을 위하여 먼저 인공지능의 사용 현황, 다음으로 노동 산업에 미치는 영향, 마지막으로 인공지능으로 인한 변화에 적응하기 위해 필요한 노력을 살펴볼 것이다.

사회과학계열 1학년, 파라과이 유학생

2. 주제와 관련된 일상적인 일

일상적인 내용으로 이해하기 쉽게 시작하면, 흥미를 끌 수 있다.

인공지능의 개념 설명 전에 **이 장면을 먼저 상상해 보자. 당신이 외출할 때, 냉장고에서 "우유가 다 떨어질 때가 되었습니다. 지금 주문하시겠습니까?" 라고 말한다. 만약 당신이 원하면 냉장고는 정보를 확인하고 대신 주문해 주고 퇴근 후에 집에 배달된 우유를 받을 수 있을 것이다. 이 장면은 아마 가까운 미래에 실현될 수 있을 것이다. 이 밖에도 인공지능 기술은 청소를 해 주는 로봇, 로봇 축구, 집을 깨끗하게 유지하는 시스템 등 다양한 곳에서 사용되어 인간에게 편리함을 줄 수 있다.** 이렇게 인공지능 시스템을 이용한 스마트 시대를 위해서 우리는 미리 인공지능에 대해서 알아둘 필요가 있다. 본 보고서는 인공지능이 주는 사회적, 개인적인 영향을 살펴보고 이를 통해 미래의 인공지능 발전을 전망하고자 한다.

3. (통계)자료

- 설문조사, 통계자료를 인용하여 독자의 관심을 끌 수 있다.
- 적절한 자료를 사용하여 주제에 대한 현황을 전달할 수 있다.

2019년 문화체육관광부에서 남녀노소 1,000명을 대상으로 조사한 〈2019 국민 독서실태 조사〉 결과에 따르면 지난 1년간(2018년 10월 1일~2019년 9월 30일) 연간 독서율은 52.1%, 독서량은 6.1권으로 2017년보다 각각 7.8%, 2.2권 감소했다고 한다. 독서하는 사람들이 줄어드는 추세인 것이다. 현대는 경쟁이 심한 사회로 습관처럼 책을 읽지 않으면 다른 사람보다 하루만큼씩 떨어지게 될 것이다. 따라서 이 보고서에서는 특히 지식정보화 시대 대학생에게 더 필요해진 독서의 필요성과 방법에 대해 살펴보고자 한다.

4. 경험이나 일화를 소개

* 독자에게 흥미를 주기 위해서 내 경험이나 다른 사람의 경험을 쓸 수 있다.
* 너무 길지 않게 요점만 간단하게 쓴다.

> 필자는 얼마 전에 근시수술을 받았다. 의사가 메스로 근시를 떼어낼 줄 알고 두려움에 떨었고, 수술 전 기다리는 과정도 힘들었다. 그런데 수술은 40분만에 끝났고 알고 보니 스마트 레이저로 각막의 굴절 상태를 바꿨을 뿐이고 아주 안전하고 빨랐다. 이번 경험으로 인공지능은 의료 분야의 어떤 부문에 활용될 수 있을까 하는 궁금증이 증폭됐다. 중국전자학회(2020) 연구에 따르면 디지털 경제의 추진 아래 인공지능의 발전이 경제 혁신을 촉진하는 중요한 기술이 되었고, 인공지능과 의료 간의 연계가 더욱 긴밀해지고 갈수록 중시되고 있다고 하였다. 그렇다면, 인공지능은 의료 분야에서 어떻게 적용되고 있는가? 이 보고서는 인공지능은 의료 분야에서 적용 유형과 인공지능의 미래 방향에 대해서 알아보고자 한다.
>
> 인문과학계열 1학년, 중국 유학생

5. 시사적 사건, 사회적으로 관심이 높은 내용

* 많은 사람이 알고 있는 사회적 사건이나 상황으로 시작하면 독자의 관심을 집중시키기 좋다.
* 사건을 먼저 설명하고 주제와 관련해서 쓴다.

> 현재 자율주행 기술을 갖춘 자동차가 출시됐고 이 차를 운전하기 시작한 고객도 적지 않다. 인공지능, 사물인터넷 등 기술의 완비가 자율주행 기술 발전을 촉진함에 따라 많은 기업이 자율주행 기술에 대해 연구 투자를 늘리고 있다. 그렇지만 2018년 미국 애리조나에서 시범 자율주행을 하던 차에 치여 길을 가던 사람이 숨지는 사고가 발생했고, 자율주행으로 인한 교통사고가 빈발하고 있어 이 기술이 안전한지에 대한 논의를 불러일으키고 있다. 본 보고서에서는 자율주행 분야에서 인공지능의 기능에 대하여 구체적으로 소개하고 현재 자율주행차가 안고 있는 문제를 살펴보며 현 단계에서 자율주행 기술을 살펴보고자 한다.
>
> 인문과학계열 1학년, 중국 유학생

6. 속담, 유명한 사람의 명언

- 유명인이 한 명언, 사자성어, 속담 등은 독자가 관심을 가질 수 있다.
- 명언이나 속담은 잘 알려져 있기 때문에, 주제와 관련된 내용을 쉽게 전달할 수 있다.

　　"무용지용(無用之用)"은 언뜻 보기에 무용하다고 보이는 것이 실은 유용하다는 뜻의 사자성어이다. 이 의미처럼 세상에서 쓸모없는 것은 없다는 것을 잘 보여주는 것으로 바로 귤껍질이 있다. 귤을 소비하고 남은 귤껍질을 버리면 쓸모없는 쓰레기가 되지만 현명하게 이용한다면 값진 존재가 될 수 있다. 국내에서는 2018년 기준 60만 톤 이상이 생산되었고 1인당 과일 소비량 중 15.4kg으로 1위를 차지한다. 그만큼 배출되는 귤껍질의 양도 많다. 버려진 귤껍질을 활용할 수 있다면 환경오염도 줄이고 활용도 되는 일석이조의 효과를 거둘 수도 있다. 이번 과제의 주제가 생활 속에서의 과학인만큼 귤껍질의 구조와 성분에 따른 기능을 알아보고 실생활에서 활용할 수 있는 방안을 알아보고자 한다.

화학과 1학년, 한국 학생

[01~03] 다음 글을 읽고 질문에 대답하십시오.

여러분은 한 번이라도 인공지능 스피커를 들어본 적이 있거나 사용해 본 적이 있을 것이다. 인공지능 스피커는 음성 인식 시스템을 통하여 사용자의 명령을 인식하고, 정보를 수집하여 출력하는 스피커를 말한다.	→	(1)
인공지능이 발달함에 따라 최근 들어 인공지능 스피커가 등장하게 되면서 이를 이용하는 사람도 〈보기〉 증가하는 추세에 있다. 방송통신위원회의 '2020 방송매체 이용행태 조사'에 따르면 연도별 가구 음성인식 인공지능 기기(인공지능 스피커) 보유율은 2017년 0.4%, 2018년 3.1%, 2019년 6.0%, 2020년 10.3%로 크게 ㉠ _____ 또한 조규은 외(2018: 2)에 따르면 2016년 미국의 인공지능 스피커 판매량은 570만대로 2017년에는 2,450만대를 기록했다고 한다. 즉, ㉡ _____	→	(2)
이 보고서는 이처럼 국내외에서 사용이 증가하고 있는 인공지능 스피커의 장점을 알아보고 인공지능 스피커의 발전 전망에 대해 ㉢ _____	→	(3)

01 다음 보고서의 서론에 사용한 내용을 모두 고르십시오.

① 정의하기　　　　　　② 통계 자료

③ 연구의 필요성　　　　④ 주제와 관련된 일상적인 일

⑤ 사회적으로 관심이 높은 내용

02 이 보고서의 (1)~(3)에 적절한 소주제를 쓰십시오.

(1) _____

(2) _____

(3) _____

03 〈보기〉와 같이 ㉠~㉢에 알맞은 문장을 쓰십시오.

㉠ _____

㉡ _____

㉢ _____

서론 완성하기

04 다음 〈보기〉와 같이 서론을 완성하시오.

| 현황: 인공 지능 로봇 기술의 발전으로 일상 생활의 질을 개선
자료: 지능 로봇 연구원에서 2018년 조사한 〈지능 생활 로봇을 이용 추이 분석〉 스마트홈을 설치하는 가정이 92.3%, 청소로봇을 사용하는 가정 86.2%, 배려 로봇을 사용하는 가정은 46% 정도
목적: 인공지능 로봇이 일상생활에 가져온 서비스 소개 | → | 〈보기〉 최근 인공 지능 로봇의 기술이 발전함에 따라 우리 생활의 질을 개선하는 데 점점 더 중요한 역할을 하고 있다. 최근 지능 로봇 연구원에서 2018년에 조사한 〈지능 생활 로봇을 이용 추이 분석〉 결과에 따르면 스마트홈을 설치하는 가정이 92.3%, 청소로봇을 사용하는 가정은 86.2%를 차지하고 배려 로봇을 사용하는 가정은 46% 정도 나타나고 있다고 한다. 이 보고서에서는 인공 지능 로봇이 일상생활에 가져온 다양한 서비스를 살펴보고자 한다. |

①

| 현황 1: 한국의 여름 기온이 상승.
현황 2: 냉방제품의 전기를 많이 사용
문제점: 전기가 부족
목적 : 에너지 절약 방안을 소개 | → | |

②

| 현황 1: 전세계의 인구가 감소
현황 2: 인간을 대신하는 로봇이 발전
목적: 앞으로 로봇의 활용 방안 | → | |

③

| 문제점: 결혼하는 남녀의 비율 감소
현황: 서울통계(http://stat.seoul.go.kr/) 2019년의 조사 결과 '결혼이 필수적이다.'라고 응답한 남자는 60.1% 여자는 50.1%
필요성: 가족이 줄고 1인 가구가 늘면서 1인가구의 음식 문화에 대한 연구가 필요하다.
주제: 1인 가구의 식생활 현황 분석 | → | |

[01~03] 보고서를 준비합니다.

01 보고서의 주제와 제목을 쓰십시오.

주제	
제목	

02 주제에 대한 질문에 대답을 정리하십시오.

서론 준비 질문	주제와 관련해서 지금 어떤 상황인가?	
	보고서의 목적이 무엇인가?	
	본론에는 무슨 내용 (어떤 방법을 사용해서) 쓸 계획인가?	

03 배운 표현을 사용하여 주제를 잘 알 수 있도록 보고서의 서론을 쓰십시오.

Tip

주제와 관련된 현황 쓰기,
보고서의 목적 쓰기
연구 순서나 특별한 연구 방법이 있으면 쓰기

서론

[평가하기]

서론 내용을 확인한 후 아래의 질문에 ○, ×로 답하십시오.

	질문	대답
필수	주제와 목적이 있습니까?	
	현재의 상황이나 사실이 있습니까?	
	연구 순서나 방법이 있습니까?	
선택적 필요	주제와 관련된 이전의 연구가 있습니까?	
	개인 의견이나 경험이 있습니까?	
	필요성이나 문제 제기가 있습니까?	
	중요한 개념을 정의하고 있습니까?	
능력	필자가 쓸 수 있는 주제가 맞습니까?	
형식	서론이 1~2단락의 내용입니까?	

○의 개수를 확인하세요.

8~9개: 서론의 내용이 너무 많습니다. 필수 내용을 남기고 불필요한 내용을 확인하십시오.

5~7개: 적절한 서론으로 보입니다. 다음 본론의 내용을 준비하십시오.

3~4개: 서론의 내용이 조금 부족합니다. 필수적인 내용을 추가하십시오.

1~2개: 서론의 내용을 다시 쓰십시오. 주제에 대한 자료를 더 추가하십시오.

어휘와 표현

한국어	영어	중국어
마케팅	Marketing	营销
맺음말	Concluding remarks	结束语
머리말	Preface	序言
명언	Wise saying	名言
목차	Contents	目录
빅데이터	Big data	大数据
사자성어	Idiom	成语
서론(序論)	Introduction	序论
수집	Collection	收集
인식	Recognize	认识
일화	Anecdote	逸事
자율주행	Autonomous driving	自动驾驶
출력	Print	输出
통계	Statistics	统计
패러다임	Paradigm	范式

목차 만들기

• 목차, 차례는 보고서를 내용을 순서대로 정리한 것이다. 목차는 메뉴판으로 비유할 수 있다.

• 목차가 있어야 필자가 어떤 종류의 보고서인지 구체적으로 어떤 내용으로 썼는지 알 수 있다.

목차 번호 붙이기

• 보고서의 목차는 '서론-본론-결론'을 기본으로 하는데, '들어가는 말-(본론)-나가는 말', '머리말-(본론)-맺음말'을 사용하기도 한다.

• 목차는 체계적으로 사용하는 것이 중요하다. 글자 목차보다는 숫자 목차를 주로 사용한다.

• 번호를 정할 때는 하위 항목이 있어야 상위 항목이 필요하다. [예를 들어 3.1 하나만 있다면 번호 구분이 필요 없다]

문자	아라비아 숫자		로마 숫자	
장(章)	1, 2, 3으로 시작		Ⅰ, Ⅱ, Ⅲ으로 시작	
절(節)	1.1, 2.1, 3.1	1), 2), 3)	1, 2, 3	Ⅰ-1, Ⅱ-2, Ⅲ-3
항(項)	1.1.1, 1.1.2, 1.1.3	(1), (2), (3)	1), 2), 3)	1, 2, 3

↓

대학생의 소비현황	중국 사이버 폭력의 사회적 영향과 발생 원인	한국과 베트남의 음주 문화
제1장 서론 제2장 소비생활 개념 　제1절 수입 현황 　　제1항 용돈 　　제2항 월급 　제2절 지출 현황 　　제1항 식비 　　제2항 주거비 　　제3항 오락비 제3장 결론 　참고자료	1. 서론 2. 본론 　2.1 사이버 폭력의 개념 　2.2 사이버 폭력의 사례 및 사회적 영향 　　2.2.1 사이버 폭력의 사례 　　2.2.2 사회적 영향 　2.3 사이버 폭력의 원인 　2.4 해결 방안 3. 결론 　참고자료	Ⅰ. 들어가는 말 Ⅱ. 한국과 베트남 음주 문화의 특징 비교 　1. 성별 음주자 비율 　2. 선호하는 술 　3. 나이별 술 마시는 빈도와 장소 　4. 술 마시는 예절 Ⅲ. 나가는 말 참고자료

"
소문난 잔치에 먹을 것 없다
"

9과
본론 쓰기

학습 목표   보고서 본론의 구성 방식을 안다.
도표 인용 방법을 안다.
보고서 본론을 쓸 수 있다.

주제   공유경제

참고하기   표절

준비하기

01 공유자전거, 공유킥보드의 '공유'란 무엇입니까?

02 공유서비스의 장점과 단점은 무엇이 있습니까?

03 보고서의 본론에 무슨 내용이 필요합니까?

[01~02] 다음 글을 읽고 질문에 대답하십시오.

ㄱ 중국 전자상거래 연구센터의 「중국 공유경제 발전 보고서」에 의하면 1년간 중국 공유경제 시장 규모는 한화로 650조 원이라고 한다. 이는 전년 대비 76.4% 증가한 수치로, 공유경제 플랫폼에 서비스를 제공하는 사람의 수는 6,000만 명이고 직접 공유경제 플랫폼에 종사하는 인력도 585만 명에 이른다고 한다. 대표적인 기업으로 '디디추싱(滴滴出行)'과 '오포(ofo)'가 있다.

ㄴ 그렇다면 중국이 이토록 공유경제가 활성화될 수 있었던 이유는 무엇일까? 왜 중국에서는 오포와 디디추싱이 연간 조(兆) 단위의 출혈 경쟁을 벌였고, 지금도 하루가 멀다고 다양한 공유경제 기업들이 쏟아져 나오고 있는 것일까?

ㄷ 공유경제의 장점으로는 빌릴 수 있거나 공유할 수 있는 것 전부가 대상이 될 수 있다는 것이다. 자신이 소유하고 있는 여유 자원을 공유함으로 부수적인 수익 창출이 가능하고, 사용자는 자신에게 필요한 것을 저렴한 가격으로 사용할 수 있다. 예를 들어 차량 공유할 때 차량 공급자는 자신의 시간을 잘 활용해서 빌려줄 수 있고 차량을 공유한 사람은 싼 값에 필요한 차량을 사용할 수 있다. 한마디로 서로 상부상조하는 "WIN WIN" 체계가 된다. 공급자, 사용자 간의 직거래가 기반이 되면서 수요와 공급에 따라 시장에서 저절로 합리적인 비용이 결정되고 있다. 개개인의 거래와 협업 기회도 늘어나는 이점이 생기기도 한다.

ㄹ 하지만 중국 공유경제에는 법과 제도가 제대로 마련되지 않은 부분이 많다. 가장 큰 단점으로는 공급자가 얻은 수익에 대한 세금 부과 방법이 애매하고, 만약 공유경제를 통해서 제공받은 서비스에 대해서 불만족했을 경우의 해결방안 등이 제대로 제도화되지 않았다는 점이다. 낯선 사람과의 거래도 공유경제의 특성상 범죄에 악용될 수 있다는 위험성이 존재하고 있다. 그리고 공유경제는 기존의 경제 질서를 파괴할 수 있다고 한다.

영상학과 1학년, 중국 유학생

01 이 글의 주제는 무엇입니까?

02 이 글에서 각 단락에서 추가할 내용으로 알맞지 않은 것을 고르십시오.

① ㄱ 대표적인 기업에 대한 설명 내용

② ㄴ 질문에 대답하는 내용

③ ㄷ 공유경제의 정의에 대한 설명 내용

④ ㄹ 범죄에 악용된 사례에 대한 내용

⑤ ㄹ 정부와 국가 측면의 단점에 대한 설명 내용

본론의 특징

- 본론(本論, body)은 보고서에서 주제에 대한 내용이 포함된 부분이다.
- 본론은 서론에서 제시한 문제에 대한 대답, 주장에 대한 근거를 쓰면서 결론으로 가는 역할을 한다.

본론 쓰는 방법

- 객관적인 사실의 예시나 신뢰할 수 있는 자료를 포함해야 한다.

  [보고서는 자료를 바탕으로 하는 생각과 추측을 써야. 근거 없는 추측, 개인적 생각을 주로 쓰면 안됨]

- 주제에 대한 정보가 다양하고 충분해야 한다. [정보가 부족하면 이해도가 떨어짐]

- 자료의 출처, 근거가 확실해야 한다. [부족하면 신뢰도가 떨어짐]

- 필자, 독자의 관심과 흥미가 있어야 한다.

  [주변에 자주 볼 수 있는 것에 대한 새로운 정보, 관심 있는 내용에 대한 새로운 의견은 관심을 끌기 쉬움]

- 주제를 충분히 뒷받침 해야 한다. [처음 주제와 내용이 다르면 통일성, 일관성이 없음]

- 내 생각과 다른 생각도 살펴야 한다. [내 주장과 다른 의견도 추가해서 자신과의 차이를 설명]

본론의 구성 방식

1. 내용 나열 방식

- 보고서에서 가장 많이 사용된다. 정보를 체계적으로 제시한다.
- 순서가 필요한 주제라면 시간의 순서나 공간의 순서대로, 원인을 앞쪽에 제시했다면 결과 또는 해결방안을 뒤쪽에 쓴다.

내용 나열 방식
주제에 대한 정의/ 주요 개념: 다른 사람과 다르게 사용하는 개념이거나 전문영역인 경우 쉽게 설명
주제에 대한 발전과정/ 앞선 연구에서 대한 정리: 처음에 어떻게 시작되어서 현재 어디까지 발전했는지 (10장 이상 긴 보고서에서 포함할 수 있음)
주제에 대한 배경 정보: 얼마나 많고, 다양하고 등 주제와 관련된 부분에서 지금 현재의 상황을 제시
관련 정보: 사건에 대한 원인, 주제에 대한 이유를 분류하기나 분석하기의 방법으로 제시
주제 정보: 주제를 자세히 분석한 내용이나 주제와 가장 관련이 있는 중심 내용을 제시 (해결방안, 분석 등이 포함될 수 있음)

내용 나열 예시

분량 2~3장	분량 4~5장	분량 10장 이상
• 현황 • 방법, 정보 • 특징이나 분석	• **정의, 배경 정보:** 현황 • **주제 관련 정보:** 방법, 종류, 원인 • **관련 정보, 주제 정보:** 주제 문장과 관련이 있는 특징, 해결 방안	• **정의** • **배경 정보:** 역사, 현황 • **발전 과정** • **관련 정보:** 방법, 종류, 원인 • **주제 정보:** 영향, 특징, 분석 내용 • **해결 방안**, 전망

⇩ ⇩ ⇩

제목: 교통수단으로서 공유자전거의 특징 분석

1. 공유자전거 이용 현황
2. 공유자전거 발전 원인
3. 공유자전거의 특징

제목: 공유자전거가 교통체계에 미치는 영향

1. 공유자전거 이용 현황
 1) 사용자
 2) 사용 장소 및 시간
2. 공유자전거의 특징
3. 공유자전거가 교통체계에 미치는 영향 분석
 1) 일반 자전거와 비교
 2) 킥보드와 비교
 3) 자동차와 비교

제목: 공유 교통수단의 발전 전망 – 공유자전거를 중심으로

1. 공유 교통수단의 정의
2. 공유 교통수단 사용 현황
 1) 공유자전거
 2) 공유킥보드
 3) 공유자동차
3. 공유 교통수단의 발전 과정
 1) 공유자전거
 2) 공유킥보드
 3) 공유자동차
4. 공유 교통수단이 교통체계에 미치는 영향
5. 자전거의 발전 전망

2. 논증 방식 본론 예시

본론에서 주장에 대한 근거를 제시하여 독자를 설득시키거나 생각을 변화시키는 것이 목적이다.

분량 2~3장	분량 4~5장	분량 10장 이상
• 현황 • 문제제기 • 문제에 대한 주장이나 근거	• **배경 정보:** 역사, 발전 과정, 현황 • **주제 관련 정보:** 방법, 종류, 원인 • **주제 정보:** 주제와 관련이 있는 근거, 영향, 분석 내용	• **배경 정보:** 역사, 발전 과정, 현황 • **주제 정보:** 영향, 특징, 분석 내용 • **문제 해명:** 문제점, 논란 • **구체적 주장:** 근거 자료, 해명 자료 제시

3. 분석(실험) 방식 본론 예시

어떤 대상을 실험하거나 조사한 내용을 객관적으로 정리한다. 다른 사람이 실험할 수 있도록 작업 과정과 결과를 자세히 쓴다.

일반적으로 IMRD 방법을 사용한다.

IMRD방식
이론(Introduction): 문제제기, 연구배경, 이전의 연구에 대한 검토
시약 및 기구(Materials): 분석이나 실험에 사용한 기구, 장비 등을 구체적으로 제시
실험방법(Method): (동일한 실험을 할 수 있도록) 실험 조건과 방법, 자료 수집 방법에 대해 정확하게 설명
결과(Result): 실험의 결과에 이르는 과정과 결과를 요약하여 자세히 설명, 결과를 표, 도표 등을 이용해 시사적으로 전달
토의(Discussion & Conclusions): 결과에서 나타난 특징, 처음 계획과 달라진 점, 실수를 줄일 수 있는 방법을 토론하여 그 결과를 정리

본론의 문장 표현

1. 단락과 문장 연결에 필요한 표현 2

- [강조] 특히, 무엇보다, A뿐만 아니라 B, A가 아니라 B

  예) B형에게는 **무엇보다** 자존심이 중요하다고 한다.

  이 보고서에서는 혈액형과 성격**뿐만 아니라** 혈액형별 인간관계를 분석하고 있다.

- [지시] 앞서 살펴본 대로, 이러한 점에서 볼 때, 이에 따르면, 이와 마찬가지로

  예) 통계청의 양태영 연구원은 혈액형 분석 보고서를 2021년 발표했다. **이 보고서에 따르면** 한국인은 혈액형 분포는 A형 34%, O형 28%, B형 27%, AB형 11%라고 한다. …… **앞서 살펴본대로** 양태영 연구원은 혈액형과 성격은 상관관계를 찾을 수 없다고 한다.

- [정리, 요약] 요약하면, 요약하자면, 다시 말하면, 요컨대

  예) 혈액형별 성격에 대해 **요약하자면** 항원과 항체에 따라서 성격이 달라진다는 것이다.

2. 완곡한 표현

근거가 확실하지 않은 경우, 문제를 지적할 때 단정적인 표현을 피한다.

예1) 인공지능 로봇이 인간을 대신한다. ⇨	인공지능 로봇이 인간을 대신하는 경향이 나타나고 있다.
예2) 교통은 주민들의 외출을 위해 더욱 편리한 방식을 제공해야 한다. ⇨	교통은 주민들의 외출을 위해 더욱 편리한 방식을 제공해야 할 것으로 보인다.
예3) 노동력 부족이 큰 문제이다. ⇨	노동력이 부족하다는 문제점이 나타나고 있다

도표, 그래프, 설문조사 인용 방법

보고서는 독자가 신뢰하고, 쉽게 이해할 수 있도록 설문조사나 도표 등을 통계자료를 활용한다.

① 누가(조사기관)	20대연구소
② 무엇을(조사명)	20대의 소비생활
③ 언제(조사시기)	2020년 05.12～08.11
④ 어디서(장소)	수도권
⑤ 누구에게(표본)	대학생, 직장인 20대 36명
⑥ −을 했다	1:1 인터뷰

이정 일보

경기도 하남시 조정대로 ○○○　　www.korea.com

"대학생은 월평균 지출 882,759원, 직장인은 1,732,462원이고 전체 평균은 1,307,611원이고 월평균 지출횟수가 대학생은 56회, 직장인은 65회이고 전체 평균은 61회로 나타났다고 한다. 1회 지출액은 대학생은 17,107원, 직장인은 33,137원이고 1회 평균은 25,122원으로 나타났다고 한다."

자료

조사
개요 …

① 20대연구소에서는 ②20대의 소비생활에 대해 ③2020년05.12～08.11까지 ④수도권의
　　누가　　　　　　　무엇을　　　　　　　　　　언제　　　　　　　어디서

자료
설명

⑤대학생과 직장인 20대 36명에게 ⑥1:1 인터뷰로 조사했다. 조사결과 대학생은 월지출액이…〈생략〉
　　누구에게　　　　　　　　방법　　　　　　　인용한 자료 설명

인용한
자료에 대한
정리/해석/의견

나타났다고 한다. 이 결과에서 대학생은 평균 89만원, 직장인은 두 배 정도인 170만원을 지출하는 것을 알 수 있다.

01 다음 조사 내용을 보고 인용하십시오.

조사기관	5조
조사명	선호하는 옷 색깔
조사시기	5월 1일～2일
장소	인터넷
표본	20대 친구 30명
방법	구글 설문
결과	검은색 45%, 빨간색 25%, 파란색 20%, 하얀색 10%

⇨

5조에서는 ① ＿＿＿＿＿＿＿＿＿

＿＿＿＿＿＿＿＿＿＿＿＿구글 설문으

로 조사를 실시했다. 조사 결과 ② ＿＿＿＿

＿＿＿＿＿＿＿＿＿＿＿＿＿＿

검은색이 1위를 차지했다.

01 다음 자료를 인용하여 완성하십시오.

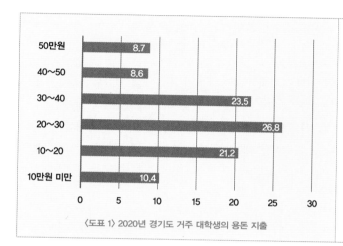

50만원	8.7
40~50	8.6
30~40	23.5
20~30	26.8
10~20	21.2
10만원 미만	10.4

〈도표 1〉 2020년 경기도 거주 대학생의 용돈 지출

• 조사기관: 경기도청
• 조사명: 대학생의 용돈 지출
• 조사시기: 2020년
• 장소: 경기도
• 표본: 대학생 896명
• –을 했다: 설문조사

⇩

현재 대학생의 소비 생활을 알기 위해서 가장 많은 인구를 가진 경기도의 보고서를 살펴보았다.
① _____ 설문 조사한 용돈 지출 보고서를 살펴보았다. 한달 용돈
이 ② _____(으)로 가장 많았고, 다음 30~40만원이 23.5%, ③ ___
_____ 순으로 나타났다. 10만원 미만이 10.4% 그 외에 50만원 이상
이 8.7%, 40~50만원이 8.6%로 비슷하게 나타났다. ④ _____
_____.

02 〈보기〉와 같이 알맞은 말을 골라서 쓰십시오.

〈보기〉 것을 말한다   다음과 같다   178억 위안으로   102억 위안인   에 의하면

　　　　증가했다   것을 알 수 있다   전망된다고 하였다   자료를 통해서

중국의 자전거 공유서비스란 기업이 자전거 자원을 학교캠퍼스, 지하철, 정류장, 주거지역, 상업지역 등에 일정한 이용료를 지불하게 하고 공동으로 이용하는 〈보기〉 <u>것을 말한다.</u> 중국중상산업연구(中国中商产业研究院)의 2018년 〈중국 자전거 공유서비스 시장 규모 조사〉 ① [　　　　　　] 자전거 공유서비스는 환경오염을 감소시키고 짧은 거리를 이동하는데 편리함을 제공함으로써 2014년 이후 폭발적으로 성장했다고 한다. 2016-2020년 중국 자전거 공유서비스 시장 규모조사 표를 인용하면 ② [　　　　　　]

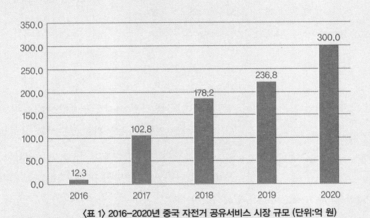

〈표 1〉 2016-2020년 중국 자전거 공유서비스 시장 규모 (단위:억 원)

〈표 1〉에서 중국중상산업연구에서 2016-2020년 중국 자전거 공유서비스 시장 규모 조사를 보면, 2017년 기준 ③ [　　　　] 자전거 공유서비스 시장 규모는 2018년 ④ [　　　　] 73.3% ⑤ [　　　　]. 2020년 말 300억 위안을 넘어설 것으로 ⑥ [　　　　]. ⑦ [　　　　] 자전거 공유서비스는 최근 들어 공유경제 가운데 가장 폭발적으로 성장하고 있는 산업이라는 ⑧ [　　　　]

사회과학계열 1학년, 중국인 유학생

2. 본론

2.2 공유킥보드가 사회에 미치는 부정적인 영향과 해결방안

소주제만 있고 뒷받침 내용이 부족함

　　공유킥보드의 빠른 발전에 따라 관리가 어렵기 때문에 문제점도 〈보기〉점점 더 드러나고 있다. 지금부터 공유킥보드가 미치는 부정적인 영향을 ① 소개할 것이다. 첫째, 공유킥보드는 돌보는 사람이 없어서 인위적으로 손상되거나 ② 훔치는 경우가 일어나고 있다. ㉠[자료 추가]

　　둘째, 공공킥보드를 함부로 주차하는 상황도 심각해지고 있다. ㉡ [내용 추가] KBS 뉴스에서 "실상은 허술한 시스템 속에 킥보드의가 도시 미관을 해치고 오히려 주민 통행을 방해하는 부작용을 초래하고 있다."고 ③ 제시하고 있다. 그리고 공유킥보드를 편리하게 사용하기 위해 개인용품처럼 자기 집 앞에 세워 놓는 사람도 있다. ㉢ [자료 추가]

　　이런 문제를 해결하기 위해서는 개인, 기업과 정부의 상호작용이 필요하다. 우선, 개인으로서 공유킥보드를 이용할 때 자각적으로 이용 규칙을 준수해야 한다. ㉣[자료 추가] 그리고 기업으로서 공유 킥보드에 맞는 실시간 모니터링 기술을 개발해야 한다. 마지막으로 정부로서는 관련 제도를 제정하고 강화해야 한다 ㉤ [자료 추가]

영상학과 1학년, 중국 유학생

03 구체적인 내용으로 쓸 수 있도록 〈보기〉와 같이 ①~③을 고쳐서 쓰십시오.

〈보기〉 점점 더 드러나고 있다 ⇨ 나타나고 있다.

　　① 소개할 것이다 　　　　　　　　⇨ _____

　　② 훔치는 경우가 일어나고 있다 　⇨ _____

　　③ 제시하고 있다 　　　　　　　　⇨ _____

04 추가할 자료로 알맞지 <u>않은</u> 것을 고르십시오.

　　㉠ [자료 추가]: 얼마나 훼손되고 도난당하는지 근거 자료

　　㉡ [내용 추가]: 정확한 출처표기 자료

　　㉢ [자료 추가]: 개인용품화에 대한 사례

　　㉣ [자료 추가]: 이용규칙 준수를 위한 방법 자료나 설명

　　㉤ [자료 추가]: 어떤 관련 제도가 있으며 어떻게 강화해야 하는지 설명

본론 쓰기

※ 보고서를 준비합니다.

01 보고서의 제목을 쓰고, 주제가 잘 나타난 단락을 아래에 정리하십시오.

제목

본론 단락

자료 출처

[평가하기]

본론을 아래의 사항으로 평가하십시오.

	부족하다	조금 있다	보통이다	잘했다	아주 잘했다
1) 주제에 대해서 알 수 있다.					
2) 전문적인 정보가 충분하다.					
3) 주제에 대한 근거 자료가 있다.					
4) 단락의 소주제를 알 수 있다.					
5) 주제에 대한 필자의 의견을 알 수 있다.					

어휘와 표현

한국어	영어	중국어
강화	Enforce	强化
공유	Share	共享经济
노동력	Labor force	劳力
단정적	Conclusive	断定的
도난	Theft	被盗
도표	Chart	图表
미관을 해치다	Spoil the aesthetics	败坏美观
본론(本論)	Body	本论
부작용을 초래하다	Cause side effects	引起副作用
손상	Damage	损伤
실시간 모니터링 기술	Real-time monitoring technology	实时监控技术
예능 프로그램	Entertainment program	综艺节目
완곡하다	Euphemism	委婉
이용료	Fee	使用费
장애	Obstacle	障碍
제정	Enactment	祭奠基
킥보드	Kickboard	滑板车
폭발적	Explosive	爆发性的
표본	Specimen, Example	样品
훼손	Damage	损毁

표절[plagiarism, 剽竊]

- 자신의 글(사진, 그림, 작품)에 남의 자료를 가지고 와서 사용하면서 출처를 쓰지 않은 것이다.
- 다른 사람의 아이디어, 표현, 그림, 표, 사진 등을 자기 것처럼 사용하면 법에 문제가 될 수 있다.
- 보고서는 자료가 같거나 비슷한 것을 사용하는 경우 표절로 오해될 수 있다.

표절 검사 프로그램

대학 보고서를 쓰다가 실수로 표절을 할 수 있다. 대학에서는 이를 방지하기 위해 다음과 같은 표절 검사 프로그램을 사용하고 있다. 대학생도 자기 보고서가 표절하지 않았는지 확인할 수 있다.

카피킬러 표절 검사 https://www.corykiller.com/

10과
결론 쓰기

학습 목표 서론과 결론의 차이를 안다.

결론을 구성할 수 있다.

주제 유행문화

참고하기 맞춤법, 문법 검사기

[01~10] 다음은 요즘 대학생들이 사용하는 단어입니다. 뜻을 쓰십시오.

신조어 탐구 영역
(신입생형)

성명	왕리	학번	2 0 2 0 - 2 0 2 1

> ※ 대학 신조어를 잘 아는지 확인하고 싶으면 뜻을 쓰십시오.

1. 아아:	6. 안습:
2. 버카충:	7. 슬세권:
3. 시조새:	8. 스카:
4. 연서복:	9. 중도:
5. 우주공강:	10. 최애:

11 대학생들이 이런 표현을 사용하는 이유는 무엇입니까?

참고

유행어: 비교적 짧은 시기에 여러 사람의 입에 오르내리는 단어나 구절. 신어의 한 종류, 신기한 느낌이나 문화를 풍자하기도 한다.

신조어: 새로 생긴말. '신어'라고도 부른다. 새로 만들어져서 오랫동안 사용되기도 하고 짧은 시간 사용되다가 사라지기도 한다.

준말: 원래의 단어보다 간략하게 줄여서 사용하는 말이다. '줄임말'이라고도 한다.

은어: 어떤 집단의 사람들이 다른 사람이 알아듣지 못하도록 자기들끼리 사용하는 말이다.

[01~03] 다음 글을 읽고 질문에 대답하십시오.

　　지금까지 20대의 언어생활과 그 특징을 조사해 보았다. 20대는 오프라인만큼이나 많은 인간 관계가 온라인에서 이루어지고 있다. SNS의 급속한 발전으로 시간, 공간적 제약으로부터 자유롭게 되면서　여러 사람과 동시에 대화가 가능해졌고, 불특정 다수에게 자신의 경험이나 생각을 표현하고 의견을 나눌 수도 있게 되었다. 하지만 이러한 변화는 언어에 영향을 끼쳤다. 20대들은 빠른 소통을 위해 줄임말 사용이 늘어났으며, 활동하는 커뮤니티 사이트에 따라 다른 은어를 사용하기도 한다. 같은 커뮤니티를 공유하는 이용자들 간의 은어는 친한 감정과 소속감을 줄 수 있으나 외부 이용자들에게는 소외감과 단절감을 느끼게 만들었다. 이러한 언어활동은 온라인뿐만 아니라 오프라인에서도 사용되어 언어생활에 변화를 주고 있다. 많은 20대들이 출처 불명의 단어와 의미가 왜곡된 단어, 여러 외래어의 무분별한 합성을 일상에서 거리낌 없이 이용하게 되면서 세대 간의 소통이 어려워졌으며 심지어 같은 또래 집단 내에서도 서로 정확하게 의사소통하지 못하는 일이 늘어났다.

　　의사소통은 상대와 생각을 나눌 수 있게 하고 상대가 쓰는 말로 그 사람을 판단하기도 한다. 20대는 만나는 사람이 다양해지고 사회 활동도 넓어지게 된다. 이러한 시기에 은어와 비속어를 자주 사용하는 것은 소통의 단절을 초래하고 깊이 있는 대화를 불가능하게 한다. 이를 해결하기 위해 온라인상에서 기본적인 맞춤법과 띄어쓰기에 관심을 가져야 한다. 표준 문법과 올바른 단어 사용은 상대방의 이해를 높일 뿐 아니라 개인의 지식 수준을 잘 보여줄 수 있기 때문이다.

　　언어는 이용자의 수준과 생활을 알 수 있도록 한다. 20대의 언어가 은어와 비속어로 오염되지 않기 위해서라도 우리는 지금의 언어 생활에 대해 경각심을 가지고 올바른 언어를 사용할 수 있도록 해야 한다.

01　이 보고서의 주제는 무엇입니까?

02　20대가 은어를 사용하는 이유는 무엇입니까?

03　이 글에서 볼 수 있는 내용은 무엇입니까? 모두 고르십시오.

　　① 연구 주제　　　　　　② 전망　　　　　　③ 제언
　　④ 연구 결과　　　　　　⑤ 주장

결론의 특징

- 결론(結論, conclusion)은 주요 내용을 정리한 마지막 부분이다. 서론에서 출발한 주제가 본론에서 진행되고 마지막에 도착하는 곳이다.
- 결론은 독자의 기억에 남을 수 있도록 내용을 잘 정리하고 강조해야 한다. 새로운 내용을 추가하면 안된다.
- 결론은 전체 글의 5~10% 정도로 쓰는 것이 좋다.

결론의 구성

	개념
주제 요약	• 독자가 기억하고 이해를 확인하게 앞의 내용을 요약하고 정리한 문제에 대한 해결 방법을 제시 • 결론만 읽어도 주제를 알 수 있도록 목적과 내용을 정리
전망 및 제언	• 전망: 이 주제가 미래에 어떤 가치가 있는지, 이 주제를 활용할 수 있는 방법은 무엇인지, 앞으로 어떤 일이 생길지 주제의 미래에 대한 추측 • 한계: 보고서를 쓰면서 하지 못한 것, 아쉬운 것 • 제언: 앞으로 계획, 보고서의 결과를 활용할 수 있는 방법이나 다음에 연구에서 추가할 수 있는 부분
강조	• 중요한 내용 다시 강조

서론과 결론 비교

	서론의 예		결론의 예
현황	필자가 나이 많은 어른들과 대화할 때 어색한 이유가 유행어나 은어의 사용 때문이라는 것을 알게 되었다. 주위 대학생들은 유행어나 은어를 사용하지 않고는 대화를 할 수 없을 정도이다.	요약	지금까지 대학생의 언어생활로 유행어, 은어 신조어의 특징에 대하여 살펴보았다.
주제	대학생이 일상생활에서 사용하는 신조어인 유행어, 은어의 특징에 대하여 알아본다.	결과	대학생이 사용하는 이런 언어 때문에 세대 간의 의사소통이 어려워지고 있다는 것을 파악하였다.
이유	대학생 언어의 특징 때문에 다른 세대들과 의사소통을 제대로 할 수 있는가? 하는 의문이 생겼다.	결과 요약	대학생 50명의 설문조사 결과 대학생의 언어생활에서 신어의 잦은 사용, 알 수 없는 은어의 사용, 줄임말 등을 볼 수 있었다. 은어를 사용하는 이유 1위는 친구들과 재미를 위해서 2위는 간편하기 때문이라고 답했다. 의사소통에 문제가 될 것이다에 대해서는 1위는 가끔 생각해 본 적이 있다. 2위는 생각해 본 적이 없다고 답했다.
방법	주위 대학생 50명에게 설문조사를 실시했다. 대학생 언어생활의 특징을 살펴볼 것이다.	전망	대학생들만의 언어를 직장생활이나 어른들과 대화할 때 사용하면 의사소통에 문제가 될 수 있다.
		제언	앞으로의 대학생들의 자각과 함께 대학교육에서 언어생활을 개선하기 위한 연구가 필요하리라고 생각된다.

1. 시제

서론의 예	결론의 예
예1) 어휘 중심 문화 교육 방법을 살펴보고자 한다.	지금까지 어휘(중심 문화) 교육 방법을 살펴보았다.
예2) 비속어와 은어를 사용하지 않도록 적절한 방법을 제시하고자 한다.	비속어나 은어를 사용하지 않도록 적절한 방법을 검토하였다.

2. 같은 의미 다른 표현

서론이나 본론에서 쓴 내용을 결론에서 다시 정리할 때 사용한다.

서론의 예	결론의 예
예1) 언어와 문화는 뗄레야 뗄 수 없는 관계이다.	언어와 문화는 불가분의 관계이다.
예2) 이 연구에서는 서울의 4년제 대학교 대학생에게 실시한 설문조사 결과를 바탕으로 대학생의 언어생활을 분석하는 데에 목적을 둔다.	이 연구는 서울 소재 대학교 학생들에게 실시한 설문조사 결과를 분석하여 대학생의 언어생활을 분석하는 것이 목적이었다.
예3) 필자는 대학생의 언어생활을 분석하기 위하여 설문조사와 인터뷰를 하고자 한다.	이 연구에서는 설문조사 결과로 대학생의 언어생활을 분석하였고, 인터뷰도 함께 실시하였다.

01 〈보기〉와 같이 결론에 알맞은 문장으로 바꾸십시오.

서론		결론
20대의 언어생활을 조사하기 위하여 남녀 대학생 40명과 인터뷰를 할 것이다.	→	〈보기〉 20대의 언어생활을 알아보기 위하여 남녀 대학생 각 20명을 만나서 조사를 진행하였다.
1) 본 보고서는 외국어로서 한국어 학습자들이 띄어쓰기에서 실수하는 원인에 대해 살펴볼 것이다.	→	
2) 이 연구는 한국어 학습에 교사, 교재, 학습자, 환경, 요인이 어떤 영향이 있는지 살펴보고자 한다.	→	
3) 이 보고서는 한국인이 의사소통 할 때 사용하는 몸짓언어에 대해서 알아보고, 이를 바탕으로 상황에 맞는 적절한 몸짓언어를 살펴보는데 그 목적이 있다.	→	

3. 질문과 대답, 문제점과 해결방식

서론의 예	결론의 예
예1) 여러분은 방송언어가 대학생의 언어 생활에 어떤 영향을 준다고 생각하는가?	방송언어가 대학생의 언어생활에 비속어나 표준어가 아닌 말을 사용하도록 나쁜 영향을 주고 있었다.
예2) 남성과 여성이 표현하는 언어가 같은지 다른지 알아보고자 한다.	표현하는 언어의 형식이 남성과 여성에 따라 다르게 나타났다.

결론의 문장 표현

1. 주제 제시

이제까지 지금까지	–을/를 –에 관하여/대하여	살펴보았다 볼 수 있었다
	–을/를	–(으)로 파악하였다
이 보고서는 본 보고서에서는 본 연구에서는	–을/를	분석하였다 검토하였다
	–하는 데에 –을/를 –에 대해(서) –에 대한	목적이 있었다 살펴보고자 하였다

예) **지금까지** 대학생의 봉사 활동 실태를 **살펴보았다.**

　　이제까지 대학생 봉사활동 실태를 **분석하였다.**

2. 요약

본고의 논의를 앞서 내용을	정리하면 종합하면	다음과 같다

예) 이 보고서의 논의를 종합하면 **다음과 같다.** 20대는 여러 가지 이유로 은어를 사용하고 있었다.

3. 전망

앞으로 이후 향후	–(으)로 –을 것으로	전망된다, 기대된다 보인다, 발전할 수 있을 것이다

예) 대학생의 봉사활동은 **이후** 취업에 도움이 될 수 **있을 것으로 기대된다.**

　　향후 인간의 편리한 생활을 위한 로봇이 더욱 **발전할 수 있을 것이다.**

4. 제언

-기 위해서	-(으)로	필요하다 요구된다 제안한다
-을/를 고려해 볼 때	(앞으로) -한 연구가	이루어져야 한다 필요하다

예) 언어 생활에 대해서 더 자세히 알**기 위해** 앞으로 10대부터 50대까지의 언어 생활에 대한 조사가 **요구된다.**

미래 직업의 변화에 따라서 취업을 하기 위해서는 다음과 같은 전략이 **필요하다.**

02 〈보기〉와 같이 결론에 알맞은 표현으로 바꾸십시오.

> 〈보기〉 여기서 로봇의 활용 방안을 설명했다.
> ⇨ **지금까지 이 보고서에서는** 로봇의 활용 방안**에 대해 살펴보았다.**

① 아시다시피 문화가 발전하는 것과 경제가 발전하는 것은 서로 영향을 미치는 것이다.

⇨ _____

② 만약에 커피숍을 만들 때도 콜롬비아 스타일로 만들면 더 많은 고객을 끌 수 있을 것 같다고 생각한다.

⇨ _____

③ 은어와 신조어의 사용은 미래에 20대의 의사소통에 문제가 된다.

⇨ _____

03 〈보기〉에서 알맞은 표현을 골라서 결론을 완성하십시오.

〈보기〉 살펴보다	여기까지	지금까지	검토하다
이로 인해서	문제가 되다	앞으로도	될 수 있다

① [　　　　　　　　] 이 보고서에서는 자율주행 자동차의 현황과 장단점에 대해 〈보기〉살펴보았다. 그리고 자율주행 자동차에 대한 문제점을 ② [　　　　　　　]. 현재 주목을 받고 있는 자율주행 자동차는 무인 운행이 가능한 단계이다. ③ [　　　　　　　] 운전에 서툴거나 피곤한 사람이 편해질 수 있고, 24시간 물류의 운송이 가능하다는 장점도 있지만 기술의 부족으로 인해 교통사고 발생할 가능성도 있고, 교통사고가 발생했을 때 누가 책임을 지는지도 ④ [　　　　　　　]. 그렇지만 처음 자동차가 발명되었을 때도 익숙하지 않은 기술로 인해서 많은 사고가 났지만 지금은 우리의 일상을 편리하게 한 것처럼 ⑤ [　　　　　　　]인공지능 기술이 계속 발달한다면 자율주행은 미래 교통방식이 ⑥ [　　　　　　　].

04 다음 중 알맞은 결론의 순서를 고르십시오.

ㄱ 지금까지 인터넷 유행어의 특징과 그 영향에 대해서 논의하였다.

ㄴ 앞서 본론에서 살펴본 것처럼 유행어는 불안정성이 강해서 부정적인 영향을 더 쉽게 끼칠 수 있다.

ㄷ 이 보고서는 실제 얼마나 유행어를 일상에서 사용하는지 미처 살펴보지 못하였다.

ㄹ 인터넷 유행어의 사용은 긍정적인 영향도 가져 왔기에 무조건의 금지하는 것보다는 남용을 자제하는 것이 마땅하다고 본다.

ㅁ 그러므로, 유행어의 남용은 지극히 중시해야 할 만한 문제라고 생각한다.

ㅂ 모든 국민이 함께 의사소통 할 수 있는 표준어는 중요하다.

ㅅ 따라서 유행어의 남용은 모든 사람의 노력으로 자제해야 한다고 본다.

ㅇ 앞으로 인터넷 유행어에 대해 관심을 갖고 더 많은 연구가 필요하다고 본다.

① ㅂ-ㅁ-ㄱ-ㄴ-ㄷ-ㅇ-ㄹ-ㅅ

② ㄷ-ㅂ-ㅅ-ㅇ-ㄴ-ㄱ-ㄹ-ㅁ

③ ㄱ-ㅂ-ㅅ-ㄹ-ㄴ-ㅁ-ㄷ-ㅇ

④ ㄱ-ㄴ-ㅅ-ㅂ-ㅁ-ㄹ-ㄷ-ㅇ

01 다음 보고서의 서론을 보고 〈보기〉와 같이 알맞은 표현을 골라 써서 결론을 완성하십시오.

〈보기〉 이제까지   지금까지   반면에   살펴보았다
        조사되었다   앞으로   볼 수 있어야 한다

서론

  먹방(mukbang)은 '먹는 방송'을 줄여 이르는 말로, 출연자들이 음식을 먹는 모습을 주로 보여 주는 방송 프로그램이라는 뜻이다. 먹방은 2009년 한국 인터넷 방송에서 시작되었고 머지않아 이 열풍이 전 세계로 번지게 되었다. 단어 'mukbang'은 이미 먹방의 영어 음역으로 생기는 고유명사가 되었다. 유튜브에서 'mukbang'을 입력하면 여러 나라의 먹방 유튜버(youtuber, 유튜브 동영상 제공자)의 먹는 방송이 엄청나게 많다. 그 중에 한국 먹방의 조회수가 상위권이다. 이 점에서 보면 지금도 한국 먹방의 인기는 식지 않고 계속 되고 있다. 특히 체중 관리를 할 때 먹방을 보는 것을 통해 대리 만족하는 여성들이 많다.

  하지만 요즘 먹방 때문에 위장 질환 환자가 급증한다는 기사를 본 적이 있다. 먹방은 시청자에게 어떤 영향을 가져올까? 이 보고서는 먹방의 긍정적인 측면과 부정적인 측면을 함께 살펴보고 먹방에 대해 정확하게 인식하는 것을 목적으로 한다.

결론

  〈보기〉① 지금까지 먹방 프로그램이 유행하는 원인과 먹는 방송의 인기 이유와 시청자들에게 미치는 영향을 ② _____ 그 결과 설문조사에서 먹방의 유행 원인은 일상과 밀접한 관련이 있고, 쉽게 먹을 수 없는 음식을 먹어 대리만족을 느낀다는 것으로 ③ _____ 긍정적인 영향으로 혼자 밥 먹을 때 덜 외롭다는 점도 있었다. ④ _____ 부정적인 면은 먹방으로 자극을 받아 야식, 과식, 폭식으로 연결되어 성인병의 위험이 높아지기도 했다. 또 지나치게 많은 청소년들이 먹방 유튜버가 되고 싶어하기도 했다. 그러므로 ⑤ _____ 우리는 먹방은 우리에게 어떤 영향을 주는지를 정확히 인식해야 하고 자신의 상황을 잘 알고 먹방 프로그램을 적당히 ⑥ _____ .

Tip
대학생 보고서 예시 230쪽
〈한국에서 먹는 방송 프로그램이 유행하는 원인과 시청자에게 미치는 영향에 대한 분석〉

02 다음 결론의 ①, ②에 알맞은 말을 추가하십시오.

> 지금까지 한국 길거리 음식의 특징과 관광객에게 미치는 영향에 대해 외국인 관광객 148명에게 실시한 설문조사를 바탕으로 살펴보았다. 본고의 논의를 요약하면 다음과 같다. 길거리 음식은 우리가 쉽게 접하고 있는 유행하는 음식문화 중 하나이다. 한국 길거리 음식은 한국의 문화적 특징이 나타나며 외국인 관광객들이 제일 먼저 찾게 되는 1위 음식이었다. 이 음식은 대중 문화의 매력을 제공하는 훌륭한 관광 자원이다. 그렇지만 달고, 맵고 짜고 너무 자극적이고 길거리 환경에서 위생 문제가 자주 발생한다. 또한 외국인 관광객 설문에서 길거리 음식에 대한 정보는 1위가 오가는 길에서 68.6%, 주위 사람에게 44.6%, 안내책자 10.1% 순으로 나타난 것으로 볼 때 ① _____ 판매가 필요하다. 앞으로 ② _____ 요구된다.

03 다음 내용으로 결론을 쓰십시오.

> 주제: 한국의 홈카페 문화 유행
> 정리: 집에서 많이 만들어 먹는 커피 음료?
> 　　　1위 카페 라떼, 2위 아메리카노, 3위 에이드
> 　　　홈카페를 만드는 이유?
> 　　　1위는 재미있다, 2위 본인의 취향에 맞춰서 마실 수 있다,
> 　　　3위 코로나로 집 밖에 나갈 수 없어서 집 안에서 안전하게 즐길 수 있다.
> 전망: 앞으로 홈카페 유행의 계속

[01-03] 보고서를 준비합니다.

01 준비하고 있는 보고서의 제목을 쓰십시오.

제목	

02 주제에 대한 질문에 대답을 정리하십시오.

결론 준비 질문	보고서의 목적이 무엇인가?	
	보고서의 주제가 무엇인가?	
	본론의 주요 내용은 무엇인가?	
	주제에 대한 전망 (제언)은 무엇인가?	

03 보고서의 결론을 배운 표현을 사용하여 주제를 잘 알 수 있도록 쓰십시오.

결론

> **Tip**
> 보고서의 주제와 목적을 쓰기
> 본론의 중요 내용을 요약해서 정리하기
> 주제와 관련된 전망이나 제언을 쓰기

[평가하기]

1. 결론을 쓴 후 아래의 질문에 ○, ×로 답하십시오.

	질문	대답
필수	주제와 목적이 있습니까?	
	주요 내용 요약이 있습니까?	
	전망이나 제언이 있습니까?	
선택적 필요	문제점에 대한 해결방법이 있습니까?	
	후속 연구에 대한 내용이 있습니까?	
분량	결론의 내용이 전체 보고서의 5~10% 정도입니까?	
형식	결론이 1~2단락 정도입니까?	

○의 개수를 확인하세요

7개: 내용이 너무 많습니다. 필수 내용을 남기고 불필요한 내용을 확인하십시오.

5~6개: 적절한 결론으로 보입니다. 서론과 내용이 맞는지 확인하십시오.

3~4개: 결론의 내용이 조금 부족합니다. 필수적인 내용을 추가하십시오.

1~2개: 결론의 내용을 확인 후 다시 쓰십시오.

어휘와 표현

한국어	영어	중국어
결론(結論)	Conclusion	结论
개념	Concept	概念
검토하다	Examine	检讨
경각심	Alertness	警惕性
남용하다	Abuse	滥用
논의	Argument	议论
단절	Disconnection	断绝
또래	Peer	同龄人
맞춤법	Grammar	拼写法
무분별하다	Indiscreet	莽撞
불안정성	Instability	不稳定性
비속어	Slang	俚语
소외	Isolation	疏远
신조어	Neologism	新词
왜곡되다	Be distorted	歪曲
요약	Summary	摘要
유튜버(유튜브 동영상 제공자)	YouTuber	优兔(优兔视频提供者)
자제하다	Refrain from	自制
잦다	Often	频繁
정리	Organize	整理
제언	Dem	坝子
주목	Attention	注目
풍자	Satire	讽刺
합성	Synthesis	合成
향후	After	今后
후속 연구	Follow-up study	后续研究

＋ 참고하기

맞춤법/문법 검사기

"우리말 배움터" 홈페이지에는 문장의 문법과 외래어표기법, 맞춤법을 검사 해주는 프로그램이 있다.

- 한국인의 문법적 오류를 바탕으로 만들어 졌지만, 외국인도 참고로 사용할 수 있다.
- 한 번에 300개 단어씩 사용할 수 있다.

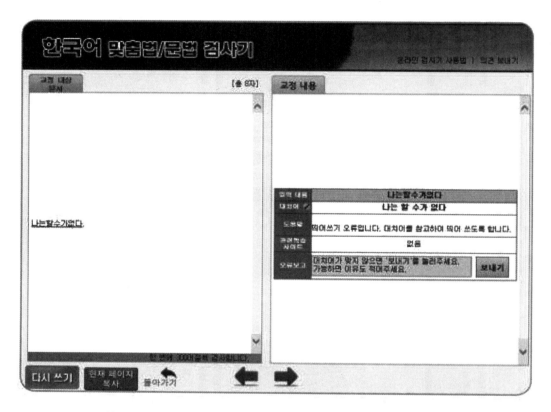

http://urimal.cs.pusan.ac.kr/urimal_new/ 홈페이지의 한글 맞춤법. 문법 검사기

제 3 부

보고서 퇴고하기

> " 모든 사랑은 고쳐쓰기
> 모든 성공은 고쳐쓰기
> 모든 보고서는 고쳐쓰기 "

11과
초고 점검하기

학습 목표 보고서의 초고를 평가하고 점검한다.
보고서의 완성도를 높일 수 있도록 초고를 고쳐쓴다.

주제 퇴고

참고하기 보고서로 좋은 점수 받기

준비하기

"노인과 바다"는 1952년 출판한 어니스트 헤밍웨이의 소설이다. 명료하고 사실적인 문장과 섬세한 시적인 표현으로 평가 되어 1954년 노벨문학상을 수상했다. 기자였던 헤밍웨이는 이 소설을 완성하기까지 400번 이상 고쳐 썼다고 한다.

[설문조사]

[01~03] 다음 질문에 대답하십시오.

01 여러분은 과제를 제출하기 전에 다시 읽고 확인합니까? 몇 번이나 확인합니까?

① 1~2번   ② 3~4번   ③ 5~6번

④ 7~8번   ⑤ 9번 이상

02 여러분은 과제를 완성한 후 언제 고칩니까?

① 완성하자마자   ② 1~2시간   ③ 3~4시간

④ 하루 이틀   ⑤ 사흘 이상

03 여러분은 글을 고칠 때 무엇을 주로 고칩니까? 하나만 고르십시오.

① 틀린 글자와 문법   ② 적절한 어휘와 표현

③ 주제에 맞는 자료   ④ 단락의 구성

⑤ 서론, 본론, 결론의 형식   ⑥ 기타:_____

점검하기

- **초고**(草稿, **draft**)는 개요에서 계획한 대로 처음 완성한 글이다.
- **퇴고**(推敲, **revision**)는 글을 쓸 때 여러 번 생각하여 고치고 다듬는 것이다. 퇴고가 끝나면 글을 완성했다고 한다. 퇴고할 때는 초고를 독자의 입장에서 다시 읽고 고쳐 써야 한다.
- **점검하기**는 초고를 다시 읽고 개요에서 계획을 제대로 썼는지, 주제에 맞지 않는 부분은 없는지 확인하는 것이다.
- 점검할 때는 자신의 글을 소리내서 읽어보거나 종이에 출력해서 읽어 보는 것이 좋다.

[01~02] 다음은 글을 고쳐쓸 때에 대한 질문입니다. 질문에 대답하십시오.

01 다음 중 초고를 점검할 때 가장 중요한 것은 무엇입니까?

① 신뢰할 수 있는 자료를 사용하고 있다.

② 자료를 바탕으로 하는 필자의 의견이 충분히 제시되어 있다.

③ 주제 관련 내용이 충분하며 전문적이고 새로운 정보가 있다.

④ 충분한 자료를 사용하여 주제가 객관적이고 논리적으로 표현되었다.

02 다음 중 글을 고쳐쓸 때 알맞은 방법에 ○하십시오.

1) ① 글을 완성하자마자 다시 읽고 고쳐쓴다.   (   )

② 글을 완성 한 후에 시간이 좀 지난 후에 다시 읽고 고쳐쓴다.   (   )

2) ① 글을 다시 읽을 때는 필자의 입장에서 읽는다.   (   )

② 글을 다시 읽을 때는 독자의 입장에서 읽는다.   (   )

3) ① 고칠 때는 단어와 문법부터 고친다.   (   )

② 고칠 때는 전체 주제와 단락부터 고친다.   (   )

4) ① 고칠 때 새로운 글을 더 첨가하고 주제에 맞지 않으면 많은 내용을 삭제한다.   (   )

② 고칠 때 주제에 맞지 않는다고 너무 많은 내용을 삭제하지 않는다.   (   )

점검하는 방법

- 초고를 점검할 때는 한 번만 읽는 것보다 확인하는 부분을 다르게 해서 여러 번 읽는 것이 효과적이다.
- 처음에는 전체 내용을 중심으로 읽고, 단락의 구성과 문장을 중심으로 마지막으로 어휘와 문법, 맞춤법을 중심으로 읽는 것이 좋다.
- 읽으면서 고칠 부분이 있으면 교정부호로 표시한다.

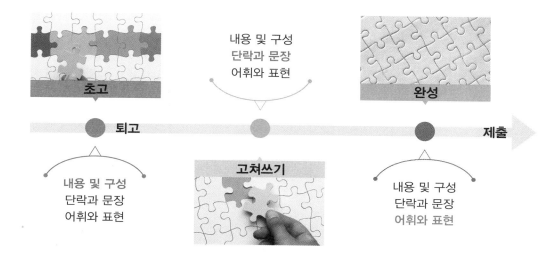

- 초고 완성 후 어느 정도 시간이 흐른 후에 다시 읽어야 독자의 입장에서 확인할 수 있다.
- 초고를 완성한 후에 가장 먼저 필요한 형식이 있는지, 주제를 알 수 있는 제목과 내용인지 확인한다.
- 주제에 알맞은 자료가 충분한지, 서론, 본론, 결론의 내용을 다 갖추고 있는지, 단락의 구성과 배열, 단락에서 소주제가 분명한지 확인한다.
- 어휘와 표현, 문법, 띄어쓰기, 맞춤법 등을 확인한다.
- 점검사항을 정리한 점검도구(체크리스트, checklist)를 사용하는 것이 더 쉽게 고칠 수 있다.

고쳐 쓰는 방법

첨가	주제가 분명하도록 자료를 추가하거나 자신의 이해, 의견을 추가한다. 독자의 입장에서 볼 때 단락에서 설명이 불충분하면 뒷받침 문장을 추가한다.
삭제	글에서 주제와 관련이 적거나 소주제와 맞지 않는 부분은 지워준다. 글이 장황하지 않게 간략하게 만든다. 중복된 내용, 주제와 맞지 않는 내용을 지운다.
대체	주제가 분명하게 나타나지 않거나 신뢰할 수 없는 자료, 출처가 없는 자료는 다른 것으로 바꾼다.
재배열	전체 주제가 자연스럽게 전개되었는지 순서를 확인하고 내용을 바꾼다. 이 때 위치만 바꾸는 것이 아니라 각주 번호, 제목 번호 등 순서를 확인한다.

Tip

이 교재에서 제시하는 점검도구는 선배들의 경험을 바탕으로 만들어진 것이다.

[01~03] 다음은 대학 보고서의 표지와 목차입니다. 읽고 평가하십시오.

전동 킥보드 공유 서비스의
영향 및 문제점 해결방법

-한국의 전동 킥보드의 사용 현상을 중심으로-

전공: 경영학과
이름: 왕리
학번: 22××× 1234

〈차례〉

1. 서론 ………………………… 1
2. 본론 ………………………… 1
1) 공유 킥보드의 개념 ………… 1
2) 공유 킥보드의 현황 ………… 2
3) 공유 킥보드의 문제점 ……… 3
4) 공유 킥보드의 서비스의 해결 방법 … 3
　　4.1. 이용자 책임 ………… 4
　　4.2. 사업자의 책임 ……… 4
　　4.3. 사회의 책임 ………… 4
5. 결론 ………………………… 5
6. 참고문헌

01 이 보고서의 제목을 짧고 간략하게 고치고 싶습니다. 제목을 쓰십시오.

02 점검 항목을 읽고 〈보기〉와 같이 점수를 쓰십시오.

　　(잘했다 5점, 조금 잘했다 4점, 보통 3점, 부족하다 2점, 못했다 1점)

03 수정 사항에 〈보기〉와 같이 고칠 내용에 대해서 쓰십시오.

	점검 항목	1. 점수	2. 수정 사항
1	보고서의 형식을 지켰습니까? (표지, 서론-본론-결론, 참고문헌)	〈보기〉 5	없음
2	보고서의 분량이 주제를 표현하는데 적절합니까?		
3	보고서 표지에 필요한 내용이 모두 있습니까?		
4	목차가 논리적으로 잘 구성되었습니까?		
5	제목이 적절합니까? (주제, 명사형, 맞춤법)		
	1~5번 점수 합계		

[04~06] 다음은 보고서 초고의 서론 부분입니다. 읽고 평가하십시오.

> 최근 길에서 공유 전동 킥보드를 이용하는 사람들이 점점 늘고 있다. 수유일보(2021.5.22) 기사의 한국 교통연구원 조사에 따르면 국내 개인형 이동장치 도입 대수는 2017년 9만 8000대, 2018년 16만 7000대, 2019년 19만 6000대로 꾸준한 증가세를 나타냈다고 한다. 공유 킥보드는 편리한 이동 수단으로 사용할 수 있고 이용 방법도 간단해서 누구나 쉽게 이용할 수 있다. 하지만 편리함 속에 있는 단점을 아무도 생각하지 못하고 있다. 이정일보(2019.08.24.) 기사의 24일 경찰청 발표에 따르면 전동 킥보드나 전동휠 등 전동식 바퀴로 이동하는 개인용 이동 수단의 사고 건수가 2017년 117건에서 지난해 225건으로 약 91.3% 증가했다고 한다. 즉, 급격하게 이용자가 증가하면서 전동 킥보드로 인한 교통사고율도 높아지고 이 밖에 여러 가지 문제가 발생하고 있다. 이 보고서에서는 공유 킥보드를 사용하는 현황과 문제점과 문제점 해결 방법을 살펴보고자 한다.

04 점검 항목을 읽고 〈보기〉와 같이 점수를 쓰십시오.

   (잘했다 5점, 조금 잘했다 4점, 보통 3점, 부족하다 2점, 못했다 1점)

05 수정 사항에 〈보기〉와 같이 쓰십시오.

	점검 항목	4. 점수	평가
1	서론에서 관심과 흥미를 끌고 있습니다.	〈보기〉 3	보통이다. 흥미가 부족하다.
2	서론에서 주제와 관련된 상황을 제시하고 있습니까?		
3	서론에서 연구 방법이나 연구 순서를 알 수 있습니까?		
4	서론에서 보고서의 목적을 알 수 있습니까?		
5	보고서의 단락이 잘 구성되어 있습니까? (소주제문과 뒷받침 문장이 적절하게 구성)		
	1~5번 점수 합계		

06 수정할 부분을 찾아서 고치십시오.

보고서의 초고를 읽고 점검해 봅시다.

보고서 초고를 세 단계로 구분해서 읽으면서 아래의 사항을
확인하고 점검내용을 확인하십시오.

초고의 필자	
초고의 평가자	
보고서 제목	

[전체 훑어 읽기]

[01~10] 보고서 초고를 훑어 읽으십시오. 다음 질문에 알맞은 점수와 평가를 쓰십시오.

(잘했으면 5점, 조금 잘하면 4점, 보통이면 3점, 부족하면 2점, 못했으면 1점)

	점검 항목	점수	평가
1	보고서의 형식을 지켰습니다. (표지, 목차, 참고자료)		
2	보고서의 분량이 주제를 표현하는데 적절합니다.		
3	보고서 표지에 필요한 내용이 모두 있습니다.		
4	참고문헌이 잘 정리되었습니다.		
5	목차가 논리적으로 잘 구성되었습니다.		
6	보고서 자료의 출처 표시가 명확합니다. (인용 방법, 각주, 참고문헌을 잘 정리)		
7	제목이 적절합니다.(주제를 잘 알 수 있음)		
8	보고서의 내용이 충분하며 새로운 정보가 있습니다.		
9	보고서 내용이 흥미 있고 독창적입니다.		
10	보고서에서 필자의 의견을 알 수 있습니다.		
	1~10번 점수 합계		

[이해 확인] 이 보고서의 주제는 무엇입니까? 한 문장으로 쓰십시오.

[단락의 소주제 문장 찾으면서 읽기]

[11~22] 중요한 문장에 밑줄 치면서 읽으십시오. 다음 질문에 알맞은 점수와 평가를 쓰십시오.

(잘했으면 5점, 조금 잘하면 4점, 보통이면 3점, 부족하면 2점, 못했으면 1점)

> **Tip**
> 대학 보고서는 전문적 정보가 충분해
> 야 한다.

	점검 항목	점수	평가
11	보고서의 단락이 잘 구성되어 있습니다. (소주제문과 뒷받침 문장의 구성)		
12	서론에서 관심과 흥미를 끌고 있습니다.		
13	서론에서 주제와 관련된 상황을 제시하고 있습니다.		
14	서론에서 연구 방법이나 연구 순서를 알 수 있습니다.		
15	서론에서 보고서의 목적을 알 수 있습니다.		
16	본론에서 전문적인 정보를 알 수 있습니다.		
17	본론에서 주제와 관련된 새로운 정보를 알 수 있습니다.		
18	본론에서 필자의 의견과 해석이 적절하게 있습니다.		
19	결론에서 정리와 요약 내용이 있습니다.		
20	결론에서 주제에 대한 새로운 내용이 있습니다.		
21	결론에서 주제에 대한 전망이나 제언이 있습니다.		
22	서론에서 제기한 내용이 결론에서 잘 마무리 되었습니다.		
	11~22번 점수 합계		

[평가] 이 보고서의 장점과 단점은 무엇입니까? 새로 알게 된 내용은 무엇이 있습니까? 쓰십시오.

[문장 자세히 읽기]

[23~30] 문장을 자세히 읽으십시오. 다음 질문에 알맞은 점수와 평가를 쓰십시오.

Tip 고쳐써야 하는 부분은 교정부호를 표시하십시오. 평가한 후 아래 3가지 사항의 총 점수를 쓰십시오.

	점검 항목	점수	평가
23	신뢰할 수 있는 자료를 사용했습니다.		
24	문장이 한국어 문법에 맞습니다.		
25	문장의 시제(과거, 현재, 미래)가 적절합니다.		
26	문장부호 사용이 정확합니다.		
27	띄어쓰기가 맞습니다.		
28	맞춤법에 맞습니다.		
29	전문 용어나 개념의 사용이 정확합니다.		
30	보고서에 적절한 문어체를 사용했습니다.		
	23~30번 점수		
	1~30번 점수 합계 ×0.66		총 _____점/99점

[조언] 이 보고서는 어디를 어떻게 수정해야 합니까? 구체적으로 쓰십시오.

보고서 점검 확인 하기

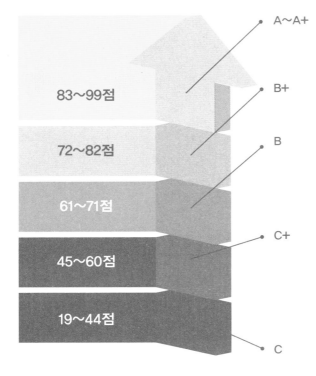

83~99점

A~A+   대학보고서의 형식대로 잘 구성되었습니다. 몇 가지 사항만 고치면 더 완성도 높은 보고서가 될 수 있습니다.

B+   점검항목을 다시 확인하십시오. 지적받은 사항을 수정한다면 형식대로 잘 쓸 수 있습니다

72~82점

61~71점

B   점검항목을 잘 확인하십시오. 교수, 선배가 도와줄 수 있다면 도움을 받으십시오. 지적 받은 사항을 수정하고 단락의 소주제에 맞는 구체적인 내용을 좀 더 추가해 보십시오.

45~60점

C+   점검항목을 꼼꼼하게 확인하고 수정하십시오. 단락의 배열을 다시 보십시오. 주제에 적당한 자료인지 확인이 필요합니다. 교수, 선배의 도움이 좀 필요합니다. 초고를 보여주고 조언을 받으십시오. 제출 전에 다시 한번 확인하는 것이 좋습니다.

19~44점

C   수정이 많이 필요합니다. 점검항목을 꼼꼼하게 확인하고 수정하십시오. 보고서의 기본 형식을 확인하십시오. 주제에 알맞은 자료인지 확인하고 자료를 조금 더 추가하십시오. 교수, 선배의 도움이 꼭 필요합니다. 초고를 보여주고 조언대로 하십시오. 제출 전에 다시 확인 받으십시오.

> **참고**
> 대학의 점수는 상대평가이다. 초고에서 좋은 평가를 받았다고 해도 점검 사항을 수정하지 않으면 동료들의 보고서 수준이 높아지기 때문에, 최종적으로 좋은 점수를 받기 어렵다.

초고 점검하기 조활동 방법

초고를 나 혼자 읽고 고쳐쓰는 것보다 동료의 보고서를 읽고 함께 고치는 것이 좋다. 동료의 보고서에서 장점을 배워서 쓸 수 있고 단점을 보고 내 보고서를 고칠 수 있는 기회가 된다.

		교수 활동	학생 활동
1. 초고 완성과 수정활동 준비	초고를 동료들과 돌려 읽기	• 활동 목적 설명 • 조활동 단계 설명 • 주의사항과 점검항목 활용 방법 설명 • 수정 활동의 목적과 단계를 설명	• 초고 3부 출력해서 제출하기 • 4~5명 인원으로 조 구성하기 • 원격수업은 PDF파일을 점검자가 받기
2. 동료 초고 읽고 점검 하기	1단계 형식 요소 점검		• 동료 초고를 읽고 보고서 유형에 적합한지 점검하기(보고서 전체 형식, 주제, 제목, 참고문헌 표기)
	2단계 단락과 내용 요소 점검	• 활동 중 학생의 질문에 대답	• 서론, 본론, 결론의 형식과 내용, 주제에 대한 근거 자료와 의견, 단락의 전개 방식 점검
	3단계 형태 요소 점검		• 문법에 맞는 문장, 맞춤법, 띄어쓰기 확인 전문 용어의 사용, 문어체 사용 점검
3. 조정하기 동료 협의	점검사항에 대한 확인	• 초고 점검하기	• 자신의 초고와 점검지를 받아서 평가자의 점검 사항 확인 • 초고에 대한 동료 의견 듣기 • 초고와 점검지는 사진을 찍은 후 교수에게 제출하기
교수 상담	점검사항 상담 (상황에 따라 상담방법 시간을 조정)	• 초고와 점검지를 보며 상담하기 • 필자→동료와 의견을 조정하기, 조언하기	
4. 고쳐쓰기 후 활동	수정	• 고쳐쓰기 확인 • 보고서 평가	• 고쳐쓰기가 완료되었는지 확인 • 최종본 제출

수정 내용 정리하기

본인의 보고서에서 어떤 부분을 주로 고쳐야 하는지 알아봅시다.

초고에서 수정할 부분을 정리하십시오. 페이지와 문장의 주요 부분을 간단하게 정리하십시오.

주제에 대한 내용 평가	
첨가할 부분	
삭제할 부분	
대체할 부분	
재배열할 부분	

참고

글은 읽기 위해서 쓰는 것입니다. 아직 보고서 쓰기에 익숙하지 않아도 부끄러워하지 말고 동료, 선배에게 읽어 달라고 부탁하고 평가를 받으십시오. 내가 생각하지 못한 부분을 찾아주기도 합니다. 1학년 때 보고서 쓰기에 익숙해지는 것이 앞으로 대학에서 과제를 할 때 많은 도움이 됩니다.

한국어	영어	중국어
갖추다	Equip	具备
경찰청	National Police Agency	警察厅
고쳐쓰다	Rewrite	改写
대체	Substitution	代替
독창적	Creative	独创的
동료	Colleague	伙计
마무리	Finish	结尾
삭제	Delete	删除
완성도	Perfection	完成度
재배열	Rearrangement	重新排列
전동휠	Electric wheel	电动独轮
점검하다	Inspect	检验
점검 항목	Check list	检验项目
점수	Score	分数
조언	Advice	建议
조정하기	Aadjust	调整
첨가	Adding	添加
초고(草稿)	Draft	草稿
퇴고(推敲)	Revision	推敲
평가	Evaluation	评价
협의	Discussion	协议

대학 보고서로 좋은 평가 받는 방법

A	창의력 있고 흥미 있는 **주제 선정**	신뢰할 수 있는 충분한 **지식 정보**	논리적 체계적 **단락 구성**	쉽고 잘 이해할 수 있는 간결한 **문장**
B	흥미 있는 **주제 선정**	신뢰할 수 있음, 양이 부족한 **지식, 정보**	논리적이지 않은 **단락 구성**	틀린 부분이 있는 **문장**
C	평범한 **주제 선정**	출처가 불분명한 **자료**	주제와 관련이 적은 **지식, 정보**	형식에 맞지 않은 **서론, 결론**	읽기 힘든 **문장**

❶ **보고서의 목적을 먼저 생각하기** 독자가 보고서를 읽고 나서 "왜 이걸 쓴 것일까?", "보고서의 목적은 무엇인가"라고 질문 하게 해서는 안 된다. 보고서의 주제와 목적에 대한 내용이 충분해야 한다.

❷ **출처가 확실한 정확한 내용 쓰기** 보고서의 자료가 신뢰할 수 있어야 하고 출처가 확실해야 한다. 주제와 관련된 내용을 적절하게 인용해서 자신의 의견을 추가해서 써야 한다. 출처가 없는 자료를 사용하거나 표절하면 안 된다.

❸ **읽기 편하게 쓰기** 보고서는 독자가 읽기 쉽도록 간결한 문장으로 써야 한다. 반복되는 내용을 확인한다. 전공의 용어도 정확한 표기를 사용해야 한다. 띄어쓰기와 맞춤법을 확인해야 한다.

❹ **이해하기 쉽게 쓰기** 보고서 내용을 체계적으로 쓴다. 글만 쓰기보다 정보를 시각화해서 이해하기 쉽도록 표, 그래프, 그림을 이용한다.

❺ **완결성 있게 쓰기** 보고서 내용만으로 주제에 대해서 충분히 알 수 있도록 서론-본론-결론을 구성하여 쓴다. 부족한 부분이 있다는 느낌을 주지 않아야 한다.

❻ **기한 내에 제출하기** 잘 쓴 보고서라고 해도 마감 기한까지 내지 못하면 좋은 점수를 받을 수 없다. 교수님께 보고서를 이메일로 제출하는 경우 보고서 파일을 첨부했는지 반드시 확인한다.

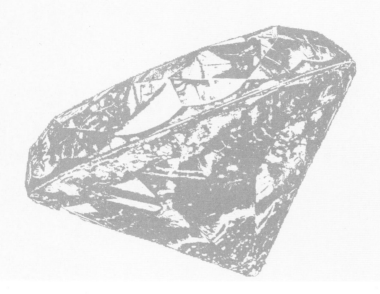

> " 원석은 다듬어야 보석이 된다
> 글도 다듬어야 좋은 글이 된다 "

12과
수정하기

학습 목표   초고를 수정하여 완성도를 높인다.
            보고서를 완성하여 제출한다.

주제   한국어 어문 규정

참고하기   자주 실수하는 표현

[01~03] **다음 중 맞춤법에 맞는 것을 고르십시오.**

01   ① 량심   ② 력사   ③ 협력   ④ 리발

02   ① 나열   ② 앞이   ③ 백분률   ④ 례의

03   ① 쾌낙   ② 왕내   ③ 상로인   ④ 비논리적

[04~06] **다음 중 표준어에 맞지 <u>않는</u> 것을 고르십시오.**

04   ① 망설이다   ② 지껄이다   ③ 움지기다   ④ 번쩍이다

05   ① 사흗날   ② 이튿날   ③ 다달이   ④ 몇일

06   ① 치어올리다 ② 추켜올리다 ③ 치켜올리다 ④ 추어올리다

[07~08] **띄어쓰기가 맞는 것을 고르십시오.**

07   ① 과자를 먹을 만큼 먹었다.   (   )

      ② 과자를 먹을만큼 먹었다.   (   )

08   ① 민수는 한국 대학교 학생 이다.   (   )

      ② 민수는 한국대학교 학생이다.   (   )

[09~11] **두 문장의 차이를 쓰십시오.**

09   ① 술 한잔 마시자.

      ② 술 한 잔 마시자.

10   ① 민수가 강의실 밖에서 A학점이라고 큰 소리 쳤어.

      ② 민수가 강의실 밖에서 A학점이라고 큰소리 쳤어.

11   ① 우리 은행 앞에 큰 공원이 있다.

      ② 우리은행 앞에 큰 공원이 있다.

12   이 문장에서 누가 노래를 합니까?

> 왕리는 노래를 부르면서 지나가는 리타를 불렀다.

한국어 어문 규정

국립국어원은 한국어의 언어생활에 관한 조사, 연구하는 국어 연구 기관으로, 한국어를 합리적이고 정확하게 쓸 수 있도록 어문 규정이라는 규칙을 제시하고 있다.

한글 맞춤법	한국어를 한글로 표기하는 모든 규칙 띄어쓰기, 문장 부호, 표준어 등 한국어 표기에 대한 규정
표준어 규정	옛말, 방언 등 다양한 한국어 형태 중에서 표준어를 정하는 규정과 표준 발음에 대한 규정
외래어 표기법	외국에서 들어와서 한국에서 사용하는 말을 한글로 표기하는 규정
로마자 표기법	한국어를 로마자 알파벳으로 표기하는 규정

띄어쓰기

한국어는 단어와 단어 사이를 띄어 쓴다. 띄어 쓰면 하나의 단어(이름)이다. 띄어쓰기가 정확하지 않으면 문장의 의미가 달라질 수 있다.

① 황금, 붕어, 빵   ② 황금붕어, 빵   ③ 황금붕어빵

| | 저 | 기 | 가 | √ | 내 | 가 | √ | 공 | 부 | 하 | 던 | √ | 도 | 서 | 관 | | 이 | 다 | . |

띄어쓰기   붙여쓰기

1. 고유명사, 전문용어는 단어별로 띄어 쓰는 것이 원칙이나 붙여 써도 된다.

   예) 비정상 불수의 운동 척도   비정상불수의운동척도(허용)

2. 단어와 단어 사이는 띄어서 쓴다. 조사는 붙여서 쓴다.

   • '이다'는 앞말과 붙여서 쓰고 '아니다'는 띄어서 쓴다.

   예) 내∨이름은∨왕리이다.∨나는∨1학년이지만∨민호는∨1학년이∨아니다.

3. 보조 용언은 띄어쓰기를 원칙으로 하지만 경우에 따라 붙여 쓰는 것도 허용한다. 앞말에 조사 가 붙거나 중간에 조사가 있으면 띄어 쓴다.

   예)   비가 올 듯하다.   비가 올듯하다.(허용)

   자료를 찾아도 보았다.   보고서도 써보았다.(허용)

4. 의존 명사는 띄어 쓴다.

   예) 먹을∨만큼만∨먹어라.

   너만큼∨많이∨먹는∨사람은∨처음∨봤다.

5. 단위를 나타내는 명사는 띄어 쓴다.

   예) 집∨한∨채,   신∨두∨켤레

6. 띄어 쓰면 의미가 달라질 수 있다.

   예) 지금 막 차를 탔다. (방금 차를 탔다)

   지금 막차를 탔다. (마지막 차를 탔다)

> **Tip**
> 동사와 결합한 '-은', '-는', '-을', '-던'
> 뒤에서 띄어서 쓴다.
> 예) 왕리는∨떡을∨먹은∨적이∨없다.

[01~05] 다음 글을 읽고 질문에 대답하십시오.

> 요즘 공유경제는 가격이 저렴하고 사용하는 것이 편해서 ⓐ 글로벌 이슈 인기가 높다. 공유
> 경제란 개인이 사회적 자원을 공유하고 상품을 서로 ㉠ 교환하는것을 말한다. ㉤ 공유경제
> 는 협력적 소비라고도 하는데 ㉥ 공유경제의 핵심은 점유하지 않고 사용하는 ㉡ 것 이다. 많
> 은 사람들이 시간, ㉢ 공간등의 자원을 동시에 ㉣ 공유할 수 있다. 글로벌 공유경제 서비스
> 는 ⓑ 고도성장에서 ㉦ 공유경제에 참여하는 인구가 늘고 ㉧ 공유경제 플랫폼 노동자의 소
> 득이 크게 높아지는 등 ㉨ 공유경제 분야가 넓어지고 있다.

01 ㉠~㉣ 중에서 띄어쓰기가 알맞은 것을 고르십시오.

02 ㉤~㉨ 중에서 생략할 수 없는 것을 고르십시오.

03 ⓐ 에서 '인기가 높다'의 주어와 목적어는 무엇입니까?

04 ⓑ의 조사를 알맞게 바꾸십시오.

05 다음 〈보기〉와 같이 알맞은 표현으로 고쳐 쓰십시오.

> 가정폭력은 다양한 원인이 있다. 그렇지만 대부분 원인이 가장의 원인이다. 예를 들어 가정폭
> 력 [반복] 을 발생하는 가정에서 [반복] 30%~50%의 가정은 [반복] 가정 관계가 [가정? 가장?] 나쁘거나
> 부모 중 갈등이 있다. 그래서 가장 [반복] 관계가 가정폭력의 [반복] 주요 원인이다. [반복]

⇨ 가정폭력은 다양한 원인이 있지만 대부분 원인은 ① ▢▢▢▢▢▢▢. ② ▢▢▢▢▢▢ 폭력이
　 발생하는 가정 중 30%~50%는 〈보기〉 가장과의 관계가 나쁘거나 부모 사이에 갈등이 있다고
　 한다.

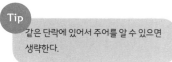

Tip
같은 단락에 있어서 주어를 알 수 있으면
생략한다.

어휘와 표현 확인

- 정확한 의미 전달을 위해서 전문용어, 줄임말이나 생략된 표현을 사용에 주의해야 한다.
- 네 글자 이상의 전문용어는 띄어쓰기를 확인한다.

1. 정확한 단어

예) 노인요양공동생활가정은 [전문용어] 노인 요양 공동생활 가정은 [띄어쓰기 가능]

2. 줄임말

줄임말은 처음 쓸 때 전체 단어를 써주거나 설명하는 말을 써주어야 한다.

예) 2016년에 **페북** [줄임말] 사용자의 발언으로 논란이 생긴 후 **SNS** [줄임말] 에서 가짜 뉴스가 증가하는 추세에 있다.

⇨ 2016년에 **페이스북(facebook)** 사용자의 발언으로 **에스엔에스(SNS, social networking service)** 에서 가짜 뉴스가 증가하는 추세에 있다.

[06~07] 다음을 〈보기〉와 같이 알맞은 표현으로 고쳐 쓰십시오.

06

> 한국 1인 가구는 [무엇?] 전체 27.6%에 이른다. 이러한 추세라면 2035년에는 34.3%로 세 가구 중 한 가구는 1인 가구가 될 것이다. 최근 혼밥, 혼술, 혼영, 혼여 [줄임말] 등이 많아졌다.

⇨ 1인 가구는 〈보기〉 전체 가구 중에서 27.6%로…〈생략〉. 최근 ① [　　　　　　] '혼밥',
② [　　　　　　] '혼술', ③ [　　　　　　] '혼영', ④ [　　　　　　] '혼여' 등 신조어가 많아졌다.

07

> 가정폭력이 [조사 오류] 영어로 domestic violence [외래어 표기 필요] 라는 것은 [문장 구분 필요] 부모, 배우자, 자식, 형제자매, 친척, 사실혼 관계에 있는 사람 등을 대상으로 행해지는 폭력과 가족 구성원이나 근친자에게 행하는 폭력적인 행위 폭력에 [조사 오류] 의해 지배하는 행위 전반을 일컫는다.

⇨ 가정폭력 ① [　　　　　　] 영어로 ② [　　　　　　] (domestic violence) 〈보기〉라고 한다.
가족 구성원이나 근친자에게 행하는 폭력적인 행위 또는 폭력으로 지배하는 행위를 일컫는다.

3. 대용 표현

- 한국어 문장은 반복을 좋아하지 않는다. 내용을 반복할 때는 다른 단어로 바꾸거나 '앞서', '이', '그'와 같은 대신하는 표현을 사용한다.
- 한국어는 문장 안에서 의미를 알 수 있는 경우 생략이 가능하다.

앞 단락 내용 지시	앞서 서론에서 살펴본 바와 같이, 앞서 1과에서 지적한 바와 같이 위의 결과에 따라, 앞서 설명하였다
앞 문장 내용 지시	이와 같이, 이와 마찬가지로, 이것은, 그것은

예1) 우즈베키스탄은 세계에서 네 번째로 많은 금을 보유하고 있다. 그 [주어를 알 수 있음. 불필요] 나라는 매년 80톤의 금을 캐는데, 세계에서 7번째로 많은 것이다. 우즈베키스탄의 구리 매장량은 세계 10위, 우라늄 매장량은 12위다. 그 나라의 [주어를 알 수 있음. 불필요] 우라늄 생산은 전 세계적으로 7위다.

예2) 여러 가지 원인으로 인해 청년실업은 이미 심각한 사회 문제가 되어 버렸다. 청년실업이 [반복] 단지 청년들은 개인이 져야 할 책임이 아니라 사회 전체가 책임을 져야 한다고 생각한다.

⇨ 여러 가지 원인으로 인해 청년 실업은 이미 심각한 사회 문제가 되어 버렸다. **이것은** 단지 청년 개인의 문제가 아니라 사회 전체가 책임을 져야 한다고 생각한다.

문장 확인

- 문장은 독립적인 의미를 표현하는 단위로, 어순에 맞아야 이해하기 쉽다.
- 문장의 길이가 길 때 주어, 목적어, 서술어의 관계를 잘 확인하고 짧고 간결하게 쓴다.
- 문장의 마지막은 마침표(.)로 표시한다.

1. 문장의 순서

주어 + 서술어	주어 + 목적어 + 서술어 보어 부사어	주어 + 목적어 + 부사어+ 서술어 주어 + 부사어 + 목적어+ 서술어

예1) 암에 걸린 노인과 가족의 숫자를 암정보센터에서는 [주어는 목적어의 앞쪽] 분야별로 파악하고 있다. 암 분야별로 파악하고 있다. [반복]

⇨ **암정보센터에서는** 암에 걸린 노인과 가족의 숫자를 분야별로 파악하고 있다.

예2) 26일 [정확한 날짜 필요] 서울시와 코리아 스타트업 포럼에 따르면 서울 지역 공유 전동 킥보드의 월별 이용 건수는 지난 3월 143만 건에서 8월 360만 건으로 증가했다. 라임, 킥고잉, 빔모빌리티, 씽씽 등 [화제가 뒤에 있음, 이해가 어려움] 등에서 전공 킥보드 서비스 12개 [회사의 숫자] 이용 건수를 조사한 결과이다.

⇨ **2021년 9월** 26일 서울시와 코리아 스타트업 포럼의 **서울 지역 공유 전동 킥보드 라임, 킥고잉, 빔모빌리티, 씽씽 등 서비스 12곳의** 이용 건수를 조사한 결과에 따르면 월별 이용 건수는 지난 3월 143만 건에서 8월 360만 건으로 증가했**다고 한다.**

08 다음을 알맞은 표현으로 고쳐 쓰십시오.

> 최고 몇 년 동안 중국의 인구 노령화 속도가 빨라졌기 때문에 노인 인구 부양 비용 증가는 인구 비율이 비교적 적은 중년층에게 [순서가 뒤에 있어서 이해가 어려움] 매우 큰 스트레스를 준다.

⇨ 최고 몇 년 동안 중국의 인구 노령화 속도가 빨라졌기 때문에 [   ]
노인 인구 부양 비용 증가는 매우 큰 스트레스를 준다.

2. 문장의 의미는 분명하게

조사, 문장기호를 사용하여 문장의 의미를 분명하게 쓴다.

예1) 주싱치(周星馳)의 영화는 우리에게 감동을 준다. [분명한 의미를 알 수 없음]	⇨	주싱치가 감독한/제작한/출연한 영화(?)
예2) 왕리는 리타와 숙정이를 좋아한다. [누구를 좋아하는지 불분명]	⇨	• 왕리는, 리타와 숙정이를 (둘 다) 좋아한다. [쉼표를 추가해서 주체를 구별] • 왕리와 리타는 숙정이를 좋아한다. [정확한 조사 사용]
예3) 본 보고서는 우리나라 고령화 시기에 대해서 알아보고 해결 방안을 찾아야 한다. [어느 나라?]		본 보고서는 중국 고령화 시기에 대해서 알아보고 해결 방안을 찾고자 한다.

[09~10] 다음 글을 읽고 질문에 대답하십시오.

ㄱ 공유경제는 위키백과에 의하면 물품을 소유의 개념이 아닌 서로 대여해 주고 차용해 쓰는 개념으로 인식하여 경제활동을 하는 것을 가리키는 표현이다. ㄴ 2008년 글로벌 금융 위기 이후 거쳐 세계적으로 경제가 발흥한 것이다. ㄷ 현재는 "물건이나 공간, 서비스를 빌리고 나눠 쓰는 인터넷과 스마트폰 기반의 사회적 경제 모델"이라는 뜻으로 많이 쓰인다. ㄹ 공유경제의 개념은 미국 사회학 교수인 마르코스 펠슨과 존 스펜스가 발표한 논문에서 처음 제시 됐다.

09 다음 글의 순서로 알맞은 것을 고르십시오.

① ㄱ-ㄴ-ㄷ-ㄹ   ② ㄱ-ㄴ-ㄹ-ㄷ

③ ㄹ-ㄱ-ㄴ-ㄷ   ④ ㄹ-ㄱ-ㄷ-ㄴ

10 ㄱ 문장의 주어와 술어의 관계를 알맞게 고쳐서 쓰십시오.

3. 문장의 호응

주어에 맞는 서술어가 필요하다.

주어, 서술어의 호응×

인공지능이 알려지게 된 사건은 알파고가 한국의 이세돌을 이긴 것 **때문이었다.**

⇨ **인공지능이** 알려지게 된 사건은 알파고가 한국의 이세돌을 이긴 것이 계기였다.

무생물 주어, 서술어의 호응×

이 글에서는 우리나라의 [어느?] 고령화에 대해서 알아보고 해결 방안을 **찾아야 한다.**

⇨ (필자는) 이 글에서 중국의 고령화에 대해서 알아보고 해결 방안을 찾고자 한다.

예1) 나는 밥과 술을 마셨다. [밥과 서술어 호응 ×]	⇨	나는 밥을 먹고 술을 마셨다.
예2) 자전거 공유서비스를 이용하는 주요 원인은 편리함과 저렴한 이용료이다. [원인은-이다 호응 ×]	⇨	자전거 공유서비스를 이용하는 주요 원인은 편리함과 저렴한 이용료 때문이다.
예3) 대학 선택과 전공을 스스로 결정했다. [누가?] 날 믿어 주었기 때문에 내 생각이 있다고 [누가?] 생각했다. [생각한 후에 결정]	⇨	대학 선택과 전공은 부모님이 내 생각이 있다고 생각하고 날 믿어 주셨기 때문에 스스로 결정했다.

4. 문장의 길이

- 한국어는 주어와 서술어의 거리가 멀어지면 의미를 이해하고 기억하기 어려워진다.
- 문장의 길이가 적절해야 하는데 한 문장에 11~15개 정도의 단어가 쉽게 이해된다.
- 문장에서 가장 중요한 것은 서술어이다. 긴 문장은 서술어를 잘 살펴서 문장을 구분한다.

예1) 가정 폭력은 개인적인 문제일 뿐만 아니라 사회문제가 되었다. 가정 폭력 때문에 많은 범죄 문제를 야기했다. 한국 [주어?] 이 지금 관심을 갖고 있는 문제다. [문장이 단문]	⇨	가정 폭력은 개인적인 문제일 뿐만 아니라 **많은 범죄 문제를 야기해서** 사회적 문제가 되었다. 그래서 **한국 정부가** 지금 관심을 갖고 있는 문제이다.
예2) 독거노인은 점차 생리 기능을 쇠퇴하고 다른 사람들의 도움에 점점 더 의존하게 되고 심리적으로 취약해지고 노인 간호 서비스에 대한 필요성이 커지고 있다. [문장의 길이]	⇨	독거노인은 점차 생체 기능이 쇠퇴해서 다른 사람들의 도움에 점점 더 **의존하게 된다.** 심리적으로 취약해진 노인의 간호 서비스에 대한 필요성이 커지고 있다.

인용 표현

- 보고서에서 사용하는 자료는 정확한 출처를 표시해야 하지만 출처를 너무 자세하게 쓰면 독자가 읽을 때 방해가 된다. 이럴 때는 각주로 쓴다.
- 출처에 인터넷 주소를 쓸 때는 다시 찾아볼 수 있는 정확한 주소를 써야 한다.
- 직접 인용은 작은 글씨로 쓰고, 내용이 많은 경우 단락을 구분해 준다.

예1)

이민경은 〈장애인의 복지서비스 실태와 정책적 함의〉에서 "*2010년 장애인 연금제도 도입, 2011년 장애인 활동지원제도 도입에 따른 소득보장과 사회서비스에 대한 제도적 기틀을 마련했고 2008년 보건복지부 장애인복지예산의 6천 6백억원 수준에서 2011년 8천억원 수준으로 증가하였다.*"라고 한다.

이민경은 〈장애인의 복지서비스 실태와 정책적 함의(2011:45)〉에서 장애인 복지 제도에 대해 다음과 같이 말하였다.

2010년에 장애인 연금제도 도입, 2011년 장애인 활동 지원제도 도입에 따른 소득보장과 사회서비스에 대한 제도적 기틀을 마련했고 2008년 보건복지부 장애인복지 예산이 6천 6백억 원 수준에서 2011년 8천억 원 수준으로 증가하였다.

예2) 가정폭력을 발생하는 가정에서 60%~70%의 가정구성원이 심리문제가 있다. (www.naver.com) [포털사이트 주소만으로 정확한 출처를 알 수 없다]

[01~02] 다음은 보고서 초고의 일부분입니다. 읽고 질문에 대답하십시오.

먼저 ㉠ 공유경제란 유휴자원을 보유한 기구 또는 개인이 자원사용권을 유상으로 타인에게 양도하면 양도자가 수익을 얻고 ㉡ 나누어 가진 자가 타인의 유휴자원을 공유하는 것을 통해 가치를 창조하는 것이다. 공유경제의 부상은 일부 신흥 산업의 발전을 촉진시켰는데, 예를 들면 공유충전기와 공유자동차 등인데, ㉢ 저는 공유 충전기에 대해 여러분께 간단히 설명드리겠다. 공유 충전기는 기업이 제공하는 충전 대여 설비를 가리키는 ㉣ 것으로, ㉤ 사용자가 모바일 기기로 스크린의 2차원 코드를 스캔하여 보증금을 지불하면 ㉥ 공유충전기 하나를 대여할 수 있다. 공유충전기가 성공적으로 반환되면 보증금은 언제든지 현금으로 인출하고 계좌로 돌려받을 수 있는 도구이다. 2021년 4월, 연구기구의 수치에 따르면 2020년에 전국 온라인 충전기 공유설비는 이미 440만을 초과했고 사용자 규모는 2억 명을 초과했다.

경영학과 1학년, 중국인 유학생

01 고쳐쓰는 방법으로 적절하지 않은 것은 무엇입니까?

① ㉠ '유휴자원을 보유한 기구이다'로 문장을 끝낸다.

② ㉡ '유휴자원'과 같이 어려운 개념에 대해서 다시 해석 하는 내용을 추가한다.

③ ㉢ '필자는 공유충전기에 대해 간단히 소개하고자 한다'로 고친다.

④ ㉣ 문장이 너무 길기 때문에 '것이다'로 문장을 끝낸다.

⑤ ㉤ 부분을 공유충전기의 사용설명으로 문단에서 불필요하므로 삭제한다.

02 이 글에서 고쳐 쓸 부분을 찾아서 수정하십시오.

※ 보고서를 준비합니다.

[01~02] 자신의 보고서 초고를 확인하십시오. 문장을 고쳐쓴 후에 대답하십시오.

01 문장에서 가장 많이 수정한 것은 무엇입니까? 아래에 표시하십시오.

☐ 맞춤법	☐ 조사	☐ 문장의 호응
☐ 띄어쓰기	☐ 줄임말	☐ 문장의 길이
☐ 문장 부호	☐ 반복 표현	☐ 문장의 순서
☐ 표준어	☐ 인용 표현	☐ 분명하지 않은 의미
☐ 외래어 표기법	☐ 기타:	

02 왜 수정이 필요하다고 생각합니까?

> **Tip**
> 자신의 글쓰기 습관과 자주 틀리는 실수를 알아두면 다음 글쓰기에 도움이 된다. 문법을 생각하면서 글을 쓰기 보다는 초고 완성 후에 자신이 자주 실수하는 부분을 찾아서 고치는 것이 더 쉽다.

어휘와 표현

한국어	영어	중국어
스펙(specification의 줄임말)	Specs(short for specification)	规格
기여하다	Contribute	给予
노령화	Aging	老龄化
다듬다	Trim	打磨
단축	Shorten	缩短
랭귀지	Language	语言
막차	Last train	末班车
무생물 주어	Inanimate subject	无生物主语
붕어	Carp	鲫鱼
생략	Skip	省略
안락사	Euthanasia	安乐死
어순	Word order	语序
연장하다	Extend	延长
유휴자원	Idle resources	闲置资源
이텔릭체	Italic	伊泰利克切
점유	Occupancy	占有
조치	Action	措施
중풍	Stroke	中风
차용	Borrowing	借用
치매	Dementia	老年痴呆
캥거루족	People who depend on their parents either financially or emotionally or both	袋鼠族
표준어	Standard language	普通话
한국어 어문 규정	Korean language rules	韩国语语文规定
협력적	Cooperative	合作的
호응	Response	响应
황금	Gold	黄金

참고하기

자주 실수하는 표현과 띄어쓰기

수정 전	수정 후
시작돼다	시작되다
출행하다	외출하다
게스트의 인수	게스트의 인원 수
혼란을 쉽게 이르킬 수 있다.	쉽게 혼란을 일으킬 수 있다.
우리 집 앞까지 택배로 배달할지도 몰르다	우리 집 앞까지 택배로 배달할지도 모른다
모두에게 이익이 돌아가는 구조이라고 한다	모두에게 이익이 돌아가는 구조라고 한다
유행어의 사용은 주로 대부분의 젊은이들이다.	유행어는 주로 젊은이들이 사용한다.
유행어가 대량 생성될수록 그들의 질에 대해 보장 할 수는 없게 된다.	유행어가 대량 생성될수록 질을 보장 할 수는 없게 된다.
알시다시피	아는 바와 같이
유행어에 대해 중시를 갖고	유행어의 중요성을 알고
발전의 이로움과 폐단에 대한 살펴 보았다.	발전의 이로움과 폐단에 대하여 살펴보았다.
쉽게 걸릴수 있기때문에	쉽게 걸릴 수 있기 때문에
가격도 점차 감소할 전망이다.	가격도 점차 내려갈 것으로 전망된다.
언어학계에서 유행어는 깊은 관심을 받기 어렵기에	언어학계에서 유행어는 많은 관심을 받기 어렵기에
프로그램들이 실행하고 있다.	프로그램을 실행하고 있다.
소비자가 조사를 응답하였다.	소비자가 조사에 응답하였다.
상품을 구매하는 것을 선택한다	상품 구매를 선택한다
예의 층면에서	예의 측면에서
동물에게 안 좋은 약품을	동물에게 좋지 않은 약품을
3가지로 나눌 수 있다.	세 가지로 나눌 수 있다.

보기 좋은 떡이 먹기도 좋다

부록
발표하기

학습 목표 발표 준비 절차를 안다.

발표에 사용할 원고를 쓸 수 있다.

발표 자료를 만들 수 있다.

발표와 발표준비

1. 발표하기

- **발표하기(presentation, 프레젠테이션)**는 발표자가 주제에 관해서 수집, 분석, 조사, 연구한 내용을 시각적인 자료(그림, 사진, 파워포인트 등)를 이용하여 청중에서 효과적으로 전달하는 방법이다.
- 대학에서는 준비한 보고서, 자료, 실험 등을 바탕으로 개인 발표, 조발표를 한다. 발표는 대학생이 강의를 수강하면서 배운 내용을 활용하고, 그 학생이 갖추고 있는 종합적 능력을 평가하기 위해서 사용되기도 한다.

2. 발표 준비 절차

- **기획:** 발표의 주제, 목적과 방법을 분명히 하는 단계이다. 청중, 발표 장소, 시간을 고려해야 한다.
- **자료 수집과 원고 작성:** 주제가 결정되었으면 먼저 발표 원고를 쓴다. 발표 원고도 보고서와 같이 서론-본론-결론의 구성으로 쓴다. 보고서는 문어체로 쓰고 발표는 발표체로 말하기 때문에 원고를 준비할 수 있다.
- **발표 자료 만들기:** 발표는 말만 하는 연설과 다르다. 청중들에게 쉽게 이해할 수 있도록 하는 적절한 시각자료(사진, 그림, 도표, 동영상)가 필요하다. 발표 자료는 본인의 준비 능력과 상황에 따라서 파워포인트, 프레지, 키노트 등 여러 매체를 활용할 수 있다.
- **연습:** 발표 시간의 90% 정도로 사용하는 것이 좋다.
- **발표:** 복장을 단정하게 하고, 발표 원고, 발표 자료를 잘 준비해서 발표 장소에 간다.
  일찍 도착할 수 있도록 하고 발표 자료는 USB에 저장해 간다.

3. 발표의 인상

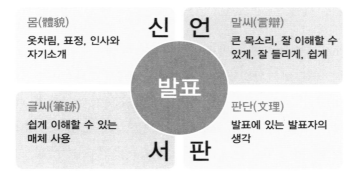

- 옛날 중국 당(唐)나라 때 인재 뽑는 기준으로 '신언서판(身言書判)'이 있는데 '신체-말씨-문필-판단력'의 순서로 뽑았다고 한다. 이것을 발표로 바꾼다면 '옷차림·자세-말씨·목소리-매체 이용-창의력·분석력'이 중요하다고 볼 수 있다.

4. 발표는 격식체

- 보고서는 독자에게 쓰는 글이고 문어체로 쓴다.
- 발표는 청중에게 말하는 이야기이고 격식체로 말한다.

5. 발표의 구성

- 발표도 보고서와 마찬가지로 내용은 도입부(서론)-전개부(본론)-종결부(결론)으로 구성된다. 발표는 청중과 의사소통 하는 상황이기 때문에 인사, 자기소개를 포함한다.

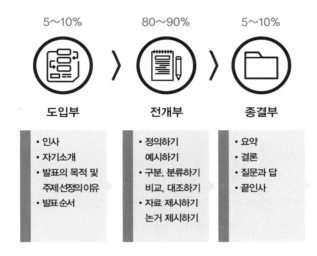

- **도입부:** 인사와 자기소개를 하고, 발표의 목적이나 주제 선정의 이유에 대해서 간략하게 설명하고 발표의 순서를 미리 알려준다. 전체 발표 시간의 5~10% 정도를 사용하는 것이 적당하다.
- **전개부:** 보고서의 본론처럼 다양한 자료를 사용하여 주제에 대해서 청중들이 이해할 수 있도록 전달한다. 보고서는 글이기 때문에 천천히 읽고 이해가 안 가면 다시 읽을 수 있지만, 발표는 현장에서 진행되기 때문에 쉽게 이해할 수 있는 다양한 방법을 생각한다. 보고서에 없는 도표, 사진, 동영상을 더 추가해서 사용하기도 한다.
- **종결부:** 앞의 내용을 요약하고 결론을 말하면서 주제에 대해 잘 기억할 수 있도록 한다. 전체 시간의 5~10%를 사용하여 질문을 받고 대답을 해준다. 마지막으로 끝인사를 한다.

6. 발표에 필요한 능력

- 발표는 대학생이 갖추고 있는 말하기와 쓰기로 표현되는 **종합적 능력을 평가**하기 위한 방법이다. 따라서 다양한 능력이 필요하다.
- **창의력:** 특색있는 내용, 구성, 새로운 전달 방법 등으로 청중의 흥미를 끌 수 있어야 한다.
- **비언어적, 준언어적 능력:** 발표는 의사소통이다. 자신감 있는 목소리와 표정, 자연스러운 몸짓과 정확한 발음과 억양 등이 있어야 내용이 청중에게 신뢰를 주면서 잘 전달될 수 있다. 발표자가 인사하고 서 있는 모습만 봐도 청중은 능숙한지 미숙한지 판단할 수 있다.
- **지식과 정보:** 아무리 비언어적인 능력을 연습했다고 해도 주제에 대한 충분한 내용, 전문적이고 새로운 지식이 없으면 청중들은 식상해한다.
- **언어능력:** 논리적, 체계적으로 주제를 전달할 수 있는 발표 능력으로, 발표 원고를 잘 쓰는 것과 발표 현장에서 자연스럽게 표현하는 능력도 포함이 된다. 원고를 책처럼 읽으면 안된다.
- **매체 사용 능력:** '보기 좋은 떡이 먹기도 좋다'는 속담처럼 비슷한 주제, 익숙한 주제라고 해도 새로운 매체로 창의적으로 표현한다면 새롭게 느껴진다. 예를 들어 같은 내용이라고 해도 파워포인트를 사용하는 것과 프레지를 사용하는 것은 다른 발표로 느껴질 수 있다.

7. 발표 매체 선택하기

발표할 때는 시각적인 자료를 사용하는 것이 청중에게 많은 정보를 효과적으로 전달할 수 있고, 말만 하는 것보다 이해하기 쉽다. 발표는 자료를 잘 만든 것만으로도 좋은 평가를 받을 수 있다. 따라서 여러 가지 방법으로 자신의 발표에 적절한 매체를 선택하고 만들 수 있어야 한다. 대학에서 많이 사용되는 발표 프로그램은 파워포인트(Power Point), 키노트(Keynote), 프레지(Prezi) 등이 있다.

❶ 파워포인트(PowerPoint)

- 강의처럼 학문적인 내용이 중심이며 논리적인 경우 사용하기 쉽다.
- 순서대로 발표할 수 있도록 복잡한 내용을 잘 정리할 수 있다.
- 만드는 방법을 어느 정도 배워야 사용이 가능하다.
- 파워포인트를 사용하기 위해서는 프로그램을 사야 한다.

❷ 키노트(Keynote)

- 청중이 집중하기 쉽도록 해준다.
- 사용이 편리하고 깔끔한 느낌으로 내용을 보여준다.
- 키노트로 만든 자료는 파워포인트에 삽입하기 쉽다.
- 키노트를 사용하기 위해서는 애플 컴퓨터가 필요하다.
- 멋진 디자인을 하기는 좋지만 디자인에 대한 감각이 있어야 한다.

❸ 프레지(Prezi)

- 발표자가 중심이 되는 내용에 적합하다.
- 창의적이고 이야기가 있는 내용을 보여주기 쉽다.
- 만드는 방법이 쉽고 인터넷의 자료를 삽입하기 편하다.
- 청중이 발표자에게 집중하여 열정적으로 발표하도록 해준다.
- 학생의 경우 인터넷에서 무료로 이 프로그램을 사용할 수 있다.
- 잘 못 만들면 내용이 정리가 안 되고 청중들이 이해하기 어렵다.

8. 발표 도구 선택

대학에서는 주로 강의실에서 현장 발표를 많이 하지만 온라인 강의가 많아지면서 영상을 통한 발표를 준비해야 하는 상황도 있다. 온라인을 통한 영상 발표는 User Created Contents (UCC, 사용자 제작 콘텐츠)를 사용할 수 있다.

- UCC는 문자, 이미지, 사진, 소리를 결합해서 동적 화면으로 의미를 전달한다. PPT는 화면이 정적이며 문자와 표 중심으로 의미를 전달한다.

- UCC는 동영상과 사진이 중심이고 글이 보조가 된다. PPT는 글과 정보가 중심이 되고 사진, 도표는 보조적 역할을 하게 된다.

- UCC는 현장감, 생생함을 주고 즉각적으로 이해를 할 수 있지만 많은 내용 전달이 어렵다. PPT는 학문적, 전문적 정보를 전달할 수 있고, 많은 내용을 전달 할 수 있지만 이해하는 데 시간이 좀 필요한 경우도 있다.

9. 발표 내용 요약하기

발표 자료는 중요한 내용만 요약해서 전달한다.

문장 표현	을/를 조사는 생략 가능 은/는 조사는 생략 가능 명사 단어가 있으면 단어로 문장 끝 마지막 단어 전에 조사는 대부분 생략하는 편 서술어가 꼭 필요하면 −함, 있음, 하기, 등

보고서

1. 신조어의 형성

신조어의 생성배경은 무엇일까? 신조어는 사람들의 특유의 심리적 본능과 사회상의 변화가 서로 유기적으로 결합하고 상호 작용하여 만들어진 결과물이다.

▶

발표 자료

1. 신조어의 형성

신조어 생성 배경
신조어: 심리적 본능 + 사회상의 변화
　　　　결합, 상호 작용으로 만들어진 결과물

복도에서 음식을 먹지 않는다.
통화는 조용히 해야 한다.
문장 마지막의 동사 뒤에 사용해야 한다.

▶

복도에서 음식 먹지 않기
통화 조용히 함
문장 마지막 동사 뒤에 사용

Tip

발표할 때 중요한 것은 청중이 주제를 잘 이해할 수 있도록 하는 것이다. 청중이 빨리 쉽게 이해할 수 있도록 발표 슬라이드를 만들고 자연스럽게 말하도록 연습을 한다.

보고서

월드컵과 광화문 촛불시위, 대통령 선거과정 중에서 나타났던 한국 사회 젊은 층의 움직임을 심층분석한 결과, "P세대"라는 신조어를 통해 이들의 특징과 가치관을 밝힐 수 있다.
P세대는 적극적인 "참여(Participation)"와 "열정(Passion)"을 바탕으로 "패러다임의 변화를 주도(Paradigm−shifter)"하는 세대라는 의미로 공통 단어인 P를 따서 만든 단어이다.
P세대의 중요한 특징은 "사회를 변화시킬 수 있다"는 심리적 잠재력(Potential Power)를 갖고 있다는 것이다.

발표 자료

제목, 주제

P세대

적극적인 사회참여
(Participation)
+
열정
(Passion)
+
잠재력
(Potential Power)

핵심 내용

패러다임 변화
(Paradigm shift)를
가져오는 세대

내용의 시각화
색깔 사용

10. 발표에 사용하는 표현

발표는 청중과 의사소통을 한다. 청중과 공감할 수 있는 언어로 말을 하는 것이 필요하다.

나 (발표자) 중심 언어	너 (청중) 중심 언어
여러분에게 불리합니다	우리에게 불리합니다.
저라면 이렇게 하겠습니다.	여러분이라면 어떻게 하시겠습니까?
그게 제 생각입니다.	그게 우리 생각입니다.
규칙을 정하겠습니다.	함께 규칙을 정하도록 합시다.
질문 받겠습니다.	질문 있으면 해주시기 바랍니다.

1) 도입부에서 사용하는 표현

(1) 인사 및 자기소개 하기

유용한 표현	예시
• 안녕하세요/안녕하십니까? • 저는 오늘 발표를 맡은 ∼학과 ∼학번입니다.	• 안녕하세요? 제 이름은 마금영이고요. 22학번 새내기입니다. • 안녕하십니까? 저는 발표를 맡은 사회학과 22학번 강인문입니다.

(2) 주제 제시

유용한 표현	예시
• 저는 오늘 ∼에 대해서 발표하고자 합니다. • 오늘의 발표 주제는 ∼입니다.	• 저는 오늘 사회문제에 대해서 발표하고자 합니다. • 오늘의 발표 주제는 인공지능입니다.

(3) 발표 목적 및 주제 선정 이유 밝히기

유용한 표현	예시
• 제가 이 주제를 발표하게 된 배경은 ∼입니다. • 최근 들어 ∼의 문제가 심각해졌기 때문에 ∼을/를 발표 주제로 선정하게 되었습니다.	• 제가 이 주제를 발표하게 된 배경은 먹방을 자주 시청하기 때문입니다. • 최근 들어 환경오염의 문제가 심각해졌기 때문에 토양오염을 발표 주제로 선정하게 되었습니다.

(4) 발표 순서 제시하기

유용한 표현	예시
• 발표 순서는 다음과 같습니다. 첫째, 둘째~, 마지막으로 ~을/를 말씀 드리겠습니다. • 저는 크게 세 부분으로 나누어서 이야기하겠습니다.	• 발표 순서는 다음과 같습니다. 첫째, 주제에 대해 소개하고 둘째 본론의 내용, 마지막으로 주제에 대한 전망을 말씀 드리겠습니다. • 저는 크게 서론, 본론, 결론의 세 부분으로 나누어서 이야기하겠습니다.

2) 종결부에서 사용하는 표현
(1) 발표 마무리

유용한 표현	예시
• 지금까지(이상으로) ~에 대해서 말씀드렸습니다. • 저는 오늘 ~와/과 ~에 대해서 살펴보았습니다.	• 지금까지(이상으로) 독거노인 문제에 대해서 말씀드렸습니다. • 저는 오늘 공유자전거와 공유킥보드의 전망에 대해서 살펴보았습니다.

(2) 질의 응답

유용한 표현	예시
• 질문이나 의견이 있으면 말씀해 주시기 바랍니다. • 좋은 질문 해 주셔서 감사합니다	• 설명이 잘 되었는지요? • 충분한 답이 되었습니까? • 질문이 없으면 발표를 마치겠습니다.

(3) 끝인사

유용한 표현	예시
• 감사합니다.	• 이상으로 제 발표를 마치겠습니다. • 지금까지 제 발표를 들어 주셔서 감사합니다.

11. 발표의 속도와 억양

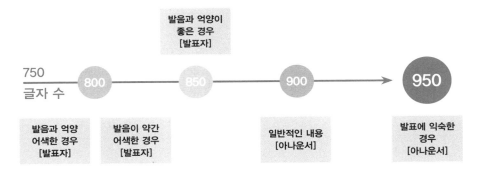

〈3분 발표의 글자 수〉

- 발표 속도는 청중이 이해할 수 있는 속도로 말하는 것이 중요하다. 일반적으로 발표자는 3분에 850글자 정도를 말한다고 하지만, 청중이 나이가 어리고 전문가가 아닌 경우 조금 천천히 말한다. 발표를 연습하면서 시간을 재 보는 것이 좋다.
- 중요하고 청중이 기억해야 하는 부분은 천천히 좀 낮은 억양으로 말한다.

12. 발표 준비 예시

발표할 내용(보고서)를 준비한 후 발표 원고와 발표 자료를 작성한다.

> [보고서]
> 2018년에 한국고용정보원이 발표한 '기술변화 일자리 보고서'의 '전공별 분석 결과'를 보면, 2025년 인공지능·로봇 등 '스마트 기술'에 의해 직업 대체 효과를 가장 심하게 겪는 대학 전공은 의약(51.7%) 계열이라고 한다. 그 뒤를 교육(48.0%)이 있다. 이정일보 (2019.04.07.)기사에서는 10년 후 대학 전공 가운데 인공지능, 로봇기술로 구직난이 가장 심한 전공은 의약, 교육이라고 한다. 현재 의사와 교사 등 가장 안정적인 직업을 목표로 하는 학생 들이 가장 큰 영향을 받을 수도 있다는 것이다.
> _____
> 1) 이정일보, 2019.04.07. 「인공지능으로 의사·약사·교사 타격」, (http://www.pjbook.com//arti/science/science_) [2021.04.29.]

[슬라이드]

2025년 인공지능·로봇 등 '스마트 기술'에 의해 직업 대체 효과

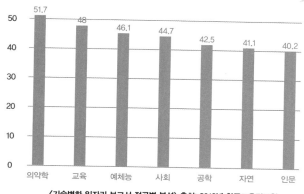

의사와 교사 등 현재 안정적인 직업 전공 학생에게 큰 영향

〈기술변화 일자리 보고서 전공별 분석〉 출처: 2018년 한국고용정보원

[발표원고] **인공지능 로봇이 직업을 대체하기 시작한다고 하는데요,** 2018년에 한국고용정보원에서 조사한 '기술변화 일자리 보고서'의 '전공별 분석 결과'를 보면, **여기 보시는 이 표입니다.** 2025년 인공지능·로봇 등 '스마트 기술'에 의해 직업 대체 효과를 가장 심하게 겪는 대학 전공은 의약(51.7%) 계열이라고 **합니다. 그리고** 교육(48.0%)이 **있습니다. 2019년** 이정일보 기사에서는 10년 후 대학 전공 가운데 인공지능, 로봇기술로 구직난이 가장 심한 전공은 의약, 교육이라고 **합니다.** 현재 의사와 교사 등 가장 안정적인 직업을 목표로 하는 학생 들이 가장 큰 영향을 받을 수도 **있다는 것을 알 수 있습니다.**

※ 발표 자료를 준비합니다.

먼저 내용을 요약하여 슬라이드를 준비를 하십시오.

발표시간: 10분 정도

매체: ppt사용

Tip

10분 정도 발표라면 12~15장 정도의 슬라이드면 충분하다.

[슬라이드]

제목을 추가하십시오

텍스트를 입력하십시오

[발표원고]

발표 평가

1. 훌륭한 발표의 조건

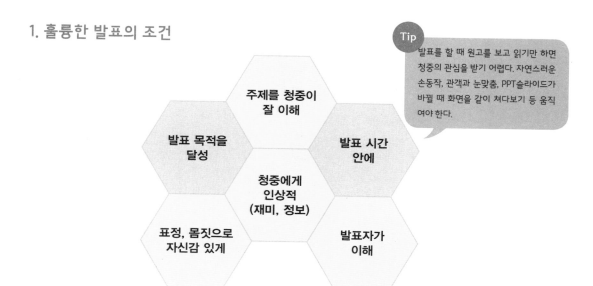

Tip

발표를 할 때 원고를 보고 읽기만 하면 청중의 관심을 받기 어렵다. 자연스러운 손동작, 관객과 눈맞춤, PPT슬라이드가 바뀔 때 화면을 같이 쳐다보기 등 움직여야 한다.

2. 발표 평가하기

다음은 발표에 대한 청중의 평가이다. 발표를 준비하면서 아래의 사항을 미리 준비한다.

	잘했다 10	보통 6	못했다 2
1. 발표자가 인사와 자기소개를 잘 했다.			
2. 적절한 자료가 충분해 이해하기 쉽다.			
3. 주제에 대해 논리적이고 객관적으로 썼다.			
4. 주제에 대한 내용이 충분하다.			
5. 이미지가 내용을 이해하기에 적절하다.			
6. 목소리가 크고 억양과 어조가 이해하기에 적당하다.			
7. 발표가 정해진 시간에 끝났다.			
8. 자세(손동작, 눈)가 자연스럽다.			
9. 필요 없는 말이나 어색한 표현이 없다.			
10. 청중의 질문에 적당한 대답을 했다.			
총 점수			점

교수-학습 참고 자료

1. 대학 보고서 예시

- 학생 보고서 1
- 학생 보고서 2
- 학생 보고서 3

2. 원격수업을 위한 교재 활용 방법

1. 강의 준비
2. 원격수업 현장의 상황
3. 원격수업 매체에 대한 이해
4. 원격수업 전 준비
5. 원격수업 활용 매체

3. 교재 사용 설명서

4. 정답 및 모범답안

[학생 보고서 1]

한국에서 먹는 방송 프로그램이 유행하는 원인과
시청자에게 미치는 영향에 대한 분석

I. 서론

먹방(mukbang)은 '먹는 방송'을 줄여 이르는 말로, 출연자들이 음식을 먹는 모습을 주로 보여주는 방송 프로그램이라는 뜻이다. 먹방은 2009년 한국 인터넷 방송에서 시작되었고 머지않아 이 열풍이 전 세계로 번지게 되었다. 단어 'mukbang'은 이미 먹방의 영어 음역으로 생기는 고유명사가 되었다. 유튜브에서 'mukbang '을 입력하면 여러 나라의 먹방 유튜버(youtuber, 유튜브 동영상 제공자)의 먹는 방송이 엄청나게 많다. 그중에 한국 먹방의 조회 수가 상위권이다. 이 점에서 보면 지금 한국 먹방의 인기는 식지 않고 계속 되고 있다. 특히 체중 관리를 할 때 먹방을 보는 것을 통해 대리 만족하는 여성들이 많다. 하지만 요즘 먹방 때문에 위장 질환 환자가 급증한다는 기사를 본 적이 있다. 먹방은 시청자에게 어떤 영향을 가져올까? 이 보고서는 먹방의 긍정적인 측면과 부정적인 측면을 함께 살펴보고 먹방에 대해 정확하게 인식하는 것을 목적으로 한다.

II. 본론

1. 먹방의 현황

이소라(2015.05.13.한국일보(http://m.hankookilbo.com/News)에서는 먹방은 2009년 1인 인터넷 방송 아프리카TV에 처음 나왔다고 하였다. 얼굴이 예쁜 BJ가 맛있는 음식을 먹는 모습은 눈길을 끌었다. 이런 프로그램은 유튜브를 통해 전 세계로 전파되었다. 오늘날 한국 먹방의 열풍은 여전히 식지 않고 음식을 먹으면서 돈을 벌 수 있기 때문에 많은 젊은 사람들이 먹방 프로그램에 뛰어들었다. 미디어·디자인 전문 취업포털인 MJ플렉스가 2019년에 미디어잡과 디자이너잡 회원 1,312명을 대상으로 실시한 설문 조사에서 한국인이 유튜브에서 가장 관심 있게 보는 분야의 1위는 '먹방(25.5%, 334명)'인 것으로 나타났다. 이 결과에서 먹방 프로그램이 많은 인기를 끌고 있다는 것을 알 수 있다.

2. 먹방의 특징 및 유형

진경안(2019)에 따르면 먹방 프로그램은 특징에 따라 크게 폭식형 먹방, ASMR 먹방, 시식형 먹방으로 분류한다고 하였다. 폭식형 먹방은 BJ가 한 번에 많은 분량의 음식을 먹는 방송이다. 폭식형 먹방은 가장 흔히 보는 형식이다. 먹방 BJ가 보통 사람들이 다 먹을 수 없는 양의 음식을 먹는 것을 통해 인기를 많이 끌 수 있지만 건강에 매우 해롭다. ASMR 먹방은 BJ가 방송에서 말을 안하고 음식을 먹는 소리를 강조하는 먹방이다. 이런 형식의 먹방은 시청자에게 청각 자극을 준다. 마지막으로 시식형 먹방은 BJ가 어떤 음식 브랜드가 새로운 음식을 내놓은 후 그 음식을 방송에서 먹으면서 그 맛에 대한 평가를 하는 방송이다. 시식형 먹방 BJ는 '평론가'란 의미가 들어 있고 어느 정도 시청자의 구매의사를 결정한다.

3. 먹방 유행하는 원인

엠브레인이 2015년에 성년 남녀를 2000명을 대상으로 실시한 먹방에 대한 설문 조사결과에서 먹방이 열광적인 인기를 얻는 가장 중요한 원인은 '일상생활과 밀접한 관련이 있기 때문(53.2%, 1064명)'인 것으로 나타났다. 그 외 '쉽게 접할 수 없는 음식을 접해볼 수 있게 해줘서(35.4%, 708명)', ' 대리만족을 느낄 수 있기 때문에(34.3%, 686명)'도 중요한 원인이다. 대리만족은 그 목표달성이 안 되었을 때 이에 대신하는 다른 목표를 달성함으로써 처음에 가졌던 욕구를 충족시키는 행동이다. 사람들은 맛있는 것을 먹고 싶지만 이런저런 이유로 마음대로 음식을 먹을 수 없거나 빨라진 생활 리듬에서 음식을 즐기는 시간이 없기 때문에 먹방 프로그램을 통해 남의 맛있는 음식을 먹는 모습을 보고 자기도 행복감을 느낄 수 있는 것이다.

4. 시청자에게 미치는 영향

(1) 긍정적인 영향

조해리(2020:58)에 의하면 먹방 시청자들은 먹는 모습을 보며 대리만족을 느낄 수 있다고 하였다. 사람들은 음식을 먹을 때 뇌에서 쾌감을 느끼게 하는 도파민 분비되고 만족감을 느끼며 기분이 좋아지는 것이다. 먹방 유튜버의 영상을 보는 것도 우리 뇌에서 동일한 효과가 있다. 즉 먹방은 시청자들의 기분 전환되고 스트레스를 해소하는 역할을 할 수 있다.

그 외 먹방 시청자들은 먹는 모습을 보며 혼자 밥을 먹을 때 누군가와 함께 있는 듯한 느낌을 받는다. 급속히 발전하는 사회에서 사람들도 이런 빠른 생활 리듬 때문에 가족들과 친구들과 함께 밥을 먹는 시간이 많이 없다. 이 때 시청자는 혼자가 밥을 먹을 때 먹방을 보면서 화면 속 사람과 함께 먹는 느낌을 느껴서 외로움도 달랠 수 있는 것이다.

(2) 부정적인 영향

첫 번째, 먹방을 많이 보는 시청자들이 나쁜 식습관을 키울 수 있다. 정형진(2020.01.26)에 따르면 이 유행하고 야식을 '소확행'으로 위로 받으려는 현대인들이 많은 만큼 폭식증에 대한 우려도 같이 커지고 있다고 하였다. 시청자들은 먹방 영상을 보면서 시각적, 청각적 자극을 받기 때문에 더 식욕을 돋우어 준다. 이런 자극이 지속하면 폭식으로 연결될 수 있는 것이다.

두 번째, 서여의(2019)의 먹방에 대한 실험 결과에 따르면 다이어트하는 사람들은 음식에 대한 구매 욕망이 더욱 높은 것으로 나타났다. 다이어트 하는 사람들은 자기가 음식을 자제하기 때문에 많이 먹지 않고 먹방을 통해서 대리만족을 할 수 있다고 생각한다. 그러나 다이어트하는 시청자들은 보통 밥을 먹지 않는 상황에서 먹방을 본다. 이런 상황은 밥을 이미 먹는 상황이 보다 먹방을 볼 때 더욱 많은 자극을 받을 수 있기 때문에 먹방을 보고 나서 그 음식을 생각하다가 다음날에 그 음식을 시켜먹을 가능성이 더욱 높고 오히려 역효과를 가져오는 수가 있다.

세 번째, 먹방을 따라 하는 청자들은 영향 불균형과 영양이 과도가 일어날 수 있다. 권순일 (2016.04.27)에 따르면 먹방을 따라 하다 보면 평소 본인의 양보다 많은 양의 음식을 먹게 되거나 특히 밤늦게 TV를 보다 식욕이 돌아 야식을 먹는 경우도 많다고 하였다. 그렇게 한번에 많은 양을 먹은 후 다른 음식을 더 이상 먹을 수 없다. 이대로 나가면 영양 섭취 불균형으로 인해 비만 당뇨병 등 성인병에 쉽게 걸릴 수 있기 때문에 건강을 해롭게 한다.

네 번째, 많은 청소년 시청자들은 음식을 먹으면서 돈을 벌 수 있는 먹방 BJ의 영향의 받아서 음식을 많이 먹으면 쉽게 돈을 벌 수 있다는 생각으로 공부할 마음이 없어진다.

III. 결론

지금까지 이 보고서에서는 먹방 프로그램이 유행하는 원인과 인기 이유와 시청자들에게 미치는 영향을 살펴보았다. 그 결과 설문조사에서 먹방의 유행 원인은 일상과 밀접한 관련이 있고, 쉽게 먹을 수 없는 음식을 먹어 대리만족을 느낀다는 것으로 조사되었다. 긍정적인 영향으로 혼자 밥 먹을 때 덜 외롭다는 점도 있었다. 반면에 부정적인 면은 먹방으로 자극을 받아 야식, 과식, 폭식으로 연결되어 성인병의 위험이 높아지기도 했다. 또 지나치게 많은 청소년들이 먹방 BJ가 되고 싶어하기도 했다. 그러므로 앞으로 우리는 먹방은 우리에게 어떤 영향을 주는지를 정확히 인식해야 하고 자신의 상황을 자각하고 먹방 프로그램을 적당히 볼 수 있어야 할 것이다.

[참고 문헌]

권순일, 먹방, 쿡방 때문에… 건강 해치는 식습관 3, 2016.04.27. http://kormedi.com/1218648/%EB%A8%B9%EB%B0%A9-%EC%BF%A1%EB%B0%A93/?from=singlemessage&isappinstalled=0

서여의, 먹방프로그램 효과에 관한 연구: 다이어트 유무와 기구형태를 중심으로, 동국대학교대학원, 석사학위논문, 2019.

이소라, 우리나라 최초의 '먹방'을 아세요? 한국일보, 2015.11.20. https://n.news.naver.com/entertain/article/469/0000063281

전형진, 먹방의 시대 관계의 허전함과 폭식증의 증가,정신의학신문, 2020.01.26. http://m.psychiatricnews.net/news/articleView.html?idxno=18408

조해리, 내 맘대로 맘대로: 먹방, 나의 뇌는 어떻게 느낄까? 브레임 제81집, 한국뇌과학연구원, 2020.

진경안, 먹방 인플루언서 특성이 제품 호감도와 구매행위에 미치는 영향 연구, 가천대학교대학원, 석사학위논문.

한국 인터넷 유행어의 특징과 영향

Ⅰ. 서론

최근 한국 젊은이들 사이에 사용하는 신조어나 은어가 점점 많아지고 있다. 이러한 단어들이 현대 인터넷 사회의 트랜드가 되었다. 예컨대 '남아공'은 '남아서 공부나 해'의 줄임 말로 요즘 10대들 사이에서 유행하는 단어이고, '인구론'은 인문계 90%는 논다는 뜻이다. 또한 '띵작'은 명작을 뜻하며 [띵]과 [명]의 글자 모양이 비슷해서 나온 말이다. 이처럼 간단한 단어로 필요한 말이나 뜻을 전달하는 것이 바로 젊은이가 즐겨 사용하는 유행어이다. 본 연구에서는 유행어의 특성을 분석하며 이런 특성들이 여러 측면에게 미치는 영향에 중점을 두고 살펴보고자 한다.

Ⅱ. 본론

유행어의 창조자와 화자의 연령 제한은 없지만 담정예(2017:9) 연구에 따르면 창조자와 화자는 주로 청소년이라고 한다. 그것은 청소년은 상상력과 창조력이 상대적으로 강하기 때문이다. 자신, 친구와 남에 대해 비판적으로 보기 쉽고 자신과 타인의 비교에 의한 우월감과 열등감이 생기기 쉽다. 이러한 심리적 배경 아래 자기 자신과 타인에 관련된 어휘의 유행어를 자주 만든다고 하였다(담정예, 2017:9). 그러므로 유행어는 젊은이들 사이에서 더욱 유행하고 많이 사용하게 된다는 것이다. 청소년은 자의식이 강하고 구속을 거절하기 위해 자유를 탐구하고 관습을 타파한다. 행위는 물론 언어도 정확한 어형에서 벗어나 융통성을 중시하지 않는다. '줄임말'도 바로 문법을 지키지 않는 어휘 중 하나이라고 했다(담정예, 2017:11).

DING YING의 「국어 유행어에 대한 연구」에 따르면 유행어는 유행어소, 유행단어, 유행어구, 유행어문과 이야기를 포함한 광범위한 언어 체계에 속한다. 따라서 여기서는 유행어를 단순한 단어로 가리키는 것이 아니고 유행 언어의 의미를 가지고 있다라고 설명하였다. 이 연구에서 유행어는 단순한 단어나 문장에 포함하는 것이 아니라 일종의 언어라고 말할 수 있는 것이다.

1. 유행어의 특성

유비비(2012)의 「중국 인터넷 유행어 연구: 2008년~2012년 문화를 중심으로」에 따르면 인터넷 유행어는 인터넷 발전의 필연적인 산물이자 인터넷 미디어 전파의 새로운 방식이다. 따라서 그 수요에 의해 대량 유행어가 생성되고 그런 유행어들은 네티즌들이 사회 현실을 직시하고 반응하며 적극적으로 참여하기에 사회 사건에 대해 감정을 토로하고 의견을 도출하는 유용한 도구가 되었다고 한다. 이는 인터넷 유행어의 중요한 특징이라 할 수 있다. 인터넷 유행어가 유행 될 수 있는 것은 사람들의 심리적인 추구에 부합하고 일부 사람들이 동감을 느끼기 때문이라고 하였다. 사람들은 인터넷을 통해 소통만을 추구하는 것이 아니라 공감이나 공명을 원하는 것이라 볼 수 있다.

이현나(2013:13)에 따르면 유행어는 해학성, 풍자성과 시효성이란 특성을 가지고 있으며 그것이 생성되고 유포되는 사회의 모습을 민감하게 반영한다. 유행어를 통해 사회 발전의 맥락, 생활 방식의 변화와 인간관계의 흐름 등을 파악할 수 있고 사회발전으로 이루는 심리적 변화에 대해서도 알아볼 수 있다고 한다(DING YING, 2008). 그러므로 다음은 유행어의 해학성, 풍자성과 시효성에 대해 살펴보고자 한다. 이런 유행어의 특징을 통해 언어사용의 변화만을 알 수 있는 것이 아니라 사람들의 의사소통 방식의 변화에 대해서도 더 많은 인식을 얻을 수 있다.

1) 해학성

인터넷 유행어의 첫 번째 특성은 해학성이다. 'TMI(Too Much Information)'는 너무 많은 정보, 군이 알려주지 않아도 될 정보를 뜻하고 불필요한 말을 한다는 의미로 사용된다. '얼죽아(얼어 죽

어도 아이스 아메리카노)'라는 뜻으로 한국인의 커피 사랑을 볼 수 있다. '렬로'는 '정말로' 뜻하는 '리얼로'를 귀엽게 표현한 것이다. 이처럼 원래의 뜻에 익살스럽고도 품위가 있는 표현 즉, 해학적 의미를 추가하여 새로운 언어를 만든 것이다. 인터넷에서 의사소통을 할 때 서로 모르는 사이에 해학성이 가득한 유행어는 교류의 윤활제라 할 수 있다. 이런 해학성을 통해 아는 사이든 모르는 사이든 사람들의 교류는 더 수월해지고 유쾌해진다.

2) 풍자성

인터넷 유행어의 두 번째 특성은 풍자성이다. '문찐'은 문화나 문명에 소외되어 트랜드를 따라가지 못하는 사람을 의미한다. '내로남불'은 내가 하면 로맨스, 남이 하면 불륜의 줄임말이다. '우유남/우유녀'는 우월한 유전자를 가진 남자/여자를 뜻한다. 이처럼 어떠한 현상이나 행위를 풍자하는 것은 현대인의 언론 자유와 서로 충돌한 사상을 해학적인 방식으로 표현하기 위해 나타난 것이라고 볼 수 있다. 이러한 풍자의 의미를 가지고 있는 유행어들이 반역적이고 독특함을 추구하는 젊은이들에게는 흥미롭고 신선한 존재인 것이다. 인터넷 유행어의 풍자성은 자유와 개방을 가지고 사람들의 심리적 변화와 입장을 나타낸다.

3) 시효성

인터넷 유행어의 마지막 특성은 시효성이다. DING YING(2008)에 따르면 유행어는 빠르게 나타났다가 없어지기 때문에 어휘 체계 속에 편입되기에는 소실될 수 있으므로 언어학계에서 한국 유행어에 대한 연구는 드문 실정이라고 한다. 그러나 유행어는 사회의 성격을 반응하며, 사람들의 심리상태를 가장 잘 나타내주는 어휘 군으로, 사회언어학인 면에서 중요한 의미를 가지고 있다고 한다(Ding Ying, 2008). [그림1]과 [그림2]에서 볼 수 있듯이 시기마다 유행어가 달라지고 생성된다. 이러한 시효성을 가지고 있는 유행어는 쉽게 대체할 수 있으므로 젊은이들과 나이든 층에게 혼란을 주기 쉽고 심하면 세대 차이를 느끼게 할 수 있다. 유행어는 은어와 함께 해학성과 풍자성에서 공통점을 보이고 있지만 시효성은 유일하게 두 종류 언어를 쉽게 구분할 수 있는 특성이다(양해리, 2019:13).

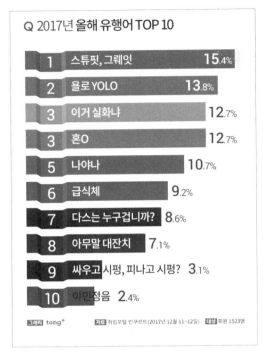

Q 2017년 올해 유행어 TOP 10	
1 스튜핏, 그뤠잇	15.4%
2 욜로 YOLO	13.8%
3 이거 실화냐	12.7%
3 혼O	12.7%
5 나야나	10.7%
6 급식체	9.2%
7 다스는 누구껍니까?	8.6%
8 아무말 대잔치	7.1%
9 싸우고 시펑, 피나고 시펑?	3.1%
10 야민정음	2.4%

그래픽 tong+ 자료 취업포털 인쿠르트(2017년 12월 11~12일) 대상 회원 1523명

그림1 2017년의 유행어 TOP10

2018 올해의 유행어			
[인크루트 X 두잇서베이 회원 2,917명 대상 설문조사]			
1위	소확행	소소하지만 확실한 행복	28.8%
2위	갑분싸	갑자기 분위기 싸해짐	18.5%
3위	인싸	Insider	16.0%
4위	영미	평창동계올림픽 컬링팀 멤버	12.6%
5위	TMI	Too Much Information	9.5%
6위	존버	존* 버티다	6.1%
7위	현타	현실자각타임	2.6%
8위	무엇?	어이없는 행동을 목격할 때	2.1%
9위	평냉	평양냉면의 줄임말	1.7%
10위	엄근진	엄격, 근엄, 진지의 줄임말	1.4%

좋은 일 찾을 땐 인Incruit

그림2 2018년의 유행어 TOP10

2. 유행어의 영향

1) 긍정적인 면

인터넷은 세계 사람들이 서로 메시지를 공유하며 교류를 할 수 있는 플랫폼이다. 유행어의 창조로 인터넷 분위기가 살아나고 고유한 언어에 추가한 해학적인 이미지가 서로 간의 긴밀감을 생성하고 유쾌함을 가져다 주는 데에서 긍정적인 영향을 보인다. 또한 사회가 효율을 추구하며 발전 속도가 빨라지므로 많은 사람들이 인터넷을 통해 스트레스를 해소하며 감정을 토로한다. 이러한 유행어가 이들의 감정발산 도구가 된 것이다. 게다가 사람들은 공동적인 화제를 가지기 위해 사회사건이나 크게 일어나는 일들에 관심을 갖게 되고 인식의 일치를 추구한다고 하였다(马婧, 2011:7). 인터넷 유행어로 내성적인 사람들도 이야기를 쉽고 재미있게 나눌 수 있으며 서로 간의 배려와 위로도 수월하게 전달할 수 있게 되었다. 의견과 입장이 달라도 풍자성이나 해학성을 가진 유행어로 전달할 수 있다는 점에서도 긍정적인 영향을 볼 수 있다.

2) 부정적인 면

인터넷 유행어는 긍정적인 영향만을 주는 것이 아니다. 부정적인 영향은 다음 세 가지로 나눌 수 있다.

첫째, 예의 측면에서 시대적 차이를 느낄 수 있다. 유행어는 대부분 젊은이 사용한다. 인터넷을 많이 사용하지 않거나 유행에 대해 관심이 부족한 사람에게는 유행어에 대해 인식이 높지 않을 수 있다. 이들이 서로 교류할 때 언어간의 인식 편차가 생기거나 심각할 때 예의 없다는 이미지를 남길 수 있다. 특히 나이 많은 사람에게는 더욱 쉽게 이런 느낌을 줄 수 있다고 하였다(于根元, 2002:18).

둘째, 인터넷은 모든 사람들이 공유하는 무대로서 각종의 메시지가 유포되어 있기 때문에 틀리거나 유해한 메시지도 전달되기 쉬워진다. 특히 심리적으로 성숙하지 않거나 가치관이 온전하게 생성되어 있지 않은 청소년들에게는 이러한 오도가 더욱 쉽게 완성할 수 있다. 유행어가 대량 생성될수록 질을 보장 할 수는 없게 된다. 청소년은 유행어를 사용하는 것을 트랜드라 생각하고 그 의미에 대해서는 깊이 고민을 하지 않는다. 특히 속어의 사용은 더욱 반란해진다고 하였다(安志伟, 2010:116-118).

마지막으로 인터넷 유행어의 사용으로 가치관이 성숙하지 않은 청소년에게 혼란을 줄 수 있다. 이러한 혼란은 국어의 발전과 유지에 피해를 줄 수 있다. 인터넷 유행어는 규범적이지 않고 부정확성과 불안정성을 가지고 있다. 많은 유행어는 일반적인 문법과 구조에서 벗어나 창조성을 부유한다. 그러므로 청소년들은 국어에 대해 아직 정확한 인식을 가지지 못한 상태에서 새로운 유행어에 관심을 갖게 되어 언어의 사용에 오류가 생길 수 있다(张墨飞, 2010).

Ⅲ. 결론

지금까지 인터넷 유행어의 특징과 그 영향에 대해서 논의하였다. 앞서 본론에서 살펴 본 것처럼 유행어는 불안정성이 강해서 부정적인 영향을 더 쉽게 끼칠 수 있기에 유행어의 남용은 모든 사람의 노력으로 자제해야 한다고 본다. 국어의 중요성에 따라도 유행어의 남용은 지극히 중시해야 할 만한 문제라고 생각한다. 인터넷 유행어의 사용은 긍정적인 영향도 가져 왔기에 무조건의 금지 보다는 남용을 자제하는 것이 마땅하다고 본다. 인터넷 유행어의 중요성을 알고 더 많은 연구가 진행되기 바란다.

참고자료

김환, [신조어를 활용한 사회적 현상 아카이빙 방안 연구], h t t p://www.r i s s .k r.c a.skku.edu:8080/search/detail/DetailView.do?p_mat_type=be54d9b8bc7cdb09&control_no=0d0ab167ec5e36b6!e0bdc3ef48d419, 2017.

이현나, RISS,「새터민 청소년의 유행어 인식 및 사용 특성: 유행어 사용을 통해 본 새터민 청소년의 언어 적응 양상」, http://www.riss.kr.ca.skku.edu:8080/search/detail/DetailView.do?p_mat_type=be54d9b8bc7cdb09&control_no=4be912dbc706c8d!fe0bdc3ef48d419, 경산: 대구대학교, 2013, 29쪽.

DING YING, RISS,「국어 유행어에 대한 연구」, http://www.riss.kr.ca.skku.edu:8080/search/detail/DetailView.do?p _mat_type=be54d9b8bc7cdb09&control_no=9ab2ba06cb54a3fa!e0bdc3ef48d419, 2008, 16쪽.

양해리, RISS,「한국 청소년의 언어문화 형성에 관한 연구: 욕설·비속어·은어·유행어를 중심으로」, http://www.riss.kr.ca.skku.edu:8080/search/detail/DetailView.do?p _mat_type=be54d9b8bc7cdb09&control_no=b707db6483285a93!e0bdc3ef48d419, 2019, 13쪽.

유비비, RISS,「중국 인터넷 유행어 연구: 2008년~2012년 문화를 중심으로」, http://www.riss.kr.ca.skku.edu:8080/search/detail/DetailView.do?p_mat_type=be54d9b8bc7cdb09&control_no=3e1fd9109d74210d!e0bdc3ef48d419, 2012.

马婧, 知网,「网络流行语传播属性与研究价值」, https://kns.cnki.net/KCMS/detail/detail.aspx?dbcode=CMFD&dbname=CMFD2011&filena me=1011143490.nh&v=MTUzNzM1RWJQSVI4ZVgxTHV4WVM3RGgxVDNxVHJXTTFGckN

VUjdxZlllZG5GQ2prVnI3SlZGMjZIN0s4SGRYRnI, 2011, 7쪽.

安志伟, 知网,「论当代网络语言的社会影响」,《理论学刊》, https://kns.cnki.net/KCMS/detail/detail.aspx?dbcode=CJFQ&dbname=CJFD2010&"lename=LLSJ201004028&v=MjkzNzhNMUZyQ1VSN3FmWWVkbkZDamxVTC9OS1NIWVpMRzRIOUh

숙박 공유 서비스 '에어비앤비'의 급속한 발전 원인과 문제점

Ⅰ. 서론

공유경제(Sharing Economy)란 한번 생산된 제품을 여럿이 공유하여 쓰는 협력적 소비를 기본으로 한 경제 방식을 의미한다.[1] 숙박 공유 서비스는 공유경제의 개념을 바탕으로 개인의 숙박을 타인과 공유하는 산업이다. 공유 숙박에서 가장 대표적인 플랫폼은 에어비앤비(Airbnb)이다. 에어비앤비는 2008년에 설립된 공유 숙박플랫폼으로서 190개 국가, 3,400개 도시, 40억 개 이상의 주택 공급원을 가지고 있다.[2] 최근 에어비앤비가 호텔 서비스를 대신하면서 사람들이 여행할 때 숙박 방식의 일 순위가 되었다. 필자도 숙박을 선택하려면 에어비앤비를 먼저 찾는다. 그렇지만 이 것은 신규 사업이라서 아직 몰래 카메라 범죄 문제, 불안정성, 기존 숙박업과의 이해관계 충돌 등 문제점이 존재하고 있다. 이 보고서의 목적은 에어비앤비의 급속한 발전 원인과 발전 과정에서 가지는 문제점을 분석하는 데 있다. 본 보고서의 순서는 발전원인, 문제점, 요약이다.

---

[1] 신규환, 이예지, 「공유경제 과세문제에 대한 연구--숙박공유업을 중심으로」, 〈租稅와 法〉 제11권 제2호, 서울: 서울시립대학교 법학연구소, 2018, 31쪽.

[2] "全球共享经济渗透的九大领域 , 以及各自的代表性公司盘点", 人人都是产品经理 , 2015.12.18, http://www.woshipm.com/it/252698.html.

Ⅱ. 본론

에어비앤비와 같은 플랫폼은 쉽게 말해서 손님이 방을 빌리는 값은 주인에게 지불하고 이를 중개해준 플랫폼은 수수료를 떼어가는 시스템이다. 공식적으로 에어비앤비에서 방을 빌려준 사람을 호스트라고 부르며 들어가는 사람을 게스트라고 부른다.[3] 시장에서 비슷한 온라인 단기임대 기업이 계속 나오지만 에어비앤비를 대신할 수 있는 기업이 없다.

1. 발전 원인

1.1 다양성

호스트가 에어비앤비를 열 때 전통적인 '트윈 룸', '더블 룸' 등 화면이 아니고 각양각색의 숙박사진를 보여준다. 에어비앤비가 게스트의 인원 수, 거주지, 입주 시간 등 조건에 따라서 어울린 숙박을 제공한다. 에어비앤비에서 '집 전체', '개인실', '호텔 객실', '다인실' 등 숙소 유형을 선택할 수 있고 주택, 아파트 등 건물 유형도 선택할 수 있다. 게스트들이 호스트가 업로드한 사진을 보고 자기 좋아하는 인테리어 종류도 고를 수 있다. 또한 호텔보다 공유 숙박의 분포 범위 더 크고 도시를 제외하고 교외와 농촌에서 분포하기도 한다. 그래서 도시의 번화를 감상하기거나 자연을 음미하거나 다 할 수 있다. 공유 숙박은 이런 다양성이 가지고 있기 때문에 게스트가 제일 마음에 든 숙박을 서택할 수 있고 숙박의 새 맛과 즐거움을 느낄 수 있다. 그래서 에어비앤비가 인기를 끌고 발전할 수 있다고 생각한다.

1.2 사용자의 취향 맞춤

CSCN(2020)에서는 에어비앤비 사용자의 연령과 예약량의 관계를 표로 정리했는데 인용하면 다음과 같다.[4]

---

3   에어비앤비, 나무위키, https://namu.wiki/w/%EC%97%90%EC%96%B4%EB%B9%84%EC%95%A4%EB%B9%84
4   "爱彼迎数据分析报告", CSDN, 2020년8월14일, (https://blog.csdn.net/qq_39382777/article/details/108006592 2021.05.04)

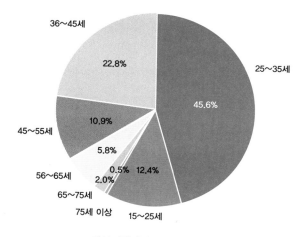

표1 에어비앤비의 연령층과 예약량

〈표1: 연령층과 예약량〉에 따르면 에어비앤비의 사용자가 25~45세에 집중하고 총 68.4%로 나타나는 것을 알 수 있다. 25-45세가 소비 능력과 여행 욕망이 가장 강한 집단이다. 에어비앤비의 호스트들이 20대부터 40대 사람의 취향을 맞추어 집을 장식하고 필요한 물품을 제공한다. 예를 들어 친구와 같이 여행할 때 프로젝터를 이용해서 영화나 다른 영상을 보는 것을 좋아한다고 할 때 많이 호스트들이 이들의 취향을 잡기 위해 숙박 시설의 프로젝터를 설치하기도 한다. 또한 요즘 스마트홈이 유행하면서 인공지능적 주변 장치를 배치하는 숙박도 있어서 예를 들어, 휴대폰으로 열 수 있는 대문 방식, 인공지능 스피커 등이 게스트의 사랑을 받았다.

1.3 문화체험 가능

게스트들이 공유 숙박을 사용하면 주인과 교류하기도 하고 특색 있는 문화체험을 하기도 한다. 필자의 경험을 예로 들면 한국에서 여행할 때 한옥을 체험할 수 있다. 에어비앤비에서 예약한 후에 가게 됐다. 숙박 문제를 해결할 수 있을 뿐만 아니라 한옥 문화도 체험할 수 있어서 좋다고 생각했다. 주인과의 교류에서 숙박 주변의 독특한 음식, 관광지를 알 수 있고 여행에 더 심취할 수 있다. 다른 지역도 마찬가지로 게스트들이 공유 숙박을 통해서 그 지역의 특별한 문화를 가지는 숙박을 찾을 수 있다.

2. 문제점

공유 숙박이 빠른 속도로 발전하고 있지만 아직 신흥산업이라서 발전과정 중에 문제가 많이 생겼다.

2.1 몰래카메라 범죄 문제

몰래카메라 범죄 또는 강력 범죄가 발생하고 있다. 〈머니투데이〉(2019.05.08) 기사에 의하면 여성 투숙객이 중국 산둥성 칭다오의 에어비앤비 숙소 안에 침대를 바라보는 위치에 놓인 몰래카메라를 발견한 사건을 보도했다.[5] 최근 몇 년 동안 공유 숙박의 몰래카메라 사건을 많이 폭로했다. 대부분 불법 행위자는 영상을 불법 사이트에게 팔고 일부는 자기의 더러운 마음을 만족시키기 위해서 몰래카메라를 설치했다. 이런 사건이 일어나며 많은 이용객들의 염려를 자아냈다.

2.2 불안정성

공유 숙박의 수입모델이 단일해서 경제 환경의 변화에 쉽게 따른 불안정성을 결정한다고 생각한다. 2020년 초 코로나 때문에 타격을 입고 에어비앤비도 침체에 빠졌다. STATISTA(2019)는 코로나가 에어비앤비 예약 수에 미친 영향을 표로 정리했는데 인용하면 다음과 같다.

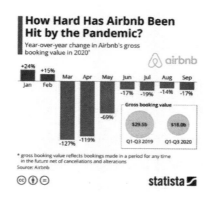

표2 코로나-19 에어비앤비에 미친 영향

---

5 '中 에어비앤비 '슈퍼호스트' 집에 몰카… 누굴 믿나", 〈머니투데이〉, 이소연, 2019년5월8일(https://news.mt.co.kr/mtview.php?no=2019050808303410536 2020.04.29)

표2에서 2020년 1/4분기에 코로나 때문에 에어비앤비의 예약 수가 큰 폭으로 떨어진 것을 볼 수 있다. 2/4분기에 에어비앤비 예약 수의 하락 폭이 가장 컸으며 동기보다 68% 감소했다. 특히 지난 4월 미국 발병률이 대규모 폭발하는 동안 플랫폼 예약 취소율이 한 때 70%를 넘어섰다. 에어비앤비의 베이징 주택 공급원 예약 수만 3개월 안에 96% 급감했다.[6] 그래서 숙박 공유 서비스의 불안정성이 발전의 방해가 된다고 생각한다.

2.3 기존 숙박업과의 이해관계 충돌
공유 숙박의 확대가 기존 숙박업소의 생존을 위협한다는 주장이 있다. 〈중앙일보〉(2020.10.23)는 기존 숙박업의 불만을 보도했다.

"정경재 대한숙박업중앙회 회장은 "기존 모텔·호텔도 공실률 50~70%로 객실이 남아도는데, 정부가 나서서 내국인 공유 숙박을 허용해주겠다니 말도 안 된다"며 "숙박업계는 다중이용시설로서 재난안전법·공중위생법·청소년보호법 등 수십 여개 규제를 적용받는데, 공유 숙박은 실거주 주택이란 이유만으로 안전규제 등을 적용받지 않는 등 지금도 형평성 원칙에 어긋나는 상황"이라고 불만을 토로했다.[7]

위의 기사와 같이 기존 숙박업의 불만이 많아서 여행업이 발달한 국가가 에어비앤비가 주는 부정적인 영향에 대응하기 위해서 부득이하게 법률을 수정했다. 예를 들어 네덜란드 수도 암스테르담이 2018년부터 에어비앤비의 주택 임대 시간을 30일로 제한했다. 이런 조치는 주로 숙박 가격을 통제하여 동시에 호텔업에 충격을 주지 않고 일반 주택 임대의 수량을 확보하기 위해서 만든 것이다.

---

6 "在共享经济吃过大亏的孙正义，偏偏错过Airbnb", 网易, 2020년12월12일(https://www.163.com/dy/article/FTLK4N9405199467.html 2021.04.21)
7 "이번엔 공유 숙박·모텔 싸움…'제2의 타다' 되나", 〈중앙일보〉, 김정민, 2020년10월23일(https://news.joins.com/article/23901510 2021.05.01)

Ⅲ. 결론

　지금까지 에어비앤비가 발전하는 원인과 가지는 문제점에 대해 살펴보았다. 에어비앤비는 다양성과 신기함으로 사람의 관심을 끈다. 호스트가 게스트의 취향과 요구를 반영하고 더 많이 사람이 공유 숙박을 선택하도록 한다. 또한 공유 숙박의 범위가 커지고 게스트들이 숙박에 입주하는 동시에 현지의 문화를 체험할 수 있다. 하지만 에어비앤비가 발전하는 과정에서 많이 문제점이 남겼다. 공유 숙박의 안전 문제, 경제 환경의 영향을 쉽게 받는 불안정성 그리고 기존 숙박업과의 이해관계 충돌 등 문제는 공유 숙박의 발전을 방해하고 있다.

　에어비앤비의 더 좋은 발전을 위해서 다른 플랫폼과 연합하고 공유 숙박에 적용된 엄격한 운영 기준을 세워야 한다고 생각한다. 부적절한 전력이 있는 이용자와 미등록 산업자가 있으면 반드시 주택 공급원을 철거하라는 명령을 내려야 한다. 국가의 입장에서 공유 숙박과 기존 숙박업의 이해관계가 평형하기 위해서 법률과 정책을 만들어주고 조정해주면 좋겠다고 생각한다. 이런 노력이 있으면 에어비앤비 등 공유 숙박의 밝은 미래를 기대할 수 있을 것이다.

[참고 문헌]

신규환, 이예지,「공유경제 과세문제에 대한 연구--숙박공유업을 중심으로」,〈租稅와 法〉제11권 제2호, 서울: 서울시립대학교 법학연구소, 2018, 31쪽 (2021.04.29)

"공유 숙박, 공유자동차, 크라우드펀딩 등 '공유경제 3법' 발의",〈뉴스워커〉, 신대성, 2021년3월8일 (http://www.newsworker.co.kr/news/articleView.html?idxno=104968 2021.05.01)

"이번엔 공유 숙박·모텔 싸움…'제2의 타다' 되나",〈중앙일보〉, 김정민, 2020년10월23일(https://news.joins.com/article/23901510 2021.05.01)

에어비앤비, 나무 위키, (https://namu.wiki/w/%EC%97%90%EC%96%B4%EB%B9%84%EC%95%A4%EB%B9%84, 2021.05.01)

'中 에어비앤비 '슈퍼호스트' 집에 몰카… 누굴 믿나",〈머니투데이〉, 이소연, 2019년5월8일(https://news.mt.co.kr/mtview.php?no=2019050808303410536 2020.04.29)

"在共享经济吃过大亏的孙正义, 偏偏错过Airbnb", 网易, 2020년12월12일(https://www.163.com/dy/article/FTLK4N9405199467.html 2021.04.21)

"爱彼迎数据分析报告", CSDN, 2020년8월14일, (https://blog.csdn.net/qq_39382777/article/details/108006592 2021.05.04)

"全球共享经济渗透的九大领域, 以及各自的代表性公司盘点", 人人都是产品经理, 2015.12.18, (http://www.woshipm.com/it/252698.html 2020.04.29)

강의 준비

교수–학습 환경의 변화 이해하기

교수–학습 환경이 강의실에서 온라인공간을 활용한 원격수업 형태로 변화하였다. 교수는 강의를 진행하면서, 외국인 유학생들을 주의 집중시키고, 강의 자료를 구성하고, 개인 활동, 소그룹 활동을 진행하고, 평가와 피드백을 하는 등 많은 역할을 해야 한다. 이런 다양한 역할을 온라인의 매체에서 어떻게 진행할 것인지, 교수–학생, 학생–학생이 어떤 방식으로 의사소통할 것인지 생각해야 한다.

온라인을 통한 의사소통 방법이 필요

현장강의에서는 질문과 응답을 바로 받을 수 있지만, 원격수업은 그럴 수 없다. 유학생들은 원격수업보다는 현장수업에 대한 선호도가 높은데, 그 이유는 즉각적인 피드백, 교수에게 질문에 대한 응답을 신속하게 받을 수 있다고 답했다. 교수는 학생과 즉각적인 피드백이 어렵더라도 소속 대학교의 학습관리시스템(Learning Management System, LMS)에서 제공하는 메시지를 활용할 수 있다. 또한 동료학습자끼리 활발한 의사소통을 위해서는 SNS 사용이 필요하다. 저자가 강의할 때 줌이나 웹엑스를 이용해서 5~10분 정도의 1:1 면담을 한 경우 호응이 좋았다.

집중력을 높일 수 있는 방법 필요

원격수업은 자발적이고 적극적인 학생에게는 많은 도움이 될 수 있지만, 그렇지 않은 경우 현장강의보다 성취도가 떨어질 수밖에 없다. 강의에 보다 집중하고 흥미를 가질 수 있도록 해야 한다. 이를 위해서는 학습의 단위를 짧게 끊어서 학습하고 이해를 확인하고 연습하는 활동이 필요하다.

활발하고 적극적인 상호작용 권장

원격수업은 혼자만의 공간에서 강의에 참여하기 때문에, 상호작용이 필요하다. 유학생들은 동료가 SNS에서 알게 된 지인처럼 느껴진다고 말한다. 외국인 유학생들은 한국인 학생보다 동료와의 상호작용 시간과, 조활동에 대한 선호도가 높았다. 일반적으로 성인 학습자들은 면대면 학습보다 온라인 커뮤니티를 통한 의견 교환에 더 편안함을 느끼고 동료들과 사회적 유대감도 크게 느낀다고 한다.

원격수업 현장의 상황

2021년 1학기 A대학 34명, B대학 62명 총 96명 외국인 유학생의 응답
실시간과 녹화강의 두 가지 방식으로 글쓰기 강의를 수강한 유학생에게 자유서술식으로 답한 결과

1) 비대면(온라인) 강의가 대면강의 보다 좋은 점은?
1위 강의를 반복해서 볼 수 있음 35.8%
2위 통학시간이 단축되어 시간이 여유 34.8%
3위 편리함 11%

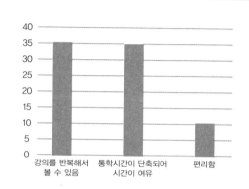

2) 비대면(온라인) 강의가 대면강의 보다 불편한 점은?
1위 동료와 의사소통 할 수 없음 28.2%
2위 집중력 저하 23.6%
3위 질문할 수 없고, 피드백을 받을 수 없음 14.5%

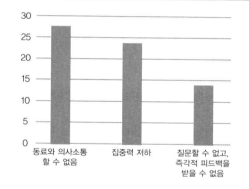

3) 다음에 비대면(온라인) 강의를 듣는다면 교수나 학생은 무슨 준비가 필요?
1위 강의 전 예습 자료 제공 11.7%
2위 흥미있는 동영상자료 제공 8.2%
3위 집중도, 인내심을 높일 수 있는 방법 7%
3위 조활동 시간 증가(동료들과 상호작용) 7%

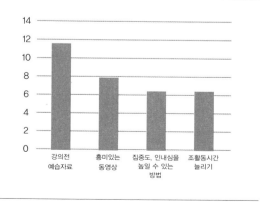

원격수업 매체에 대한 이해

- 원격수업에는 안정적인 인터넷 환경, 온라인 플랫폼, 컴퓨터, 카메라, 마이크가 미리 준비되어야 한다.

- 수업의 중심은 좋은 콘텐츠이지만 원격수업은 어떤 매체를 사용하느냐에 따라 수업 구성이 달라진다. 적당한 매체의 사용으로 강의의 질을 높일 수 있다.

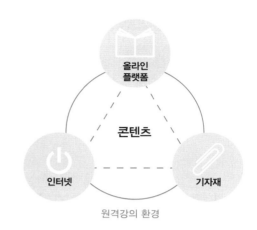

원격강의 환경

- 원격수업은 녹화강의와 실시간강의 두 가지 방식으로 구분되며, 매체의 특징에 따라 교수와 학습자의 역할과 특징이 다르다.

	녹화강의	실시간강의
이용 매체와 프로그램	에버렉, OBS, 파워포인트, 아이캔노트, 곰캠 등	밴드 라이브, 카카오톡 라이브, 유튜브 줌, 시스코 웹엑스, 구글 미트, 팀즈 등
교수자의 역할	전문성을 지닌 교과지식 전문가, 교수학습 전문가, 평가의 전문성 티칭(teaching) 중심	학생 이해 및 상담, 지식에 대한 융합적 접근, 평가의 전문성 티칭(teaching)과 코칭(coaching) 필요
학습자의 역할	시청자, 소극적 경향 자기주도 학습, 컴퓨터기반 학습에 대한 준비가 필요	자율성, 적극성, 주도성 필요 자기주도 학습, 개별화학습, 컴퓨터기반 학습에 대한 준비가 필요
특징	일방향 강의, 녹화영상, 실시간영상으로 구분 교수자가 제작한 동영상이나 학습자료를 학습자가 시청하는 형태	일방향 강의 또는 양방향강의 가능 교수자와 학습자가 정해진 시간에 같은 매체에 접속해서 실시간으로 소통하는 강의
장점	학습 시간과 장소를 자유롭게 선택 반복 재생 가능	실시간 소통이 가능, 실시간 피드백 가능 학습 동기를 유발, 집중력을 높일 수 있음
단점	학습 참여, 이해도를 확인 할 수 없음 학습동기가 약함 집중력 저하 강의 중 일탈 행동을 제한할 수 없음 질문-답변이나 피드백이 어려움	적극적이지 않은 학습자의 경우 학습효과가 떨어짐 강의 중 일탈 행동을 제한하기 어려움 온라인 매체 사용으로 의사소통의 혼란이 생길 수 있음(조활동 중 분쟁 발생, 강의 중 인터넷의 접속 문제, 해킹 등)

원격수업 전 준비

1. 수업 설계

원격수업을 위해 소속 대학의 학습관리시스템(Learning Management System, LMS)을 활용하지만 다음 사항을 고려하여 강의를 설계할 수 있다.

이 교재를 활용할 때는 (7주차에 보고서 개요에 대한 1:1 면담을 하고) 8주차에 보고서 개요와 자료 인용으로 중간고사를 과제로 대체하고 15주차에 보고서로 기말고사를 대체하는 방식을 추천한다. 유학생과 어떻게 소통할 것인지 방식을 결정하고, 마지막으로 강의 중 활용할 매체를 고려한다.

2. 원격 강의 설계에서 고려할 세부적인 사항

적절한 시간 확보

원격수업은 학습자의 반응이 적극적이지 않거나 매체 반응 시간의 지연으로 시간이 더 걸린다. 조활동도 현장강의보다 더 많은 시간이 걸린다. 교수자는 이런 사항을 고려하여 강의 시간을 배분해야 한다.

저작권법 알아 두기

강의에서 다양한 매체, 동영상, 이미지 등을 사용하여 학습의 효율성을 높이는데, 대부분 교육 목적의 경우 문제가 되지 않지만 자료를 공유하거나 배포할 경우 문제가 될수 있다. 강의 자료의 저작권을 확인하고 유학생들에게도 저작권법에 문제가 될 수 있음을 안내한다.

정확한 공지

원격수업은 여러 이유로 계획이 변경되는 경우가 자주 있다. 외국에 체류하는 유학생들도 공지사항이 정확하게 전달될 수 있도록 이메일, 메시지 등 다양한 방법을 사용해야 한다.

친밀감 형성

유학생들은 교수가 강단에 서 있고, 학생은 앉아서 수업을 듣는 환경보다 한 화면에서 마주 볼 수 있는 온라인 화면을 심리적으로 가깝다고 생각하고 평등한 관계로 생각한다. 교수자가 적극적으로 이름을 부르고 답을 하도록 하는 것이 수업 참여도를 높일 수 있다.

3. 원격수업 활용 매체

녹화강의를 위한 프로그램

명칭	활용
에버렉	• 녹화강의 제작을 위한 프로그램 • 프로그램을 다운로드 해서 이용, 마이크와 카메라 필요 • PPT, Keynote로 만든 강의 자료, 인터넷 화면 등 PC화면의 자료를 녹화하기 편리, 교수의 모습을 넣을 수도, 목소리만 녹음할 수도 있음 • 화면에서 판서 가능
오픈 브로드 캐스터 스튜디오	• 녹화강의, 실시간 강의를 위한 화면 녹화 프로그램 • 프로그램을 다운로드 해서 이용, 마이크와 카메라 필요 • PPT, Keynote로 만든 강의 자료, 인터넷 화면 등 PC화면의 자료를 녹화하기 편리, 교수의 모습을 넣을 수도, 목소리만 녹음할 수도 있음
파워포인트	• 녹화강의 제작을 위한 프로그램 • 파워포인트 프로그램에 포함되어 있음, 마이크 필요 • PPT 화면과 목소리만 녹음할 수도 있음 • 화면에서 판서 가능
아이캔노트	• 녹화강의 제작을 할 수 있음 • 판서 프로그램, 화면 녹화 가능
곰캠	• 녹화강의 제작을 할 수 있음, 화면 녹화 프로그램 • 무료 버전에서는 20분까지 녹화 • 곰믹스를 이용해서 간단한 영상 편집이 가능

실시간강의를 위한 프로그램

1) 일방향 강의

Tip 라이브 통화나 방송용으로 개발됨. 실시간 의사소통은 가능하지만 교수의 화면만 전송할 수 있음, 소그룹 활동 불가능

명칭	활용
BAND 밴드 라이브	• 강의 중심 수업에 적합, PC 모바일 사용가능, 화면은 교수만 전송할 수 있음 • 초대하기로 소그룹 개설, 인원 제한 없음, 자료(학습자료, 동영상, 음성파일) 공유에 편리 • 강의를 실시간영상으로 전송할 수 있고, 촬영한) 동영상을 공유 가능 • 1회 2시간 분량 동영상 업로드 가능 • 강의 중인 교수자가 실시간 소통하기 어려울 수 있음, 해외에서는 사용 제한이 있을 수 있음
TALK 카카오톡	• 강의 중심 수업에 적합, PC 모바일 사용가능, 실시간 영상은 전송은 되고 저장은 되지 않음 • 카카오톡의 단체방으로 소그룹 개설, 3명~40명 동시 접속 가능 • 자료(학습자료, 동영상, 음성파일) 공유할 수 있음 • 화면은 교수만 전송할 수 있음, 실시간전송은 무제한 • 강의 중인 교수자가 실시간 소통하기 어려울 수 있음, 해외에서는 사용 제한이 있을 수 있음

2) 양방향 강의

Tip 화상회의용으로 개발됨. 실시간 의사소통이 가능 소그룹 활동이 가능

명칭	활용
webex 시스코 웹엑스	• 교수는 PC를 사용 전송, 학습자는 모바일 사용 가능, 영상 녹화 가능 • 교수와 학생이 프로그램을 다운로드 받아야 함. 학, 무료로 가입하면 최대 50분 사용 가능 • 소그룹 활동 가능, 자료(학습자료, 동영상, 음성파일) 공유할 수 있음, 화면 공유 가능
zoom 줌	• 교수는 PC를 사용 전송, 학습자는 모바일 사용 가능, 영상 녹화 가능 • 교수는 프로그램을 다운로드 받아야 함. 학생은 링크를 공유하여 즉시 참여 가능(참가자는 회원가입 불필요), 무료로 가입하면 최대 40분 사용 가능 • 소그룹 활동 가능, 자료(학습자료, 동영상, 음성파일) 공유할 수 있음, 화면 공유 가능
Google Meet 구글미트	• 구글 계정에 가입이 필요. 구글 클래스와 연동할 수 있음, 영상 녹화 불가능 • 링크를 공유하여 즉시 참여 가능, 무료로 가입하면 무제한 사용 가능 (유료화 예정) • 소그룹 활동 가능, 자료(학습자료, 동영상, 음성파일) 공유할 수 있음
T 팀즈	• 마이크로소프트 계정이 필요(소속 대학의 라이센스로 무료 이용 가능), 무료 버전은 영상 녹화 불가능 • 마이크로소프트의 다양한 앱 사용 가능, 교수가 학생 계정 생성을 확인을 해야 함

원격수업을 위한 보조 프로그램

구분	종류	특징
작업 공간 공유	패들렛 팅커벨 구글 잼보드	• 교사–학생, 학생–학생이 온라인으로 작업을 공유할 수 있는 공간 • 글, 사진, 등 자료를 실시간으로 공유, 저장 가능 • 학생은 링크나 QR코드로 접속 • 조활동에서 활용
실시간 설문	구글폼 멘티미터	• 설문조사에 실시간으로 참여하고 결과를 쉽게 확인할 수 있음 • 학생들은 공유한 주소에 접속하여 설문 참여 가능
발표 준비	봉봉 미리캠퍼스	• 회원가입 없이 직접 아바타나 그림을 만들 수 있음
녹음	네이버 클로바 더빙	• 인공지능 성우가 지문을 읽어 줌 • 네이버 회원가입 필요 • 한 달 20회, 1,5000자 이용 가능

교수 학습 방법

이 교재는 현장강의와 원격강의에 모두 활용이 가능하지만, 저자의 경험을 바탕으로 다양한 매체의 활용, 조활동의 방법 등 강의에 활용하면 효과적인 정보를 모아서 정리하였다. 강의 상황에 따라 더 좋은 아이디어를 추가할 수 있을 것이다. 다음은 1~10과의 교수-학습 방법의 예시이다.

1과 대학 보고서의 특징				
학습 목표	• 대학에서 쓰는 보고서의 특징에 대해서 안다. • 대학 보고서의 특징, 목표, 형식을 안다.		교재	17쪽
활용 매체	#교육부)슬기로운 온라인생활 참조(https://www.moe.go.kr/boardCnts/view.do?boardID=340&lev=0&statusYN=W&s=moe&m=0202&opType=N&boardSeq=80312) #멘티미터(https://www.mentimeter.com/) #패들렛(https://ko.padlet.com/) 또는 #팅커벨(https://www.tkbell.co.kr)		준비물	–

학습 과정	교수-학습 내용		시간	참고사항
1차시	▶ 학습목표 제시 ▶ [준비하기] 설문조사, 보고서 쓰기 능력 진단 (학습자의 상황을 파악하기 위해서 교재의 설문 외에 국적, 한국어능력시험 급수, 강의 접속 장소 등 필요 내용을 추가) 도입 질문은 대부분 정답이 없으며 주제나 학습 내용에 대한 배경지식을 활성화 시키기 위한 것이다.		5분	#온라인 설문 (구글 또는 네이버 설문조사 형식 활용) 75점 이상이 학습에 적절한 수준
	▶ 교수자 강의 오리엔테이션, 출석 확인(자기소개) – 강의 목적 안내 – 원격강의 전 주의 사항 안내 – 학기 시작 안내 사항(출석 방법, 평가방법 등)		25분	#교육부 홈페이지〉홍보〉슬기로운 온라인생활
1차시	[읽고 알아보기] A안 강의 교수자가 대학 보고서의 특징과 왜 쓰는지, 목표가 무엇인지를 질문하면서 강의	B안 전체 설문조사 교수자 질문 '보고서란 무엇입니까? 대학에서는 보고서를 왜 써야 합니까?'	20분	#멘티미터 설문으로 의견을 모아서 정리하면서 추가 설명

2차시	▶교수자는 설문조사 결과를 확인하고, 설명 [알아보기1], [알아보기2], [알아보기3]	20분	
	[알아보기4] **전체 활동하기** 보고서에서 좋은 평가를 받기 위해서는 어떤 조건이 필요합니까? 질문에 대해서 학습자 각자의 의견 이야기하기	15분	채팅창 활용 또는 #멘티미터 활용
	▶이해 문제 [연습하기1, 2] 이해 문제 풀기	15분	

3차시	[글쓰기 클리닉], [학습 Q & A]를 이용한 활동			
	A안 조활동	B안 조활동		#패들렛, 팅커벨을 활용할 수 있음 –교수자는 처음 사 용하는 학습자를 위 해 각 매체의 사용 방법을 안내 –교수는 각 소회의 실에 들어가서 질문 에 답하거나 조활동 평가하기
	▶ 교수자가 소그룹을 구성 – 조활동 '한국어로 글을 쓸 때 무엇 이 어렵습니까? 대학에서 보고서 쓰기가 중요한 이유는 무엇입니 까?' 질문에 대답 – 활동 전 조원들끼리 자기소개 하기, 내용을 정리할 서기 뽑기를 알려 준다. #페들렛 사용 – 대답을 정리하여 대표로 1명이 발표 –원격강의에 익숙한 학습자를 대상으 로 활용 –학습 동기를 강화할 수 있음 –쓰기 실력 점검 하도록	▶ 교수자가 소그룹을 구성 – 조원들을 서로 자기소개하고, 소개한 내용을 바탕으로 간단한 자기소개서 를 써서 #페들렛 사용해서 발표 –원격강의에 익숙하지 않은 학습자의 경우 –처음 만난 학습자가 매체와 서로에 게 익숙해져서 원활한 조활동 가능 –자기소개서를 통한 쓰기 실력 점검 가능	45분	

강의 안내	2주차부터 조번호+이름+학번으로 접속하기 안내 과제 제출, 출석 확인 방법 공지 A4 용지 1~2장, 다섯 가지 이상 색연필(볼펜) 준비하도록 안내	5분	교수자가 임의로 지 정하거나 신청을 받 아서 조를 구성
총 강의시간		**150분**	

2과 창의력과 아이디어 확장 방법				
학습 목표	• 대학보고서에서 창의력의 필요성을 이해한다. • 뇌의 특징과 마인드 맵을 이용한 아이디어 확장 방법을 안다		교재	33쪽
활용 매체	#멘티미터(https://www.mentimeter.com/) #클로바더빙(https://clova.ai/ko) #알마인드(https://www.altools.co.kr/download/almind.aspx) #구글 잼보드(https://jamboard.google.com/u/0/)		준비물	A4 용지 1~2장 다섯 가지 이상 색 (볼펜)
학습 과정	교수-학습 내용		시간	참고사항
1차시	▶ 학습목표 제시 [준비하기] 창의력의 필요성 4차산업혁명 시대에 중요해진 창의성에 대해서 설명 도입 질문 '기억하고 아이디어를 만들기 위한 자신만의 방법' ▶정답이 없는 도입 질문으로 활발한 대답 끌어내기		15분	#멘티미터 설문조사 형식 활용 가능
	[읽고 알아보기] 창의력이 필요한 이유에 대해서 설명 ▶교수자는 2분 동안 옷걸이를 보고 만들어 낼 수 있는 것, 할 수 있는 것을 메모하게 한다. 한국어로 쓸 필요 없으며, 단어로 쓰기		15분	A4 종이에 메모하기 유학생은 평균 3개 로 응답
	뇌의 특징 설명하기		20분	
2차시	[알아보기1] 뇌를 활용하는 방법을 읽고 질문에 답하기 (중간에 생략된 부분에 들어갈 수 있는 내용 유추해 보기) [알아보기2] 창의력을 높이는 방법 설명 [참고하기](46쪽)자기 뇌의 특징 알기를 추가로 할 수 있음		30분	읽기 지문을 학습자가 읽게 하기 또는 #클로바 더빙
	[알아보기3] 창의력과 아이디어를 확장하는 마인드 맵 활용방법 [알아보기4] 예시로 든, 마인드 맵에 대해 다양한 질문을 해서 그리는 방법에 대해서 알 수 있도록 (마인드 맵 그리는 동영상 참조)		20분	참조. 마인드 맵 그리는 방법 https://www.youtube.com/watch?v=0UCXaIYcoko 자기소개 마인드맵 그리는 방법 (https://www.youtube.com/watch?v=z65zz0INKyM)

3차시	[연습하기] 마인드 맵 그리기		40분	#종이에 또는 #구글 잼보드 이용 #알마인드나 #XMIND 이용
	A안 조활동: 36~37쪽의 이해한 것을 기억하는 마인드 맵 조원들이 협업할 수 있는 공유 공간 소개 (직접 그림을 그려서 편집/대표로 그리기/마인드 맵 프로그램 사용 등 여러 방법) −소그룹 활동 시간이 20분 내외 −수업 태도가 소극적이고, 마인드 맵에 익숙하지 않은 경우(모범답안 268쪽에 있음)	B안 조활동: 아이디어를 정리하는 마인드 맵 새내기들에게 필요한 앱이나 프로그램 마인드맵으로 그리기 완성 후 교수가 종합해서 [평가하기] 항목의 내용으로 완성도 평가 − 소그룹 활동 시간 30분 내외(새내기들에게 필요한 앱에 대해 검색할 시간이 필요) − 수업 태도가 적극적인 경우		
	완성 후 교수가 종합해서 [평가하기] 항목으로 완성도 평가하기		10분	
과제	마인드 맵의 장단점 쓰기 3과(61쪽) 쓰기와 연결됨) 개인과제 또는 소그룹 과제로 제출	대학 새내기를 위한 필수앱 설명하는 글 쓰기. 개인과제 또는 소그룹 과제로 제출		
총 강의시간			**150분**	

[참조]
저자의 경험으로 유학생의 원격수업은 현장강의보다 10~15%의 시간이 더 걸렸다. 2과부터는 [읽고 알아보기]를 15~20분 정도의 동영상으로 만들어 예습 자료로 제시하고, 강의는 [준비하기]부터 진행할 것을 추천한다.

3과 문어체 문장 쓰기				
학습 목표	• 구어체와 문어체의 차이를 안다. • 문어체를 사용하여 글을 쓸 수 있다.		교재	49쪽
활용 매체	#멘티미터(https://www.mentimeter.com/) #패들렛(https://ko.padlet.com/) 또는 #팅커벨(https://www.tkbell.co.kr) #국립국어원(https://kornorms.korean.go.kr/main/main.do)		준비물	원고지
학습 과정	**교수–학습 내용**		**시간**	**참고사항**
1차시	▶전시학습 복습: 2과 과제 확인 및 평가 [준비하기] ▶교수자는 문제에 대한 답 확인		15분	
	[읽고 알아보기1] A안 강의 구어체, 격식체, 문어체의 차이와 특징을 설명	B안 연습문제 풀기 읽고 알아보기 1의 예문을 문제로 내고 답을 확인 후 설명 추가	20분	유학생의 한국어 수준에 따라 강의 방식 선택
	[읽고 알아보기2] 강의하기		15분	
2차시	[알아보기1], [알아보기2], [알아보기3] 예문을 중심으로 문어체 표현에 대한 강의, 연습문제로 이해 확인		35분	
	[알아보기4] 외래어 표기법		15분	#국립국어원 나라별 표기방법, 용례 검색 참조

3차시	[연습하기1] 개인이 문제 풀고 채팅창을 통해 대답 제출		10분	
	[연습하기2] 참고하기 교정부호(63쪽) 추가 가능 [쓰기1]		40분	화상강의의 화이트보드 또는 #패들렛, 팅커벨 사용하여 문제 풀기
	A안 조활동 문제를 풀고 공유 공간에 답 공개 교수자는 소그룹 회의에서 질문과 답을 하기	B안 개인활동 각 개인이 문제를 풀고 답을 공유공간에 공개하기		
	완성 후 교수가 종합해서 [평가하기] 항목의 내용으로 완성도 평가하기			
과제	[쓰기2] 2과의 마인드 맵(48쪽) 장단점 메모를 바탕으로 문어체로 글쓰기 개인과제 또는 소그룹 과제로 제출			교재에 첨부한 원고지 사용 500글자 이상
총 강의시간			**150분**	

4과 단락 구성하기				
학습 목표	• 단락의 구성과 특징을 안다. • 단락의 소주제와 뒷받침문장을 분석할 수 있다.		교재	65쪽
활용 매체	#패들렛(https://ko.padlet.com/) 또는 #팅커벨(https://www.tkbell.co.kr)		준비물	–
학습 과정	교수-학습 내용		시간	참고사항
1차시 강의	▶ 복습 – 출석 확인 – 3과 과제 확인과 평가. 3과 [참고하기] 교정부호, 4과 [참고하기] 문장부호에 대한 내용을 덧붙여서 평가		15분	3과 [평가하기] 항목 중심으로 유학생의 기초 글쓰기 수준 점검
	[준비하기] ▶교수는 읽기 주제 '혈액형과 성격'에 대한 배경지식 활성화 – 문제의 답 확인 – 자신의 성격에 대해서 그림에 쓰기		15분	'혈액형에관한간단한고찰'은 일본에서 애니메이션으로 방영된 만화로 도입에 사용하기에 적당. 유튜브에서 '혈관고' 검색
	[읽고 알아보기1] 단락에 대한 설명 [읽고 알아보기2] 지문에 대한 설명과 문제의 답 확인		15분	
2차시 강의	[알아보기1]: 예문을 중심으로 소주제 문장과 뒷받침 문장 설명 [알아보기2]: 2과 36~37쪽 다시 읽고 분석한 내용 정리하기 단락과 문장 연결에 필요한 표현 설명		25분	
	[알아보기3], [알아보기4] 읽고 연습문제 풀기		10분	
	[연습하기1] 연습문제 풀기		15분	
3차시 강의	[연습하기2] 문제 풀기 [쓰기1] 조원들과 의견 나누기		15분	현장강의 일때 4등분 종이에 초고적기 조활동 문제에 대해서 교수자 설명
	– 주제에 대해서 서로 의논하고 네/아니오 중 선택(둘 다를 선택하는 것도 가능. 쓸 때 단락 연결표지 사용 주의에 대해서 설명) – 조마다 조원들이 주제에 대한 자신의 의견을 소주제와 뒷받침 문장으로 교재의 〈표〉에 정리하기 [쓰기2] 선택한 대답을 주제로 '혈액형과 성격의 관계'에 대한 글쓰기		35분	화면공유 해서 조원들이 함께 글을 쓰도록 안내 –교수자는 조활동 중간에 질문–대답. –글쓰는 과정 확인
안내	5과 조활동으로 '대학생 은어 관련'글을 쓸 예정으로 은어에 대한 예를 찾아보도록 안내			
총 강의시간			150분	

5과 단락 쓰기				
학습 목표	• 단락을 소주제와 뒷받침문장으로 쓸 수 있다. • 정의–예시, 분류–분석, 비교–대조의 단락을 쓸 수 있다.		교재	81쪽
활용 매체	#클로바 더빙(https://clova.ai/ko) #유튜브(https://youtu.be/Fh8qhAqooOU #패들렛(https://ko.padlet.com/) 또는 #팅커벨(https://www.tkbell.co.kr) #유튜브〉연고티비(https://www.youtube.com/watch?v=−Ly3LahLYFw)		준비물	대학생 은어 관련 자료
학습 과정	교수–학습 내용		시간	참고사항
1차시	▶전시학습 복습: 4과 과제 확인 및 평가 [준비하기] ▶김치에 대한 질문으로 도입하기, 김치에 대한 배경지식 활성화		15분	김치 관련 동영상 시청 가능
	[읽고 알아보기] ▶ 교수자 예시 글 읽고 설명, 문제 풀기			학생들이 한 단락 씩 읽기 / #클로바 더빙으로 예시글 읽기
	[알아보기1] 정의와 예시에 대한 설명		15분	다양한 정의에 대한 연습 추가 가능
2차시	[알아보기2], [알아보기3] 분류–분석, 비교–대조에 대한 설명		30분	
	[알아보기4], [연습하기1] 정보의 시각화		20분	5과 〈참고하기〉 95쪽 참조.
3차시	[연습하기2] 문제 풀고, 제출한 답에 대한 평가		15분	

	[쓰기1] 조활동 또는 개인활동으로 쓰기
	[쓰기2]
	▶ 교수는 소그룹 만들기
	조원들과 의견 나누고 자료 찾기
	– 은어에 대한 인터넷 자료 검색하여 필요한 자료 찾기
	– 단락의 구조에 맞게 글을 구성하기
	– 완성한 글 제출하기
	
	[은어 관련 자료 제공 가능]
	대학생 가장 흔히 쓰는 유행어 '멘붕'
	  http://www.dailycc.net/news/articleView.html?idxno=110762
	[카드뉴스] 이제 나도 인싸! 2020 유행어 TOP20
	  https://newsroom.koscom.co.kr/24427
			35분	#연고티비〉개강 연기된 새내기 필독! 대학생활 필수 용어 싹~ 다 알려드림
				
				#팅커벨 사용(시간이 되면) 발표하기
				
				은어 사용에 대한 찬반 토론으로 동기 유발 가능

강의 안내	보고서 쓰기 일정 안내 교수자는 여러 개의 화제를 제시하고 관심이 있는 것 하나를 선택하도록 미리 안내 5과(110쪽) 참조			#주제로 마인드맵 그리기 가능
총 강의시간			150분	

6과 개요 만들기				
학습 목표	• 보고서를 쓰는 과정을 안다. • 주제를 결정하고 개요를 만들 수 있다.		교재	99쪽
활용 매체	화이트보드 #패들렛(https://ko.padlet.com/) 또는 #팅커벨(https://www.tkbell.co.kr)		준비물	–
학습 과정	교수-학습 내용		시간	참고사항
1차시	▶전시학습 복습: 5과 과제 확인 및 평가 [준비하기] ▶4과 과제를 할 때 무엇을 생각했는지 질문, 어떤 순서로 글을 썼는지 질문		15분	
	[읽고 알아보기] ▶ 주제를 어떻게 찾았는지 질문 보고서를 준비할 때는 주제에 대한 관심과 흥미에서부터 시작 개요에 대한 설명		20분	
	[알아보기1] 주제 설정에 대한 설명		15분	
2차시	[알아보기2], [알아보기3] 주제, 개요에 대한 설명		30분	
	[알아보기4], [연습하기1] 두 가지 개요가 무슨 차이가 있는지 질문 학생들의 답을 바탕으로 특징 설명		20분	
3차시	[연습하기2] 문제 풀기, 답에 대한 평가		15분	조보고서 분량은 5~6장, 개인보고서 분량 3~4장 정도가 적당 –자료를 검색하는 학생들에게는 6과 [참고하기] 114~115쪽 안내 개요 제출 후 중간고사를 과제로 대체하는 경우 7과 학습 전에 개요 상담을 추천
	[쓰기1] 조활동 또는 개인활동으로 보고서 쓰기 준비 [쓰기2]		50분	
	A안 조보고서 개요 ▶ 교수는 화제를 제시(교재의 화제 중 선택 가능) 조원들과 의견 나누고 화제 선택 (화제 선택시 브레인 스토밍의 방법 활용 가능, 화제에 대해서 생각나는 것을 #화이트보드 또는 # 패들렛에 모두 쓰기, 쓴 것을 2번에 정리하기) – 주제에 대하여 의논하고, 인터넷에서 검색하고 주제 문장을 정하기	B안 개인보고서 개요 ▶ 교수는 화제를 제시(교재의 화제 중 선택 가능) 가장 흥미 있는 영역을 선택하도록 유도 (화제에 대해서 생각나는 것을 모두 쓰기, 쓴 것을 2번에 정리하기) – 주제에 대하여 인터넷에서 검색하고 주제문을 정하기 ▶ 같은 화제를 선택한 유학생들을 소그룹으로 만들고 서로의 계획에 대해서 이야기하고 평가를 듣기		

학습 과정	교수–학습 내용	시간	참고사항
3차시	112쪽 1단계 질문에 '아니오' 대답이 하나라고 있으면 주제를 다시 생각하도록 안내.(주제에 대해서 필자가 흥미가 없고, 관심이 있는 독자도 없고, 쓸 능력도 안 되면 주제를 바꿔야 한다.) 2단계 질문에 '예' 대답이 하나라도 있으면 주제를 다시 생각하도록 안내(주제가 전문적이지 않고 쉽게 이해할 수 있다면 대학보고서의 주제로 적당하지 않으니 주제를 바꿔야 한다. 예) 공유자전거 이용 방법: 인터넷을 검색하면 쉽게 알 수 있으며, 전문적이지 않다.)		9과 본론의 구성 방식, 154쪽~156쪽 참고 가능
과제 및 안내	개요를 완성하여 제출하기 자료 검색 사이트로 6과 [참고하기] 활용하도록 안내 다음 시간에 보고서 쓸 때 인용할 자료를 미리 찾아서 준비하도록 안내		
총 강의시간		**150분**	

7과 자료 인용하기				
학습 목표	• 전문적이고 신뢰할 수 있는 자료 찾는 방법을 안다. • 주제에 적합한 자료를 인용할 수 있다.		교재	117쪽
활용 매체	#etnews(https://youtu.be/TUYIZLXtC-c) #인천일보TV(https://youtu.be/e6S8dJamnfA) 워드 프로그램 각주 만들기		준비물	–
학습 과정	교수-학습 내용		시간	참고사항
1차시	▶전시학습 복습: 개요에 대해서 5번 질문(112쪽)과 7과 [참고하기] '목차 만들기(149쪽)'으로 참조하여 평가 [준비하기] ▶대학생의 소비생활에 대한 배경지식 활성화		15분	전자신문 etnews [밀레니얼 세대 '미닝아웃' 소비가 뜬다] #인천일보TV [오늘의 현장] 제품이 아닌 가치와 신념을 구매하는 미닝아웃
	[읽고 알아보기] ▶ 4과 과제를 할 때, 개요를 작성할 때 지료를 어디에서 어떻게 찾았는지 질문. 전문적인 자료 찾기에 대한 설명		20분	유학생들은 포털사이트에서 검색되는 것을 자료로 생각하는 경향이 있다
	[알아보기1] 4과 과제 결과물에서 인용방법 다시 살펴보고 설명하기 자료 인용에 대한 설명		15분	4과 과제의 인용부분에 초점을 두고 설명
2차시	[알아보기2], [알아보기3] 인용 방법 설명		20분	
	[알아보기4] 교수자는 한글이나 워드 프로그램으로 각주 만드는 방법 알려주기 125쪽은 일반적 순서이고, 234, 240, 247쪽 보고서 예시 참고 가능		20분	유학생은 대부분 워드 프로그램을 사용
	[연습하기1] 자료 해석의 중요성		10분	
3차시	[연습하기2] 통계 자료를 해석하는 방법 [쓰기]		15분	교수자는 보고서의 개요에 따라서 활동을 선택
	A안 자료 찾기 ▶ 교수는 유학생들이 주제에 필요한 자료를 찾도록 하기 찾은 자료를 정리 자료 목록에서 전문적이지 않은 자료는 지적해 주기	B안 설문조사하기 ▶ 교수는 많은 학생이 보고서에 설문조사 자료를 선택한 경우 간단한 설문조사 활용을 할 수 있음 –설문조사를 할 수 있는 프로그램(구글, 멘티)에 대해서 추가 설명	35분	
과제 및 안내	쓰기1, 2를 제출하기 다음 시간에 서론 부분을 쓸 예정, 필요한 내용 생각해 오기 찾은 자료 가지고 오기			자료 찾기 사이트 교재 114~115쪽 참고
총 강의시간			150분	

8과 서론 쓰기				
학습 목표	• 보고서 서론의 특징을 안다 • 보고서의 서론을 쓸 수 있다.		교재	135쪽
활용 매체	#클로바 더빙(https://clova.ai/ko) #패들렛(https://ko.padlet.com/) 또는 #팅커벨(https://www.tkbell.co.kr)		준비물	7과 과제로 찾은 자료
학습 과정	교수-학습 내용		시간	참고사항
1차시	▶전시학습 복습: 7과 학생자료에 대해서 평가하기 [준비하기] ▶인공지능에 대한 배경지식 활성화 인공지능 구현된 제품에 대해서 질문하기 4과 과제를 할 때, 글의 첫부분을 쓸 때 생각한 것이 무엇인지 질문		20분	학생과제는 자료의 신뢰성 자료 정리 방식을 중심으로 평가
	[읽고 알아보기] ▶글의 첫시작에 어떤 내용이 필요한지 질문 서론에 필요한 내용에 대한 설명		20분	#멘티미터로 글의 첫시작에 무슨 내용 을 쓰는지 질문
	[알아보기1] 읽고 알아보기 예문에서 서론에 필요한 표현 설명 (이 보고서는 ~ 살펴보고자 한다)		10분	
2차시	[알아보기2] 교수 설명, 연습 문제로 이해 확인		20분	
	[알아보기3], [알아보기4] 예문을 통한 설명		20분	예문은 #클로바더 빙/학생이 읽기
	[연습하기1] 연습 문제로 이해 확인		10분	
3차시	[연습하기2] 각 조에서는 1)~3) 중 하나를 선택하여 서론 완성하기 교수는 [평가하기]의 내용으로 완성한 서론에 대한 평가		15분	#패들렛 사용하여 공유하기
	[쓰기1] 보고서 주제, 제목(132~133쪽) '제목 만들기' 안내, 주제 문장 정리하기 서론 준비 질문에 답하기		15분	강의 시간 중에 교수자는 질문 받기
	[쓰기2] 서론 쓰기		20분	
과제	보고서 서론 제출하기			
총 강의시간			150분	

	9과 본론 쓰기		
학습 목표	• 보고서 본론의 구성 방식을 안다. • 도표 인용 방법을 안다. • 보고서 본론을 쓸 수 있다.	교재	151쪽
활용 매체	#패들렛(https://ko.padlet.com/) 또는 #팅커벨(https://www.tkbell.co.kr) #클로바 더빙(https://clova.ai/ko) #TBS 공유경제: https://www.youtube.com/watch?v=ogqyJxP9FhE #EBS 공유경제:https://www.youtube.com/watch?v=pRLEC1ewRDk #우리말배움터[맞춤법검사기]https://speller.cs.pusan.ac.kr/	준비물	보고서 서론 과제

학습 과정	교수-학습 내용	시간	참고사항
1차시	▶전시학습 서론의 과제 중 잘 쓴 것, 못 쓴 것 골라서 평가하기/ 230~247쪽 교재의 학생 보고서 예시로 서론에 대해 복습 [준비하기] ▶공유 경제에 대한 배경지식 활성화(동영상 참조 가능)	20분	#TBS 시민의방송 [도시의 품격] 빌려 드립니다 (공유경제) #EBS Clipbank [공유경제란 무엇일까]
	[읽고 알아보기] ▶본론에 충분한 내용이 필요함	20분	
	[알아보기1] 본론의 구성 방식 설명	10분	4과 과제에서 적절한 예시가 있으면 설명할 수 있음
2차시	[알아보기2] 보고서 종류에 따라 다른 구성 방식	20분	
	[알아보기3], [알아보기4] 도표, 그래프, 설문조사 인용 방법	20분	예문은 #클로바더빙, 학생이 읽기 등
	[연습하기1] 문제로 이해 확인	10분	
3차시	[연습하기2] 각 조에서는 문제 풀기, 교수는 문제에 대한 평가	15분	#패들렛 사용하여 공유하기
	[쓰기1] 보고서 본론 쓰기, 교수는 과정을 확인하기	35분	'표절'(165쪽) 참조
안내	각자 보고서의 본론을 쓰기, 과제 없음 #우리말배움터(180쪽) 안내		11과에서 초고 점검 예정
	총 강의시간	150분	

10과 결론 쓰기				
학습 목표	• 보고서 결론의 구성 방식을 안다. • 서론과 결론의 차이를 안다.		교재	167쪽
활용 매체	#클로바 더빙(https://clova.ai/ko) #우리말배움터[맞춤법검사기]https://speller.cs.pusan.ac.kr/		준비물	–
학습 과정	교수–학습 내용		시간	참고사항
1차시	[준비하기] ▶신조어에 대한 배경지식 활성화(은어와 신조어의 차이 설명)		10분	예문은 #클로바더빙, 학생이 읽기 등
	[읽고 알아보기] ▶결론에 어떤 내용이 필요한지 질문, 결론의 특징에 대한 설명		20분	
	[알아보기1] 결론과 서론의 비교를 통한 구성 방식의 차이		20분	
2차시	[알아보기2] 서론과 결론 비교		20분	
	[알아보기3], [알아보기4] 결론에 적절한 표현		20분	
	[연습하기1] 문제로 이해 확인		10분	
3차시	[연습하기2] 각 조에서는 문제 풀기, 교수는 문제에 대한 평가		15분	#패들렛으로 공유
	[쓰기1], [쓰기2] 보고서 결론 쓰기, 교수는 질문에 대한 대답하기, 과정을 확인하기		35분	[참고하기] '맞춤법 검사기' 설명
안내	보고서의 초고 파일을 강의 전 제출 받기 (현장강의가 가능한 경우 강의 전 초고를 3부 제출하기. 1부 교수용, 2부는 활동용)			11과에서 초고 점검 활동
총 강의시간			150분	

1과 대학 보고서의 특징

[연습하기]

1. ① ㉠, ② ㉢, ③ ㉡, ④ ㉣
2. ㉠, ㉡ 3. ㉡ 4. ㉡, ⑤ ㉡, ㉣

> Tip. 정답이 있다기 보다는 주제에 적당한 종류이다.

6.
① 글의 종류에 따라 형식이 있지만 형식보다는 내용과 표현에 집중해서 쓴다
② 문어체로 쓴다
③ 교수님, 전문가, 전공에 대해 잘 아는 동기, 선배가 읽는다.
④ 자료 보다는 내 생각을 쓰는 경우가 더 많다.

[쓰기]

① 주제 ② 독자

2과 창의력과 아이디어 확장 방법

[알아보기]

1. ① 화제: 뇌
   ② 주제: 뇌의 특징과 활용 방법
2. 마인드 맵 활용 방법
3. ③
4. ① 자기소개,
   ② 언택트 라이프(취미 생활) 정리하기,
   ③ 다섯 가지

[연습하기]

〈모범답안〉

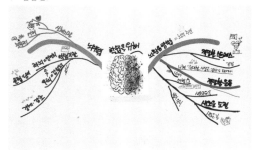

[쓰기]

1.

> 〈모범답안〉
>
> 　대학에 입학하면 모든 것이 낯설다. 대학생활에서 익숙해져야 할 것이 너무 많다. 이 때 첫학기에 잘 적응할 수 있도록 도와주고 대학생활을 편리하게 할 수 있는 좋은 앱을 소개한다.
> 　먼저, 에브리타임은 대학생이라면 누구나 사용하는 어플이다. 대학교로 회원가입 하면 학교 커뮤니티를 사용할 수 있다. 각 대학교 커뮤니티에서는 시험에 대한 정보, 중고 거래를 위한 책방, 모임, 취업 등 다양한 정보를 얻을 수 있다. 뿐만 아니라 시간표를 짤 수 있고, 친구의 시간표를 볼 수 있다. 또 수강신청할 때 이전에 수강한 선배의 리뷰에서 강의에 대해 미리 알 수 있다.
> 　폴라리스오피스는 HWP, 워드, 엑셀, 파워포인트는 물론 Adobe PDF까지 한번에 실행할 수 있는 앱이다. 컴퓨터로만 작업할 수 있었던 여러 종류의 문서를 직접 핸드폰에서도 편집하고 저장할 수 있는 서비스이다. 과제를 갑자기 고쳐야 하거나 할 때 편리하게 사용할 수 있다.

2. 〈모범답안〉
장점: 자신의 목표, 생각, 지식을 정리할 수 있다. 재미와 흥미를 느낄 수 있다. 우뇌, 좌뇌를 효율적으로 사용하는 것이 가능하다. 한 장으로 그려도 많은 내용이 정리가 된다. 기억하기 쉽다
단점: 그림에 익숙하지 않으면 어렵다. 시간이 많이 걸린다. 잘못 실수하면 다시 그려야 한다. 그림을 그리느라 집중해서 아이디어가 잘 생각나지 않는다.

3과 문어체 문장 쓰기

[준비하기]

① 대체되었습니다, ② 필자, ③ 컴퓨터만
④ 언라인 쑈핑, ⑤ 어, 음

[읽고 알아보기]

1. ① 왕리에게 숙제가 아직 안 끝나서 (내가) 늦는다고 말해주라.
   ② 왕리 선배가 일찍 온다고 한다. / 왕리, 선배가 일찍 온다고 한다.

[알아보기]

1. ① 지하철은 차가 없어도 이용할 수 있어서 편리하다.

   ② 공유자전거는 고장이 자주 나기 때문에 불편하다고 볼 수 있다./ 불편하다고 본다.

2. ① 여기서 필자는 공유경제의 문제 또는 부정적인 영향을 예를 통해 살펴볼 예정이다/ 살펴보고자 한다.

   ② 시에서는 교통체증을 해결하기 위해 공유자전거를 설치했는데 지금은 주차 규칙을 무시해서 교통 체증의 원인이 되었다.

[연습하기]

1. 1) ① (필자는) 이 보고서에서,

   ② 제시하고자 한다.

   2) ① 아는 바와 같이 ② 이용한다

   ③ 필자가, ④ 이용하는 것을

2. 아들은 부모에게 은퇴 후 생활을 제공해야 ① 한다는 중국의 전통적인 가족 구조에서 책임이 점차 해체되고 있다. 이에 따라 많은 자녀들이 결혼 후 노인과 별도로 살고 ② 자신의 집을 소유하면서 독거노인이 증가하게 되었다.

3. ① 결정했다.

   ② 내 생각 있다고

   ③ 믿어 주셨다

   ④ 회사를 ⑤ 생각했기 때문이다

   ⑥ 공부하고 있다 ⑦ 다닐 계획이다. ⑧ 공부를

[쓰기]

1. ① 공유자전거가 ② 오른쪽은

   ③ 이 서비스의 출현으로 ④ 휴대폰을

   ⑤ 이것은 ⑥ 필자는 ⑦ 이 회사와 같은

2.

〈모범답안〉

마인드 맵은 우뇌와 좌뇌의 생각을 정리하여 한 장의 지도처럼 그림과 글자로 정리하는 방법이다. 마인드 맵의 장점과 단점을 알고 기억을 하고 새로운 생각을 정리할 때 적절하게 사용한다면 뇌의 효율을 높일 수 있을 것이다.

장점은 자신의 목표, 생각, 지식을 잘 정리할 수 있다. 그림을 그리면서 재미와 흥미를 느낄 수 있다. 이미지뇌인 우뇌와 언어뇌인 좌뇌를 동시에 사용하도록 해서 뇌를 효율적으로 사용하는 것이 가능하다. 그림과 이미지가 결합해서 한 장으로 그려도 많은 내용이 정리가 된다. 그리고 칼라와 이미지를 사용해서 기억하기 쉽다.

그렇지만 단점은 그림에 익숙하지 않으면 그리기가 어렵다. 그림을 그리고 생각하느라 시간이 많이 걸린다. 그림이라서 실수하면 다시 그려야 할 수도 있다. 또는 그림에 너무 집중해서 아이디어가 잘 생각나지 않을 수도 있다.

4과 단락 구성하기

[준비하기]

1. ④

2. ① ㉡, ② ㉣, ③ ㉠, ④ ㉢

[읽고 알아보기]

1. 3단락

2. ① 혈액형과 성격

   ② 혈핵형별 성격은 과학적 근거 없음

   ③ A,B, O, AB형의 성격

   ④ 환경이 다르면 성격이 달라짐

   (쌍둥이 성격이 다름)

[알아보기]

1. ⑤

2. 뇌에 대해서 가장 많이 오해하는 질문이라 반대할 수 있는 주제를 논리적으로 설명하기 위해서

3. ① 뇌의 역할과 크기

   ② 학습기관으로 뇌의 기능

   ③ 적당한 스트레스, ④ 적당한 운동

4. ① ㉣, ② ㉠, ③ ㉡, ④ ㉢,

   ⑤ ㉦, ⑥ ㉧, ⑦ ㉤, ⑧ ㉥

5. 1) 2단락 내성격은 O형인데 혈액형은 A형

   (혈핵형과 성격은 관계가 없음)

   2) 1단락 혈액형의 설명

   3) 2단락 혈액형과 성격

   4) 3단락 내성격은 B형인데 성격과 혈액형이 관계가 있다(혈행혁과 성격은 관계가 있음)

6. 1) 별로이다

   2) 별로이다

   3) 잘 했다 4) 보통이다

[연습하기]

1. ① ⓛ , ② ⓒ, ③ ⓖ

2. ① 첫째, ② 앞에 있다, ③ 둘째,
   ④ 마지막으로, ⑤ 특히

3. 혈액형이 성격을 결정한다는 말은 과학적인
   근거가 없다(혈액형과 성격은 관계가 없다)

4. (그러므로) 혈액형과 성격 사이에는 관계가 있
   다/ 관계가 있는 것 같다.

5. ⓛ-ⓔ-ⓒ-ⓖ

6. 지금 심각한 환경문제가 나타나고 있다 / 지금
   심각한 환경문제에 직면해 있다.

[쓰기]

4.

〈모범답안〉

[혈액형과 성격은 관계가 없다]

  네이버 지식백과에 따르면 혈액형은 사람이 태어날 때부터 가지고 있는 피의 유형이고, 혈액 속에 있는 항원과 항체에 따라 혈액의 종류를 네 가지로 구분한다고 한다. 바로 A형, B형, AB형, O형이다.

  별자리와 성격이 관계가 있다고 믿는 것처럼 많은 사람들이 혈액형과 성격이 관계가 있다고 생각한다. 특히, 한국에 와서 한국 친구를 만나면서 혈액형을 중요하게 생각하는 사람이 많다는 것을 느꼈다.

  인터넷에서 '혈액형별 성격'이라고 검색하면 비슷한 결과가 나온다. 그걸 정리해 보면 혈액형별 성격은 다음과 같다.

  A형은 세심하고 풍부한 감수성을 가지고 있고 독창적이라는 장점을 가지고 있는 반면에 예민하고 집착이 센 편이라고 한다. B형은 밝은 성격을 가지고 있고 장난이 많고 추진력이 있다는 것이 강점이고, 다혈질이고 사회성이 부족하다는 것이 단점이라고 한다. AB형은 이론적이고 자신만의 세계를 가지고 있는데, 나쁘게 말하면 비현실적이고 감정이 잘 변한다고 한다. O형은 장점은 인간적이고 열정적이면서 리더의 자질을 가지고 있다는 것이고 단점은 디테일이 부족하고 잘 속는다고 한다.

  한국과 일본에서는 혈액형과 성격이 관계가 있다고 믿는 사람이 많아서 혈액형별 성격을 중요하게 생각하는 것 같다고 느꼈다. 그렇지만 중국이나 베트남에서는 혈액형과 성격이 관계가 없다고 보는 사람이 많다. 필자는 혈액형과 성격이 관계가 없다고 생각하는 사람인데 그 이유는 다음 세 가지가 있다.

  첫째, 혈액형은 사람들이 태어날 때부터 정해져 있고 바꿀 수 없는 반면 성격은 태어나자마자 형성되는 것은 아니다. 성

장하는 환경과 주변의 사람에게서 많은 영향을 받아서 변한다. 예를 들어서 어렸을 때는 밝고 외향적인 아이가 커가면서 많은 경험을 하고 나서 내성적인 성격으로 변하는 것을 흔하게 볼 수 있다.

  둘째, 혈액형은 네 가지 종류밖에 없지만 사람들의 성격은 변덕스럽고 일정한 기준으로 나눌 수가 없다. 한 사람이 한 가지 성격만 가지고 있는 것이 아니라 다른 상황에서는 다른 성격을 보일 수 있기 때문이다.

  셋째, 혈액형과 성격이 관계가 있다면 쌍둥이의 성격은 같아야 한다. 그렇지만 같은 혈액형과 유전자를 가진 쌍둥이 중에서 전혀 다른 성격을 가진 사람들을 흔히 볼 수 있다.

  그러므로 필자는 혈액형과 성격이 아무 관계가 없다고 생각하고 혈액형을 보고 그 사람의 성격에 대해서 판단하는 것은 맞지 않는다고 본다. 사람의 성격은 같이 지내야 점차 알아갈 수 있는 것이지, 혈액형만으로 알 수 없다고 생각한다.

5과 단락 쓰기

[준비하기]

2. ① ⓖ, ② ⓒ, ③ ⓛ

[읽고 알아보기]

1. 김치의 역사, 효능, 종류를 설명한다.

2. 외국인에게 김치에 대해서 알리기 위해서

3. ③

4. ① 고춧가루를 사용 시작
   ② 배추의 활발한 재배
   ③ 현재

5. ④ 식이섬유가 2배 많아서 변비에 도움
   ⑤ 유산균

6. ⑥ 짧은 동안 먹는 것
   ⑦ 김장 김치

[알아보기]

1. ① 떡볶이는 가래떡을 잘라 채소를 넣고 간장이나 고추장 양념을 하여 볶은 한국 음식이다. 말하자면 한국에서 길거리에서 흔히 볼 수 있는 간식으로 간장 떡볶이, 기름 떡볶이, 궁중 떡볶이 등이 있다.
   ② 은어란 어떤 집단의 사람들이 다른 사람이

알아듣지 못하도록 자기들끼리 사용하는 말이다. 예를 들면 대학생끼리 사용하는 우주공강(오래 기다리는 공강), 고학번(학번이 높은 선배) 등이 있다.

2. 밀(가루)음식은 스파게티, 떡볶이, 만두, 라면으로 쌀 음식은 떡국, 김밥, 비빔밥으로 분류할 수 있다.

3. ① 공통점이 있다. 마찬가지이다
   ② 이에 차이점이 있다 / 차이가 있다

4. ① 글로 기록된 예술 작품, 고정문학
   ② 설화, 민요, 판소리, 속담
   ③ 시조, 소설
   ④ 서민들이 주로 즐겼다

[연습하기]

1. ㉠ 반면에, ㉡ 차이점은

2.

	2016년	2017년	2018년
주스 떡볶이	427억 700만원	339억 9900만원	299억 1200만원
성대 떡볶이	79억 8500만원	62억 800만원	51억 1600만원
세끼 떡볶이	58억 8100만원	99억 2400만원	118억 8400만원

㉢ 프랜차이즈 떡볶이 2016~2018년 매출(조사)/
프랜차이즈 떡볶이 3사의 2016~2018 매출 조사

3. ④

4. ㉠ 정의, ㉡ 비교

5. ① 구분할 수 있다 / 구분한다 / 분류한다.
   ② 말이다 / 단어이다
   ③ 예를 들어 / 예를 들면

[쓰기]

1.

〈모범답안〉

한글과 한자는 한국어를 표현하는 글자이지만 여러모로 다르다. 한글이란 한국어의 문자 이름이고, 한자는 중국어의 문자 이름이다. 한글은 소리를 표기하는 표음문자이지만 한자는 뜻을 표시하는 표의문자라는 차이가 있다. 한글은 만든 사람이 확실한 유일한 문자로 1446년 세종대왕이 만들었다. 반면에 한자는 기원전 15C부터 기록이 남아 있는데 누구인지 알 수 없다. 한글은 기본 24글자의 결합으로 세상의 모든 소리를 표현 할 수 있다. 한자는 8만 개 이상이 있는데, 주로 사용하는 글자는 3500개 정도이고, 새로운 개념은 새로운 글자를 만들어서 뜻을 표현한다.

2.

〈모범답안〉

한국어에서 집단 사이에 사용하는 어휘를 전문용어, 은어, 속어 등으로 나누는데 이 중에 은어란 다른 사람들이 모르도록 자기와 같은 집단의 사람들 사이에서만 사용하는 말, 또는 특정한 직업 사람들만 사용하는 말이다.

은어는 표준어와 다른 의미를 가지고 있다. 예를 들어서, 메뚜기는 곤충의 종류이지만 도서관에 자리가 없어서 계속 옮겨가면서 공부하는 사람을 메뚜기라고 부른다.

은어는 속어와 달리 저속한 의미가 아니라는 차이점이 있다. 은어를 사용하는 집단으로는 청소년, 대학생, 특정 직업의 사람들로 구분할 수 있다.

대학생이 사용하는 은어의 예를 들면, 학번 차이가 많이 나는 선배를 '시조새'라고 부르거나 중앙도서관을 '중도', 슬세권 '슬리퍼로 생활할 수 있는 거리'와 같은 단어들이 있다. 은어를 사용하는 이유는 사용하는 구성원 사이의 친숙함과 결속력을 느낄 수 있고, 같은 집단이 아닌 사람과 차이를 두기 위해서, 다른 집단에게 알려지면 안되는 내용을 의사소통하기 위해서이다.

대학생의 은어는 전공에서 자주 사용하는 어휘로 분류할 수도 있고, 은어가 만들어진 단어의 모습으로 줄임말, 합성어와 같이 분류할 수 있다.

6과 개요 만들기

[준비하기]

1. 왜? 이 주제인가? 이 주제를, 어떻게 쓸 것인가? 어떤 방법으로 쓸 것인가?, 얼마나 쓸 것인가? 독자는 누구인가?/ 자료는 어디에서 찾는가?, 언제까지 제출해야 하는가? 이 과제를 내준 교수님의 의도는 무엇인가?

> Tip. 정답이 있다기 보다는 보고서의 주제를 명확하게 하고, 보고서를 쓰는 이유에 대한 질문이면 된다.

2. ②-③-⑥-①-④-⑤

[읽고 알아보기]

1. ③

[알아보기]

1. ① 현재의 상황, ② 영향, ③ 이해,
   ④ 주장, ⑤ 근거, ⑥ 찬성

[연습하기]

1. (1) 주제 선택 이유
   (2) 배달 현황
   (3) 배달 문화가 발달한 이유
   (4) 배달문화의 특징
2. (1) 주제 선택 이유를 쓴다
   (2) 현재 배달 현황을 설명한다
   (3) 배달 문화가 발달한 이유를 분석한다
   (4) 배달 문화의 특징을 설명한다/분석한다
3. ①

[쓰기]

〈모범답안〉

1. 소비생활 → 대학생의 소비생활 → 대학생의 용돈 절약 방법을 알아본다

3.

주제 선택 이유	필자가 대학생이고, 용돈을 받아서 생활하기 때문에 절약에 관심이 많다
무엇을 쓰고 싶은가	대학생 용돈 절약 방법
자료	설문조사, 인터넷 조사

4.

> 주제: 대학생의 용돈 절약 방법
> 1. 주제 선택 이유
> 2. 설문조사 방법 소개
> 3. 설문조사 결과
>   – 대학생의 용돈 사용 현황
> 4. 대학생의 용돈 절약 방법
> 5. 정리

7과 자료 인용하기

[읽고 알아보기]

1. 김승희(2020)에 의하면 미닝아웃이란 의미, 신념을 뜻하는 '미닝(Meaning)'과 '벽장 속에서 나오다'라는 뜻의 '커밍아웃(coming out)'이 결합된 단어로, 정치적, 사회적 신념과 같은 자신만의 의미를 소비 행위를 통해 적극적으로 표현하는 것을 말한다고 한다.
2. 즉, 소비자 개인의 신념에 따라 윤리적인 가치를 고려해 상품이나 서비스를 구매하는 것을 뜻한다.

[연습하기]

1. 이정일보에서 운영하는 대학생활 연구소
2. 부모님과 함께 사는 대학생이 용돈을 덜 썼고, 용돈을 쓰는 것은(주거비를, 제외하고) 식비, 교통비, 통신비의 순서로 비슷한 곳에 용돈을 사용한다는 것을 알 수 있었다.

3.

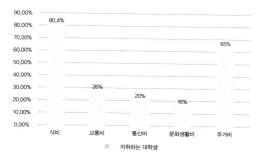

4. ③

[쓰기]

3.

> 〈모범답안〉
>
> 이 글에서는 평생의 소비 습관을 결정 짓는 20대 대학생의 소비 생활이 어떤지 알아보기로 한다. 뉴스 기사에 따르면, 잡코리아가 운영하는 아르바이트포털 알바몬(www.albamon.com)에서 2017년 남녀대학생 496명을 대상으로 조사한 '생활비(용돈) 현황' 조사 결과 부모님과 함께 사는 대학생은 평균 68만원, 자취를 하는 대학생은 평균 73만원을 사용하는 것으로, 대학생의 한달 용돈은 69만원으로 조사되었다고 한다.
>
> [자료출처]
>
> 뉴스, 대학생 한 달 용돈 사용처 (http://www.news.com/view/?id=NISX20170330_0014797889&cID=10201&pID=10200) (2021.06.20.)

> 〈모범답안〉
>
> E-대학저널(2020.10.26)에서 발표한 2020년 대법원 자료에 따르면 최근 5년간 20대의 파산 접수 인원이 1.2배(691명 → 833명) 증가한 반면, 전체 파산 신청은 15.4%(5만 3,801명 → 4만 5,490명) 감소했다고 한다. 자신의 소비지출은 제대로 관리하지 못해서 20대의 파산 사례가 증가하고 있는 것이다.
>
> [자료출처]
>
> E-대학저널, 백두산 기자, 2020. 10.06, [2020 국정감사] 빚에 찌든 청년들…학자금 대출 연체자 5년 새 1.7배 증가, https://www.dhnews.co.kr/news/articleView.html?idxno=129361 (2021.05.10)

8과 서론 쓰기

[읽고 알아보기]

1. 의료 분야에서 활용될 수 있는 인공지능에 대해 살펴보고자 한다.
2. 인공지능은 의료기술은 우리의 일상에 영향을 줄 것으로 예상할 수 있다
3. 인공지능이 빠르게 발전하면서 각 업종이 시대에 맞게 패러다임을 전환하고 있고, 정확한 진단, 안전한 수술, 의료인의 업무량 감소
4. ①, ②, ⑤

[알아보기]

1. ① 이 보고서는 인공지능 의료로봇과 의사의 치료 효과를 (비교) 분석하고자 한다
   ② 이 글에서는 귤껍질의 구조와 성분을 알아보고 실생활에 접목시켜 활용할 수 있는 방안을 알아보고자 한다. / 살펴보고자 한다
2. ① 이 보고서에서 필자 고향의 문화와 관광자원을 소개하고자 한다.
   ② 이 보고서에서는 스마트 사회와 공유경제에 대해서 살펴보고자 한다.
   ③ 본 보고서에서는 대학생활과 취업의 관계를 분석하고자 한다.

[연습하기]

1. ①, ②
2. (1) 인공지능 스피커 정의
   (2) 인공지능 스피커 보유율 통계 자료
   (3) 인공지능 스피커의 장점과 발전 전망
3. ㉠ 증가한 것으로 나타났다고 한다.
   ㉡ 전년 대비 +329.8%로 급속하게 성장한 것이다 / 일년 사이에 급격하게 증가한 것을 알 수 있다.
   ㉢ 살펴보고자 한다 / 알아보고자 한다

4.

<モ범답안>

① 최근 한국의 여름 기온이 상승함에 따라 냉방제품의 전기를 많이 사용 하면서 전기가 부족한 문제가 나타나고 있다고 한다. 이 보고서에서는 에너지 절약 방안을 소개하고자 한다.

② 전세계의 인구가 감소하고 있다고 한다. 이 때문에 인간을 대신하는 로봇이 발전하는 추세이다. 본 보고서는 현재 사용되는 로봇의 종류를 살펴보고, 로봇의 활용 방안에 대해 살펴보고자 한다/ 검토하고자 한다.

③ 요즘 결혼하는 남녀의 비율이 감소하는 추세이다. 최근 서울통계(http://stat.seoul.go.kr/)에 따르면 2019년의 조사 결과 결혼이 필수적이라고 응답한 남자는 60.1% 여자는 50.1% 정도이다. 우리 세대는 결혼에 대해 필수적이 아니라고 대답하는 상황이다. 즉, 결혼하는 가족이 줄고 1인 가족이 증가하는 추세이다. 따라서 음식 문화에 대한 연구가 필요한 상황이다. 본 보고서는 1인 가구의 식생활 을 분석하고자 한다./ 이 보고서의 목적은 1인 가구의 식생활 현황을 살펴보는 것이다.

9과 본론 쓰기

[읽고 알아보기]

1. 공유 경제의 장단점

2. ③

[알아보기]

1. ① 선호하는 옷 색깔에 대해 5월 1일~2일까지 주변 20대 대학생 30명에게 구글 설문으로 조사를 실시하였다.

② 검은색 45%, 빨간색 25%, 파란색 20%, 하얀색 10%로

[연습하기]

1. ① 경기도청이 2020년 경기도 거주 대학생 896명에게

② 20~30만원이라는 비율이 26.8%로

③ 10~20만원이 21.2%

④ 대학생의 용돈 현황을 살펴본 결과 필자의 생각보다 지출하는 비용이 적었다.

2. ① 에 의하면 ② 다음과 같다.

③ 102억 위안인 ④ 178억 위안으로

⑤ 증가했다 ⑥ 전망된다고 하였다

⑦ 이 자료를 통해서 ⑧ 것을 알 수 있다

3. ① 살펴보면 다음과 같다.

② 도난당하는

③ 보도하였다/보도한 바 있

4. ⓒ

10과 결론 쓰기

[준비하기]

1. 아이스 아메리카노

2. 버스 카드 충전

3. 학번 차이가 많이 나는 선배

4. 연애에 서툰 복학생

5. 강의 시간을 오래 기다려야 하는 것

6. 안구에 습기차다. 감동적이다 눈물나다

7. 슬리퍼를 신고 돌아다닐 수 있는 거리, 집이나 기숙사 근처 가까운 곳

8. 스터디 카페

9. 중앙도서관(대학에서 가장 큰 도서관)

10. 최고로 애정하는 것, 제일 좋아하는 것

[읽고 알아보기]

1. 20대의 언어생활과 언어의 특징

2. 같은 커뮤니티를 공유하는 이용자들 간의 은어는 친밀한 감정과 소속감을 준다. 외부 이용자들에게는 소외감과 단절감을 느끼게 만들었다.

3. ①, ②, ④

[알아보기]

1. 1) 지금까지 본 보고서에서는 외국인들이 쓰기에서 실수하는 원인에 대해서 살펴보았다.

2) 이 연구에서는 한국어 학습에서 교사, 교재, 학습자, 환경 중에서 어떤 것이 어떤 영향이 있는 지를 살펴보았다.

3) 본 보고서에서는 의사 전달시 몸짓언어의 효용에 대해서 알아보았고, 상황에 맞는 적절한 몸짓언어를 알아보았다/살펴보았다

2. ① 모두가 아는 것처럼(여러분이 잘 아는 바와 같이) 문화가 발전하는 것과 경제가 발전하

는 것은 서로 영향을 미친다.

② 앞으로 커피숍을 만들 때도 콜롬비아 스타일로 만들면 더 많은 고객을 끌 수 있으리라고 본다.

③ 은어와 신조어의 사용은 미래에 20대의 의사소통에 문제가 될 수 있을 것이다.

3. ① 지금까지 　② 검토하였다

　③ 이로 인해서 　④ 문제가 된다

　⑤ 앞으로도 　⑥ 될 수 있을 것이다

4. ④

[연습하기]

1. ② 살펴보았다

　③ 조사되었다 ④ 반면에

　⑤ 앞으로 ⑥ 볼 수 있어야 할 것이다

2. ① 관광객들에게 위생적인 음식 판매

　② 길거리 음식에 대해서 널리 홍보하려면 좀 더 관심을 가질 수 있도록 하는 연구가

3.

〈모범답안〉

　지금까지 한국의 홈카페 문화 유행에 대해 살펴보았다. 홈카페 유행에 대한 분석을 살펴본 결과는 다음과 같다. 집에서 많이 만들어 먹는 커피 음료는 1위가 카페 라떼, 2위가 아메리카노, 3위가 에이드로 나타났다. 다음으로, 홈카페를 즐기는 이유에 대해서 1위는 취미로 재미있어서 한다. 2위 본인의 취향에 맞춰서 마실 수 있다. 3위 코로나로 집밖에 나갈 수 없어서 집 안에서 안전하게 즐길 수 있다고 답했다. 앞으로도 홈카페는 계속 유행할 것으로 기대된다.

11과 초고 점검하기

[읽고 알아보기]

1. ③

2. 1) ②, 2) ②, 3) ②, 4) ①

[알아보기]

1. 한국의 공유킥보드 서비스 문제점 및 해결 방법

2. 2) 3점, 3) 2점, 4) 3점, 5) 3점

3. 2) 본론의 내용 중 해결방법이 1쪽 정도로 충분하지 않아 보임

3) 표지에 '과목명, 담당교수, 제출일' 등 필수 사항을 추가해야 함

4) 차례의 번호는 순서대로 조정 4)–〉 4.
4.1~4.3 내용이 많지 않음 목차에서 불필요
(2~3단락 이상이어야 소제목이 필요)
6 참고문헌은 번호 불필요

〈참고하기〉

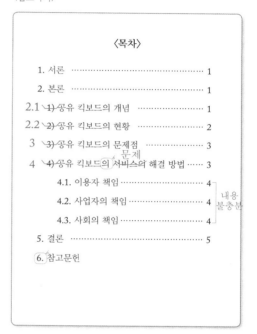

4. 2) 5점, 3) 5점, 4) 4점, 5) 3점

5. 2) 있다

3) 알 수 있다

4) 구체적이지 않다

5) 뒷받침 내용이 불충분하다

6.

최근 길에서 공유 전동 킥보드를 이용하는 사람들이 점점 늘고 있다. 수유일보(2021.5.22.) 기사에서 인용한 한국교통연구원의 조사에 따르면 **[조사 오류, 인용 표현]** 국내 개인형 이동장치 도입 대수는 2017년 9만8000대, 2018년 16만7000대, 2019년 19만6000대로 꾸준한 증가세를 나타냈다고 한다. 즉, 공유킥보드는 **[주어 필요]** 현재 누구나 쉽게 이용하는 편리한 이동 수단이다. **[방법은 주제와 관련 없음 불필요]** 하지만 편리함 속에 있는 단점을 아무도 생각하지 못하는 것 같다. **[완곡한 표현]** 이처럼**[앞의 내용 다시 지시]** 이용자가 증가하면서 전동 킥보드로 인한 교통사고율도 함께 높아지는 문제가 나타나고 있다. **[현황 표현]** 이정일보(2019.08.24.) 기사의 **[인용 표현]** 경찰청 조사에 따르면 전동 킥보드나 전동휠 등 전동식 바퀴로 이동하는 개인용 이동 수단의 사고 건수가 2017년 117건에서 2018년 **[날짜 정확하게 표현]** 225건으로 1년 사이에 **[언제인지 정확한 정보 필요]** 약 91.3% 증가했다고 한다.2) 따라서 우리는 일상에서 자주 이용하는 공유 킥보드의 문제점을 파악하고 해결 방법을 연구할 필요가 있다. **[독자 입장 고려, 연구의 필요성]** 이 보고서에서는 공유 킥보드의**[조사 오류]** 사용 현황과 문제점 그리고 **[반복 표현]** 개인, 정부 측면에서 **[구체적으로 표현]**문제점을 해결할 수 있는 방법을 살펴보고자 한다.

12과 수정하기

[준비하기]

1. ③
2. ①
3. ④
4. ③
5. ④
6. ①
7. ①
8. ②
9. ① [술을 같이 마시자]
   ② [술을 한 잔만 마시자]
10. ① [말하는 소리가 크다]
    ② [과장을 하다]
11. ① [내가 일하는 은행 앞에 공원]
    ② [은행이름이 우리은행]

12. 리타, 왕리 모두 가능

왕리는 노래를 부르면서 지나가는 리타

왕리는 노래를 부르면서 지나가는 리타

[알아보기]

1. ㉣
2. ㉤
3. 주어: 글로벌 이슈, 목적어: 없음
4. 고도성장으로
5. ① 가장 때문이다, ② 이

〈참고하기〉

공유경제란 개인이 사회적 자원을 소유하지 않고 상품을 서로 교환하는 것을 말한다.**[정의 다음에 특징 설명이 필요]** 이는 협력적 소비라고도 하는데 핵심은 점유하지 않고 사용하는 것이다. 많은 사람들이 시간, 공간 등의 자원을 동시에 가질 수 있다. 전 세계적 공유경제 서비스는 고도로 성장하고 있으며 가격이 저렴하고 사용하는 것이 편해서 글로벌 이슈로 인기가 높다. 이 경제 체제에 참여하는 인구가 늘고 플랫폼 노동자1) 예를 들어 음식 배달부, 대리운전기사의 소득이 크게 높아지는 등 그 분야가 넓어지고 있다.

----

1) [각주] 플랫폼 노동자(platform 노동자): 새로 나타난 직업의 형태로 이다. 스마트폰, 앱 스토어 등을 활용해서 노동과 서비스를 하는 사람을 말한다. 예를 들어 음식 배달부, 가사 서비스, 대리운전기사 등이 있다.

6. ① 혼자 밥을 먹는, ② 혼자 술을 마시는,
   ③ 혼자 영화를 보는, ④ 혼자 가는 여행
7. ① 은/이란
   ② 도메스틱 바이오런스(domestic violence)
8. 인구 비율이 비교적 적은 중년층에게
9. ③
10. 위키백과에 의하면 공유경제는 물품을 소유의 개념이 아닌 서로 대여해 주고 차용해 쓰는 경제활동이다.

[연습하기]

1. ①
2. 2021년 4월, 연구기구의 수치에 따르면 : (정확한 출처 표기 없음)
   충전기 공 유 설비는 → 충전기 공유 설비는
   440만 → 440만 대(개)/자료에 대한 해석, 의견 필요)

〈모범답안〉

　먼저 김유진(2020)에 의하면[**출처표기**] 공유경제란 유휴자원을 보유한 기구 또는 개인이 자원사용권을 유상으로 타인에게 양도하면 양도자가 수익을 얻고 나누어 가진자가 타인의 유휴자원을 공유하는 것을 통해 가치를 창조하는 것을 말한다고 한다. [**인용 표기**]즉, 소유하지 않고 남는 자원이나 물품을 다른 사람에게 빌려 주는 것이다. [**정의에 대한 쉬운 말 정리 필요**]

　공유 경제의 부상은 일부 신흥 산업의 발전을 촉진시켰는데, 예를 들면 공유 충전기가 있다. 공유충전기는 기업이 제공하는 충전 대여 설비를 가리키는 것으로, 사용자가 모바일 기기로 기기 스크린의 2차원 코드를 스캔하여 보증금을 지불하면 대여할 수 있다. [**사용방법이 아니라 무엇인지 설명이 필요**] 공유충전기가 반환되면 보증금은 언제든지 현금으로 인출하고 계좌로 돌려받을 수 있다. 2021년 4월, 국가통계의 조사에 [**출처표기,**]따르면 2020년에 중국의 전국 온라인 충전기 공유설비는 이미 440만을 초과했고 사용자규모는 2억명을 초과했다고 한다. 얼마전부터 공유서비스를 우리의 일상에서 쉽게 볼 수 있다. 공유경제의 발달로 새로운 산업이 생겨나고 있는 것이다. [**내용에 대한 해석 필요**]

한국어	영어	중국어	한국어	영어	중국어
가능성	Possibility	可能性	단문	Short sentence	短文
가주제	The theme	假主题	단위	Unit	单位
가지	Branch, limb	茎, 干	단절	Disconnection	断绝
각주(脚注)	Footnote	脚注	단정적	Conclusive	断定的
간결하다	Concise	简练	단축	Shorten	缩短
갑질	Overuse one's power	滥用权力	대조	Contrast	对照
강세	Stress	强势	대체	Substitution	代替
강화	Enforce	强化	대체되다	Be replaced	被替代
갖추다	Equip	具备	대학보고서	University report	大学报告
개념	Concept	概念	도난	Ttheft	被盗
개요	Summary	纲要	도식(圖式)	Diagram	图表
개인주의적	Individualistic	个人主义	도전하다	Challenge	挑战
객관적	Objective	客观的	도표(圖表)	Chart	图表
검토하다	Examine	检讨	독창적	Creative	独创的
게으르다	Lazy	懒惰	동료	Colleague	伙计
격식체(발표체)	Formal form (Presentation from)	格式体(发表体)	두괄식	Square	首括式
결론(結論)	Conclusion	结论	뒷받침 문장	Supporting sentence	后盾文章
경각심	Alertness	警惕性	또래	Peer	同龄人
경찰청	National Police Agency	警察厅	띄어쓰기	Spacing	空写
계층	Hierarchy	阶层	랭귀지	Language	语言
고쳐쓰다	Rewrite	改写	리더십	Leadership	领导
공감	Sympathy	共鸣	마무리	Finish	结尾
공유	Share	共享经济	마인드 맵	Mind map	思维导图
공유경제	Sharing economy	共享经济	마케팅	Marketing	营销
과학적	Scientific	科学的	막차	Last train	末班车
관점	Aspect	观点	맞춤법	Grammar	拼写法
구매심리	Purchasing psychology	购买心理	매개	Medium	媒体
구분하다	Divide	区分	매력적	Attractive	有吸引力的
구비문학	Oral literature	口碑文学	맺음말	Concluding remarks	结束语
구성	Configuration	构成	머리말	Preface	序言
구어체	Colloquial form	口语体	명언	Wise saying	名言
구체적	Detailed	具体	명확하다	Clear	明确
균일	Uniform	均匀	목차	Contents	目录
근거	Evidence	证据	목표	Goal	目标
기록문학	Written literature	记录文学	무분별하다	Indiscreet	莽撞
기술	Technology	技术	무생물 주어	Inanimate subject	无生物主语
기억	Memory	记忆	묶다	Tie	系
기여하다	Contribute	给予	문어체	Written language	书面语体
나누다	Share	分享	미관을 해치다	Spoil the aesthetics	败坏美观
나열	List	罗列	미괄식	Parentheses	尾括式
남용하다	Abuse	滥用	반복	Repeat	反复
내성적	Introvert	内向	발효	Fermentation	发酵
노동력	Labor force	劳力	보고서	Report	报告
노령화	Aging	老龄化	복문	Complex sentence	复句
논리적	Logical	逻辑	본론(本論)	Body	本论
논의	Argument	议论	부작용을 초래하다	Cause side effects	引起副作用
논증	Demonstration	论证	분류	Classification	分类
뇌	Brain	大脑	분석	Analysis	分析
다듬다	Trim	打磨	불안정성	Instability	不稳定性
단락(문단)(文段)	Paragraph	段落	붕어	Carp	鲫鱼
			비교	Comparison	比较

한국어	영어	중국어
비속어	Slang	俚语
비유	Metaphor	比方
비율	Ratio	比率
빅데이터	Big data	大数据
사고력	Thinking power	思考力
사교성	Sociability	社交性
사자성어	Idiom	成语
삭제	Delete	删除
살펴보다	Take a look	观察
상당하다	Considerable	相当
상상력	Imagination	想象力
생략	Skip	省略
서론(序論)	Introduction	序论
서법	Mood	书法
서지사항	Bibliography	书志事项
설계도	Blueprint	图纸
설명	Explanation	解释
설문조사	Poll	调查问卷
성향	Tendency	倾向
소비	Consumption	消费
소비자	Consumer	消费者
소외	Isolation	疏远
소주제	Sub-theme	副主题
속어	Slang	俗语
손상	Damage	损伤
수식하다	Modify	修改
수정	Correction	修改
수집	Collection	收集
수치	Numerical value	数值
순간적	Momentary	瞬间的
스펙 (specification의 줄임말)	Specs (short for specification)	规格
시각화(視覺化)	Visualization	视觉化
신념	Belief	信念
신뢰성	Reliability	可靠性
신조어	Neologism	新词
신체 기관	Body organs	身体器官
실시간 모니터링 기술	Real-time monitoring technology	实时监控技术
심장	Heart	心脏
안락사	Euthanasia	安乐死
앱,어플(애플리케이션)	App, application	应用程序, 应用程序
어순	Word order	语序
업무	Task	任务
연결하다	Interlink	连接
연구	Research	研究
연장하다	Extend	延长
영역	Area	区域
영향력을 발휘하다	Exert influence	发挥影响力
영향을 미치다	Affect	受影响
예능 프로그램	Entertainment program	综艺节目
예시	Example	例子

한국어	영어	중국어
예컨대	For example	比如说
완곡하다	Euphemism	委婉
완벽주의	Perfectionism	完美主义
완성도	Perfection	完成度
왜곡되다	Be distorted	歪曲
외래어 표기법	Foreign language notation	外来语标记法
외향적	Extrovert	外向
요약	Summary	摘要
용어	Terms	术语
우뇌	Right brain	右脑
원어	Original language	原语
월등히	By far	明显地
위축되다	Shrink	萎缩
유사	Similarity	相似
유튜버 (유튜브 동영상 제공자)	YouTuber (YouTube video provider)	优兔 (优兔视频提供者)
유행	Trend	流行
유휴자원	Idle resources	闲置资源
은어	Slang	隐语
의견	Opinion	意见
의사소통	Communication	沟通
의존	Dependence	依赖
이미지	Image	形象
이용료	Fee	使用费
이텔릭체	Italic	伊泰利克切
인공지능(人工知能)	Artificial Intelligence	人工智能
인상적	Impressive	印象深刻
인식	Recognize	认识
인용	Quotation	引用
인터뷰	Interview	采访
일화	Anecdote	逸事
임기응변	Readiness of wit	随机应变
자료	Data	资料，数据
자료	Data	资料
자연스럽다	Natural	自然
자율주행	Autonomous driving	自动驾驶
자제하다	Refrain from	自制
장애	Obstacle	障碍
잦다	Often	频繁
재료	Ingredient	材料
재배열	Rearrangement	重新排列
재인용	Requoting	再引用
저장	Save	保存
저장하다	Save	保存
전개	Deployment	展开
전동휠	Electric wheel	电动独轮
전망	Prospect	瞻望
전문 용어	Terms	专业术语
전문가	Professional	专家
전문성	Professionalism	专业性
점검 항목	Check list	检验项目

한국어	영어	중국어		한국어	영어	중국어
점검하다	Inspect	检验		통계청	Statistical Office	统计厅
점수	Score	分数		통합하다	Combine	统筹
점유	Occupancy	占有		퇴고(推敲)	Revision	推敲
접근성	Accessibility	接近性		특징	Characteristic	特征
정리	Organize	整理		판단	Judgment	判断
정의	Definition	定义		패러다임	Paradigm	范式
제목	Title	题目		평가	Evaluation	评价
제언	Dem	坝子		평서문	Statement	评书
제정	Enactment	祭奠基		폭발적	Explosive	爆发性的
제출하다	Submit	提交		표(表)	Table	表格
조사(助詞)	Postposition	助词		표기	Mark	标记
조사하다	Investigate	调查		표본	Specimen, Example	样品
조언	Advice	建议		표절(剽竊)	Plagiarism	抄袭
조정하기	Aadjust	调整		표준어	Standard language	普通话
조치	Action	措施		표지	Cover	封面
종합적	Comprehensive	综合的		풍자	Satire	讽刺
좌뇌	Left brain	左脑		프랜차이즈	Franchise	连锁店
주목	Attention	注目		필자	Author	笔者
주어	Subject	主语		한국어 어문 규정	Korean language rules	韩国语语文规定
주장	Opinion	观点		합리적	Rational	合理
주제	Subject	主题		합성	Synthesis	合成
주제문장	Subject sentence	主题文章		항원	Antigen	抗原
준말	Abbreviation	缩略语		항체	Antibody	抗体
중풍	Stroke	中风		해결방안	Solutions	解决方案
증가하다	Increase	增加		해석	Translate	解释
지각	Perception	知觉		핵심 단어	Key words	核心词
지식	Knowledge	知识		향후	After	今后
지출	Expenditure	开支		현황	Status	现状
직관적	Intuitive	直观的		혈액	Blood	血液
차용	Borrowing	借用		혈액형	Blood type	血型
차지하다	Occupy	占据		협력적	Cooperative	合作的
참고문헌	References	参考		협의	Discussion	协议
창의력(창의성)	Creativity	创意		형식	Formal	正式
창의성	Creativity	创造力		호기심	Curiosity	好奇心
첨가	Adding	添加		호응	Response	响应
체계	System	系统		화제	Issue	话题
체온	Temperature	体温		황금	Gold	黄金
초고(草稿)	Draft	草稿		효능	Efficacy	效能
추세	Trends	趋势		효율성	Efficiency	效率性
출력	Print	输出		후속 연구	Follow-up study	后续研究
출처	Source	来源		훼손	Damage	损毁
치매	Dementia	老年痴呆				
치열하다	Fierce	激烈				
친숙하다	Familiar	熟悉				
캥거루족	People who depend on their parents either financially or emotionally or both	袋鼠族				
코로나	Corona(Covid-19)	新冠病毒				
킥보드	Kickboard	滑板车				
타고나다	Innate	天生				
통계	Sstatistics	统计				